Rcbcca Ullo9

Paul Ott, Hartmut Simon, Daniel Haudenschild

Deutsch

h e p

Zusatzmaterialien und weitere Informationen sowie interaktive Grammatikübungen mit sofortiger Online-Korrektur:
www.hep-verlag.ch

hep
der bildungsverlag
www.hep-verlag.ch

Paul Ott, Hartmut Simon, Daniel Haudenschild
Deutsch
ISBN 978-3-03905-550-0

Handbuch für Lehrpersonen
siehe am Ende des Buches

Internet: Zusatzmaterialien und Folienvorlagen sowie interaktive Grammatikübungen mit sofortiger Online-Korrektur:
www.hep-verlag.ch

Gestaltung, Umschlag: Wiggenhauser & Woodtli, Zürich

Bibliografische Information Der Deutschen Bibliothek.
Die Deutsche Bibliothek verzeichnet diese Publikation in der Deutschen Nationalbibliografie; detaillierte bibliografische Angaben sind im Internet unter http://dnb.ddb.de abrufbar.

5. Auflage 2009

hep verlag ag
Brunngasse 36
CH-3011 Bern

www.hep-verlag.ch

Inhalt

1 Schreiben

Textsorten	Aufsatz oder Textsorte? Begriffserklärung (Definition) Zusammenfassung Inhaltsangabe Beschreibung Bericht Brief Interview Stellungnahme/Kommentar Erörterung Erzählung Schilderung Abschlussaufgabe
Bewerbung	
Schreibwerkstatt	
Wortschatz	
Stilistik	

Ziel dieses Kapitels ist es, Ihnen beim Schreiben guter Texte zu helfen. Zunächst erhalten Sie allgemeine Angaben zu den gängigen **Textsorten**, mit denen Sie in Schule, Beruf und privat zu tun haben. Die Textsorten stehen in einer bestimmten Reihenfolge. Diese beginnt mit eher sachlichen Textsorten, deren Form in einem hohen Masse vorgegeben ist, und führt zu Textsorten, die zunehmend persönlicher sind bzw. mehr gestalterischen Freiraum lassen. Hilfreiche Tipps finden Sie unter der Rubrik «Was hilft beim Schreiben?». Beispiele, z. T. auch Schülerbeispiele, zeigen Ihnen, was von einer bestimmten Textsorte erwartet wird. In den Aufgaben erhalten Sie Anregungen zum Schreiben.

Praktische Hinweise für eine erfolgreiche **Bewerbung** werden Ihnen nicht nur beim Erstellen eines Bewerbungsschreibens nützlich sein, sondern zeigen Ihnen schrittweise auch den ganzen Verlauf einer Bewerbung. Dazu gehört das Zusammenstellen Ihrer Unterlagen oder die Vorbereitung auf ein Bewerbungsgespräch.

Schreibwerkstatt I und II sind jeweils als 4 Doppellektionen angelegt. Anhand praktischer Aufgaben bietet Ihnen die Schreibwerkstatt I einen direkten Einstieg ins Schreiben. Schritt für Schritt entsteht auf der Basis von Sinneseindrücken ein immer komplexerer Text. In der Schreibwerkstatt II schreiben Sie unter Berücksichtigung theoretischer Grundlagen eine Kriminalgeschichte. Dieses Modell ist auch auf andere literarische Textsorten anwendbar.

Das Kapitel **Wortarten** kann Ihnen zur Erweiterung Ihres Wortschatzes und zu mehr Abwechslung in Ihrem Ausdruck verhelfen.

Mittels der Angaben und Übungen zur **Stilistik** können Sie ausserdem an Ihrem persönlichen Stil arbeiten. Sie werden ein Gefühl für Sprachrichtigkeit, klare Ausdrucksweise und die richtige Sprachebene entwickeln.

Schliesslich führt der Weg zu besseren bzw. interessanteren Texten auch über die Textinterpretation. Wer sich mit der Interpretation von Texten befasst, wird für sein eigenes Schreiben profitieren (> Textinterpretation, S. 89).

Textsorten

Was wird behandelt?

- Merkmale einzelner Textsorten
- Tipps zum Schreiben
- Beispiele zu jeder Textsorte
- Aufgaben bzw. Anregungen für weitere Texte

Was bringt mir das?

- Ich kenne die Merkmale der einzelnen Textsorten und kann sie dadurch besser auseinanderhalten.
- Ich vermeide beim Schreiben Verwechslungen und Unsicherheiten.
- Ich weiss, worauf ich beim Schreiben achten muss.
- Meine Texte passen besser zur jeweiligen Textsorte.

Im folgenden Überblick über die wichtigsten Textsorten sind jene weiss hervorgehoben, die in diesem Kapitel behandelt werden.

Literarische Gattungen und Textsorten		**Sachtexte**	
Epik	**Lyrik**	**privater Gebrauch**	**öffentlicher Gebrauch**
Kurzgeschichte	Gedicht	Brief	Begriffserklärung (Definition)
Erzählung	Ballade	Tagebuch	Zusammenfassung
Novelle	Lied	Memoiren	Inhaltsangabe
Roman	Verserzählung	Autobiografie	Brief
Sage	usw.	SMS	Nacherzählung
Legende		E-Mail	Beschreibung (Ort/Zimmer, Weg, Gegenstand, Person, Charakter)
Märchen		usw.	Bericht (Ereignis/Zeitung, Reportage, Protokoll, Rapport, Tagebuch)
Fabel			
Tagebuch	**Dramatik**		
Brief	Schauspiel		Interview
Anekdote	Tragödie		Stellungnahme/Kommentar/Erörterung
usw.	Komödie		Schilderung
	Tragikomödie		Sachbuch
	Drehbuch/Filmscript		Kritik/Rezension
	Hörspiel		Biografie
	usw.		Vortrag/Rede/Predigt
			Referat/Essay
			Inserat
			Gebrauchsanweisung
			Kochrezept
			usw.

Aufsatz oder Textsorte?

Was ist ein Aufsatz?

«Schreiben Sie einen Aufsatz zum Thema ...» Dieser Auftrag ist Ihnen vermutlich wohlbekannt. Erwartet wird ein längerer Text zu einem bestimmten Thema. Manchmal wird der Auftrag noch näher bestimmt, z. B. soll man einen Besinnungsaufsatz oder einen Erlebnisaufsatz schreiben, eine Geschichte erzählen oder seine Meinung zu einer Aussage, einem Zitat formulieren.
Oft sind die Themen eher weit gefasst und nicht auf eine bestimmte Textsorte begrenzt. In diesem Buch werden genauere Begriffsbestimmungen verwendet, z. B. «Charakterisierung» oder «Reportage». Sie erhalten dadurch eine Vorgabe zur Art oder zur Form des erwarteten Textes und können passende Texte schreiben.
Aber es gibt auch Themen, die sich nicht eindeutig zuordnen lassen und zu denen es trotzdem Spannendes zu schreiben gibt. In den Aufgaben finden Sie eine Auswahl solcher Themen.

Was hilft beim Schreiben?

Vor dem Schreiben des Aufsatzes sollten Sie die Gliederung überlegen und ein stichwortartiges Gerüst erstellen (eine so genannte «Disposition»). Hilfreich ist in jedem Fall eine Stichwortliste. Wenn Sie sie erstellt haben, ordnen Sie die Stichworte, indem Sie zusammengehörige verbinden und eine Reihenfolge festlegen. Die Gefahr ist sonst gross, dass der Textzusammenhang verloren geht.
Überprüfen Sie am Schluss, ob Sie Ihre Absichten im Text verwirklicht haben und ob er für andere verständlich ist. Es geschieht oft, dass Sie Informationen vergessen, die für Sie selbstverständlich sind.

Aufbau: Da ein Aufsatz ein in sich abgeschlossener Text ist (also keine offene Form), geht man von einer Dreiteilung aus. Diese Dreiteilung lässt sich auch auf viele andere Textsorten übertragen:

- **Einleitung:** Sie enthält allgemeine Bemerkungen zum Thema, einen überraschenden Anfang oder die Absicht, die mit einem Text verbunden ist.
- **Hauptteil:** Darin finden sich Ihre Gedanken, die Sie mit dem gestellten Thema verbinden. Es dient der Anschaulichkeit, wenn Sie Ihre Ideen mit einem einleuchtenden Beispiel möglichst genau darstellen. Achten Sie darauf, dass Sie keine Aufzählungen und möglichst wenige Klischees verwenden.
- **Schlussüberlegungen:** Je nach Thema enthalten diese eine Zusammenfassung des Geschriebenen, Schlussfolgerungen, Forderungen oder auch einen überraschenden Schluss (zum Beispiel bei einer Geschichte).

Ein Schüler schreibt zum Thema «Wovon ich träume».

Häufig träume ich nicht nur in der Nacht, sondern auch am Tag mit offenen Augen, eigentlich sind es so genannte Tagträume. Alle Jugendlichen in meinem Alter denken oft an die Zukunft. Ich probiere mir immer vorzustellen, was aus mir wird, und automatisch beginne ich zu träumen, weil ich hoffe, dass das, was man träumt, Wirklichkeit werden könnte.
Ich treibe Sport, nämlich Fussball. Bis heute denke ich, dass ich auf gutem Wege bin. Aber dann kommen immer wieder diese Fragen: Was ist morgen? In zehn Jahren? Was wird aus mir? Dann beginne ich mit dem Träumen, und wieder versuche ich, an das Positive zu denken. Plötzlich aber kommt das Negative: Und wenn es schlecht gehen sollte? Was ist dann?
Die Träume verunsichern mich ein bisschen. Ich habe Angst, es nicht zu schaffen, eine Karriere aufzubauen. Und andererseits, wenn ich es schaffe, werde ich dann wirklich glücklich sein? Als ich vor einem halben Jahr verletzt war und nicht Fussball spielen konnte, merkte ich eines Tages, wie sehr ich diesen Sport brauche. Ich zweifelte, ob ich es überstehen würde, ohne jeden Tag meinen Sport auszuüben.

Manchmal spielen sich so viele Dinge in meinem Kopf ab, dass ich plötzlich an die Vergangenheit denke. Als ich vier Jahre alt war, litt ich ein Jahr lang an Arthritis und konnte mich kaum ohne Schmerzen bewegen. Die Gedanken daran bringen mich immer weiter voran. Denn ich bin sicher: Wenn ich nicht geheilt worden wäre, wäre mein Leben nicht voller schöner Dinge, die ich bis jetzt erlebt habe. Deshalb versuche ich immer, mich nach vorn zu orientieren, das Leben so anzupacken, wie es gerade kommt, und auch in den schwierigsten Momenten mein Bestes zu geben.
Manchmal habe ich das Gefühl, dass ich eine völlig andere Lebensphilosophie als andere habe. Sie bringt mich weit, aber sie hat auch viele Nachteile, denn sie ist mit grossen Anstrengungen verbunden. Mein Traum ist sicher ein schöner Traum, und ich will nicht aufhören zu träumen, bis ich zuoberst auf dem Podest stehe.

Enrico Schirinzi, 16

Aufgaben

1. Nehmen Sie im Beispieltext eine Aufteilung in Einleitung, Hauptteil und Schluss vor.
2. Schreiben Sie einen Text zu einem der folgenden Themen:
   - Eine bittere Enttäuschung und was sie mich lehrte.
   - Worauf/Worüber freue ich mich besonders?
   - Wie und worin habe ich mich in den letzten Jahren verändert?
3. Schreiben Sie über einen Menschen, der Sie beeindruckt hat.
4. Beleuchten Sie Vor- und Nachteile des Lebens auf dem Lande (oder: in der Stadt).
5. Sie machen einen Film über Ihr Leben: Beschreiben Sie die Hauptszene.
6. Stellen Sie sich vor, Sie würden Ihr Leben in Form eines Museums darstellen. Wie würden Sie dieses Museum ausstatten, welche «Fundstücke» könnten Sie ausstellen?
7. Welche Dokumente aus Ihrem Leben haben Sie aufbewahrt und weshalb?
8. Schreiben Sie einen Text, der zu einem der folgenden Zitate passt:
   - «Es ist sehr schwierig, in einer Atelierwohnung in San José mit einem Mann zu wohnen, der Geige spielen lernt. Das sagte sie zu den Polizisten, als sie ihnen den leeren Revolver gab.» (Richard Brautigan)
   - «Solange der Mensch sich im Aufbruch befindet, gibt es immer Hoffnung.» (Konstantin Lopuschanskij)
   - «Gutmütigkeit ist eine schöne Tugend, aber ein ganz schlechter Führer durchs Leben.»
   - «Als er erwachte, war der Dinosaurier immer noch da.» (Augusto Monterroso)
9. «Es stimmt, dass die Menschen ihr Leben beschönigen, aber an ihren Lügen erkennt man, wovon sie träumen.» (Hanna Krall)
   Schreiben Sie einen Text über eine solche Lebenslüge, die Träume sichtbar werden lässt.

Begriffserklärung (Definition)

Was ist eine Begriffserklärung (Definition)?

Diese Textsorte erklärt, was ein bestimmter Begriff bedeutet. Mögliche Formen sind: Definition, Wörterbucheintrag, Lexikontext. Der Inhalt eines Begriffes kann enger oder weiter gefasst werden. Es gibt meist eine allgemeine Definition. Aber man kann auch selbst festlegen, was einem der Begriff bedeuten soll, zum Beispiel welchen Inhalt man dem Wort «Freiheit» geben will.

Was hilft beim Schreiben?

Um einen Begriff zu erklären, ist es hilfreich, sich vorzustellen, es komme ein Ausserirdischer auf die Erde, der keine Ahnung von unserem Alltag hat. So wird schnell klar, dass Sachlichkeit und Klarheit die Voraussetzung für die Definition sind (genaue Nomen, treffende Vergleiche, keine Umschreibungen).

So erklärt eine Schülerin den Begriff «Schule»:

Die Schule ist ein grosses Gebäude, in das die Kinder einer Stadt oder eines Dorfes gehen, um etwas zu lernen. In diesem Gebäude finden wir viele Zimmer, die so genannten Schulzimmer, in denen die verschiedenen Klassen Unterricht haben. Die Klassen werden nach Jahrgang zusammengestellt.
Die Schule funktioniert so, dass die Lehrer versuchen, mit Hilfe eines Lehrplans den Kindern verschiedene Sachen beizubringen. Die Kinder haben alle einen Stundenplan, den sie zu befolgen haben. In der Schule lernt man Verschiedenes, wie zum Beispiel Französisch, Mathematik, Deutsch oder Geografie, aber das Lernen klappt nur, wenn sich die Kinder wirklich Mühe geben und auch etwas lernen wollen!
Ich selber bin Schülerin, und meine Rolle ist, im Unterricht genau aufzupassen, nicht zu schwatzen und die Fragen des Lehrers zu beantworten. Ich gebe mir wirklich allergrösste Mühe, aufmerksam zu sein, aber das ist oft ganz schön schwierig, wenn die Kolleginnen schwatzen und ich gerne wissen möchte, was sie sich so Spannendes zu erzählen haben, ich aber den Unterricht nicht versäumen möchte.

Nadine Weibel, 16

Zusammenfassung einer Definition von «Schule» aus: «Das neue Lexikon» und «Das Herkunftswörterbuch»

Schule: Institution in öffentlicher oder privater Trägerschaft, in der planmässig Unterricht an schulpflichtige Kinder und Jugendliche erteilt wird. Das Wort Schule entstand aus dem lateinischen «schola». Seine ursprüngliche Bedeutung war: Musse, Ruhe; wissenschaftliche Beschäftigung während der Mussestunden; Unterrichtsstätte, Unterricht.

Aufgaben

1. Schreiben Sie eine Begriffserklärung zu einem der folgenden Wörter: Haar, Leder, Milch, Arbeit, Staat, Friede, Autorität, Disziplin, Grenze.
2. Vergleichen Sie Ihren Text mit dem entsprechenden Eintrag in einem Lexikon. Reizvoll ist auch der Vergleich mit einer älteren Definition, zum Beispiel aus einem Lexikon des 19. Jahrhunderts.

Zusammenfassung

Was ist eine Zusammenfassung?

Mit der Zusammenfassung gibt man den wesentlichen Inhalt eines Textes in eigenen Worten wieder. Dabei geht man davon aus, dass der Text dem Leser oder der Leserin nicht bekannt ist. Man muss also eine Information bieten, die es möglich macht, die wichtigsten Gedankengänge nachzuvollziehen.
Die Grundsätze der Zusammenfassung heissen: Knappheit, Übersichtlichkeit, Klarheit. Das Verfahren eignet sich hervorragend für Sachtexte. Persönliche Kommentare gehören nicht in eine Zusammenfassung.

Was hilft beim Schreiben?

Eine brauchbare Zusammenfassung erfordert die folgenden Arbeitsschritte:

- Erfassen des Textinhalts.
- Herauslösen der wesentlichen Aussage (Unterstreichen, Markieren von wichtigen Begriffen), Notizen anbringen.
- Überlegen, was mitgeteilt werden muss, damit der Inhalt des Textes klar wird.

> 5-Schritt-Lesetechnik, S. 84

Die übliche Zeitform ist das Präsens.

Hinweis Bei längeren, vor allem literarischen Texten ist es sinnvoll, den Inhalt seiten- oder kapitelweise zusammenzufassen. So erhalten Sie eine Grundlage für die Textübersicht. Bei einer Zusammenfassung eines literarischen Textes, z. B. Roman oder Erzählung, schreibt man einen zusammenhängenden Text.

> Inhaltsangabe, S. 14

Aufgabe Unterstreichen Sie im folgenden Text die wichtigen Passagen und schreiben Sie dann eine Zusammenfassung.

vorher

nachher

Ich habe das Nashorn zusammengefasst, aber es ist immer noch ein Nashorn.

Fredi Büchel: **Lerne zu lernen**

Mit dem Text etwas tun

Wenn du in der Schule Fremdsprachen, Buchhaltung oder Rechtskunde studierst, dann lernst du aus Texten. Aus Texten lernen wir, indem wir uns aktiv mit dem Geschriebenen auseinandersetzen und Zusammenhänge schaffen. Dabei kann das Schwergewicht auf den Zusammenhängen oder auf Einzelheiten (den facts) liegen. Und du wirst entweder versuchen, den Text hauptsächlich zu verstehen, oder du verlegst dich auf das gedächtnismässige Behalten. Daraus ergeben sich vier unterschiedliche Lernziele:

1. Verstehen von Zusammenhängen
2. Verstehen von Einzelheiten
3. Behalten von Zusammenhängen
4. Behalten von Einzelheiten

Wenn wir das Lernen aus Texten als aktive Auseinandersetzung bezeichnen, dann heisst dies, dass wir mit dem Text etwas tun müssen. Dieses «etwas tun» bezeichnen wir als Strategie. Und so kannst du vorgehen:

Mache Notizen!

Wenn du einen Lehrtext liest, dann überlege nach jedem Abschnitt, was aus dem Gesagten für Schlussfolgerungen gezogen werden können. Zeichne ein Schema von den Zusammenhängen, indem du die wichtigsten Begriffe mit Pfeilen untereinander verbindest. Lies den Text nicht einfach bis zum Schluss durch (das ist reine Zeitverschwendung und macht dich erst noch schläfrig), sondern halte alle 2–3 Zeilen an und wiederhole das Gelesene mit eigenen Worten.

Mache laufend Notizen über das Gelesene, besonders über die Zusammenhänge. Wenn das Lehrbuch dir gehört, dann mache die Notizen am besten in das Buch. Merke: Notizen sind viel wertvoller als blosses Unterstreichen!

Es sind etwa dieselben Strategien, die dir auch das Verstehen von Einzelheiten erleichtern. Zusätzlich ist hier noch wichtig, dass du abstrakte Aussagen sogleich konkretisierst. Am besten, indem du nach einem Beispiel suchst.

In Bildern denken

Die Suche nach treffenden Beispielen ist auch eine ausgezeichnete Strategie, um das Gelernte zu behalten. Du kannst die Behaltensleistung noch erhöhen, wenn du dir das Beispiel bewusst bildlich vorstellst.

Was wir bildlich gelernt haben, können wir leichter wieder abrufen. Dies gilt besonders für Prüfungssituationen, bei denen unsere Erinnerungsfähigkeit oft stark vermindert wird durch Prüfungsangst.

Grössere Zusammenhänge können leichter behalten werden, wenn wir sie auf einige Kerngedanken zusammenfassen. Diese Zusammenfassung schreiben wir wieder als Notiz an den Rand oder wir markieren sie im Text. Sehr hilfreich ist es auch, wenn du selber Fragen zum Text formulierst und diese – am besten schriftlich – beantwortest. Diese Strategie eignet sich besonders, wenn ihr zu zweit lernt.

Um das laufende Verständnis und Behalten zu kontrollieren, legst du den Text nach jedem Abschnitt weg oder deckst ihn zu. Versuche nun, die wichtigsten Zusammenhänge und Einzelheiten des Abschnitts mit eigenen Worten zu wiederholen! Auch wenn dir dieses Zudecken und Wiederholen mühsam erscheint, wende die Strategie unbedingt an! Es ist die nützlichste und wertvollste aller Strategien. Sie hat sich bei allen Lehrlingen, die wir untersucht haben, und bei allen Arten von Aufgaben bewährt.

Mögliche Anstreichungen/Markierungen

Fredi Büchel: **Lerne zu lernen**

Mit dem Text etwas tun

Wenn du in der Schule Fremdsprachen, Buchhaltung oder Rechtskunde studierst,
1 dann lernst du aus Texten. Aus Texten lernen wir, indem wir uns aktiv mit dem
2 Geschriebenen auseinandersetzen und Zusammenhänge schaffen. Dabei kann das
Schwergewicht auf den Zusammenhängen oder auf Einzelheiten (den facts) liegen.
Und du wirst entweder versuchen, den Text hauptsächlich zu verstehen, oder du
verlegst dich auf das gedächtnismässige Behalten. Daraus ergeben sich vier unterschiedliche Lernziele:

1. Verstehen von Zusammenhängen
2. Verstehen von Einzelheiten
3. Behalten von Zusammenhängen
4. Behalten von Einzelheiten

Wenn wir das Lernen aus Texten als aktive Auseinandersetzung bezeichnen, dann heisst dies, dass wir mit dem Text etwas tun müssen. Dieses «etwas tun» bezeichnen wir als Strategie. Und so kannst du vorgehen:

Mache Notizen!

Wenn du einen Lehrtext liest, dann überlege nach jedem Abschnitt, was aus dem
3 Gesagten für Schlussfolgerungen gezogen werden können. Zeichne ein Schema von
den Zusammenhängen, indem du die wichtigsten Begriffe mit Pfeilen untereinander
verbindest. Lies den Text nicht einfach bis zum Schluss durch (das ist reine Zeitverschwendung und macht dich erst noch schläfrig), sondern halte alle 2–3 Zeilen an
4 und wiederhole das Gelesene mit eigenen Worten.
Mache laufend Notizen über das Gelesene, besonders über die Zusammenhänge.
Wenn das Lehrbuch dir gehört, dann mache die Notizen am besten in das Buch.
Merke: Notizen sind viel wertvoller als blosses Unterstreichen!
Es sind etwa dieselben Strategien, die dir auch das Verstehen von Einzelheiten
5 erleichtern. Zusätzlich ist hier noch wichtig, dass du abstrakte Aussagen sogleich
konkretisierst. Am besten, indem du nach einem Beispiel suchst.

In Bildern denken

Die Suche nach treffenden Beispielen ist auch eine ausgezeichnete Strategie, um
6 das Gelernte zu behalten. Du kannst die Behaltensleistung noch erhöhen, wenn du
dir das Beispiel bewusst bildlich vorstellst.
Was wir bildlich gelernt haben, können wir leichter wieder abrufen. Dies gilt besonders für Prüfungssituationen, bei denen unsere Erinnerungsfähigkeit oft stark vermindert wird durch Prüfungsangst.
Grössere Zusammenhänge können leichter behalten werden, wenn wir sie auf
7 einige Kerngedanken zusammenfassen. Diese Zusammenfassung schreiben wir
wieder als Notiz an den Rand oder wir markieren sie im Text. Sehr hilfreich ist es
auch, wenn du selber Fragen zum Text formulierst und diese – am besten schriftlich
8 – beantwortest. Diese Strategie eignet sich besonders, wenn ihr zu zweit lernt.
Um das laufende Verständnis und Behalten zu kontrollieren, legst du den Text nach
9 jedem Abschnitt weg oder deckst ihn zu. Versuche nun, die wichtigsten Zusammenhänge und Einzelheiten des Abschnitts mit eigenen Worten zu wiederholen!
Auch wenn dir dieses Zudecken und Wiederholen mühsam erscheint, wende die
Strategie unbedingt an! Es ist die nützlichste und wertvollste aller Strategien. Sie
10 hat sich bei allen Lehrlingen, die wir untersucht haben, und bei allen Arten von
Aufgaben bewährt.

Zusammenfassung

1 Wenn ich aus Sachtexten lerne, soll ich mit dem Text etwas tun.

2 Es geht um das Verstehen und das Behalten von Einzelheiten und Zusammenhängen.

3 Ich überlege, welche Schlussfolgerungen aus dem Text gezogen werden. Zum Beispiel kann ich ein Schema der Zusammenhänge zeichnen.

4 Ich mache Notizen und wiederhole das Gelesene in eigenen Worten.

5 Ich suche nach treffenden Beispielen für den Inhalt des Textes.

6 Was ich mir bildlich vorstellen kann, behalte ich besser.

7 Ich suche den Kerngedanken des Abschnitts, damit ich mir die Zusammenhänge besser merken kann.

8 Ich schreibe selber Fragen zum Text auf und beantworte sie.

9 Ich wiederhole die wichtigsten Einzelheiten und Zusammenhänge mit eigenen Worten.

10 Ich decke den Abschnitt zu und wiederhole den Inhalt. Das hat sich als die nützlichste Arbeitsform erwiesen.

Aufgabe Schreiben Sie eine Zusammenfassung des folgenden Textes.

Umgang mit Druck

Rein in Stunden gerechnet hat der Mensch selten so wenig gearbeitet wie heute. In der zweiten Hälfte des 20. Jahrhunderts war der Wechsel von der 50-Stunden-Woche zur 40-Stunden-Woche ein Durchbruch, und am Ende des 20. Jahrhunderts stellen einige EU-Staaten schon auf die 35-Stunden-Woche um. Im 19. Jahrhundert – während der Industrialisierung – sah dies noch ganz anders aus:

Arbeitsbeginn war um 6 Uhr, während des Mittagessens (Lunch von 12 bis 12.30 Uhr) durfte die Arbeit nicht unterbrochen werden, und Arbeitsende war um 18 Uhr. Ferien gab es nicht, ausser an den Feiertagen, und auch am Samstag wurde immer gearbeitet. Der Lohn war extrem tief und ein Dankeschön erwartete nur der reiche Firmeninhaber, der ja den Menschen Arbeit gab!

Obwohl der Durchschnittsarbeiter heute zeitmässig viel weniger arbeitet, die Arbeitsbedingungen nicht mehr mit den damaligen zu vergleichen sind und Angestellte über sehr viel mehr Rechte verfügen, stehen Angestellte heute unter sehr grossem Druck. Warum ist dies so? Es gibt viele Gründe: Gegen Ende des 20. Jahrhunderts wurde stark rationalisiert. Die Computerisierung und moderne Maschinen erhöhen die Verantwortlichkeiten und damit den Druck auf den Einzelnen. Die Globalisierung, der weltweite Konkurrenzdruck und tiefere Preise verstärken diese Tendenzen. Man argumentiert auch, dass ein Arbeiter seine Leistung bringen soll, sonst könne er gehen, es gebe genügend Arbeitslose. Zudem wandelt sich unsere Wirtschaft in extrem hohem Tempo, was vor allem auf eher defensiv denkende Menschen viel Druck erzeugt. Sie müssen sich ständig diesen Veränderungen stellen und werden dadurch verunsichert. Heute ist nur noch etwas konstant: der Wandel!

Der heutige Mensch ist mit viel Druck und Stress konfrontiert. Die Anforderungen im Arbeitsleben wandeln sich viel schneller als früher, im Freizeitbereich werden wir von einer Fülle von Auswahlangeboten überflutet, und selbst die Suche eines Lebenspartners/einer Lebenspartnerin geschieht oft unter Druck (Torschlusspanik; Angst, den Schönheitsidealen nicht zu genügen etc.).

Wie gehen wir mit all diesem Druck um?

Das Wichtigste, was wir im Zusammenhang mit Druck lernen müssen, ist, ihn einfach einmal zu akzeptieren. Was nützt es uns, wenn wir Druck und Stress nicht akzeptieren? Ist er dann weniger stark da? Es ist zwar menschlich, wenn wir uns gegen ihn auflehnen, doch meistens bringt uns das nicht weiter. Hilfreicher ist es, zuerst einmal dem Druck in die Augen zu sehen und den Zustand, der Druck auf uns ausübt, möglichst ruhig zu analysieren und zu akzeptieren.

Züger, Wehrli, Illigen, Schatz: go 4 life

Quelle: www.go4life.ch (Go4life: mensch – kommunikation – internet)

Schreiben

Lesen und Verstehen

Sprechen

Grammatik

Verzeichnisse

Inhaltsangabe

Was ist eine Inhaltsangabe?

Eine besondere Form der Zusammenfassung sind die Inhaltsangabe (knapp und präzise) und die Nacherzählung (eher länger). Hier geht es meist um literarische Texte (oder um Filme). Jemand, der den Inhalt nicht kennt, soll damit vertraut werden. Es soll also sachlich, verständlich und übersichtlich geschrieben werden. Während bei einer Zusammenfasssung oder bei einer Nacherzählung die korrekte inhaltliche Reihenfolge wichtig ist, muss bei einer Inhaltsangabe die Reihenfolge der Ereignisse nicht mit der Textvorlage übereinstimmen. Eine Inhaltsangabe kann als Ausgangspunkt einer Kritik oder einer Textinterpretation verwendet werden. Wichtig ist jedoch, dass man beide Elemente klar voneinander trennt.

Was hilft beim Schreiben?

> Zusammenfassung, S.10

Die Inhaltsangabe besteht aus einem zusammenhängenden Text und nicht aus Stichworten oder Einzelsätzen. Als Zeitform für die Inhaltsangabe ist das Präsens üblich. (Für eine Nacherzählung verwendet man auch das Präteritum.) Persönliche Meinungen und Urteile sind nicht erwünscht. Eine Inhaltsangabe sollte daher nicht mit einer Buch- oder Filmbesprechung verwechselt werden. Dort kommt zusätzlich eine kritische Würdigung zum Ausdruck.

Die folgende Inhaltsangabe zu «Das lachende Sutra» von Mark Salzmann (Klappentext) zeigt eine Möglichkeit, durch den fehlenden Schluss Spannung zu erzeugen.

Das Jahr 1956, mitten in den Wirren der Kulturrevolution: Der junge Chinese Hsun-Ching wird nach dem gewaltsamen Tod seiner Mutter von einem buddhistischen Mönch aufgezogen. Dessen grösster Wunsch ist es, das «lachende Sutra» in die Hände zu bekommen, ein buddhistisches Lebensbuch, in dem alle Geheimnisse der Weisheit verborgen sein sollen und das vor Jahren von Amerikanern geraubt worden ist … Da der Mönch selber schon zu alt und zu schwach ist, um sich auf die Suche nach dem Sutra zu machen, schickt er seinen jungen Schüler. Seine Mission führt ihn nach San Francisco, wo er auf unerwartete, manchmal komische Weise mit der westlichen Kultur konfrontiert wird.

Inhaltsangabe eines Schülers zum Film «Matrix»

In diesem Science-Fiction-Film geht es um einen Mann names Neo, der vermutet, dass die Welt, in der er lebt, nicht wirklich existiert. Er sucht im Internet nach Antworten und stösst dabei auf eine Seite von Hackern. Diese bemerken ihn und setzen sich mit ihm in Verbindung, weil sie in ihm spezielle Fähigkeiten entdecken. Sie zeigen Neo, dass die Welt, in der er bisher lebte, nur eine Scheinwelt, eine Computerwelt ist. In der richtigen Welt sind die Menschen in engen Kapseln eingeschlossen und dienen nur als Batterien für den Antrieb von Maschinen. Den Gefangenen wird die Realität, wie sie im 20. Jahrhundert existierte, vorgegaukelt. Die Hacker trainieren Neos spezielle Fähigkeiten und erklären ihm die Mission, die sie mit seiner Unterstützung ausführen wollen. Sie wollen die Erde (die Scheinwelt) von den Matrix-Agenten befreien, damit sie in Ruhe in der realen Welt leben können. Nach vielen spannenden Kämpfen gelingt ihnen dies.

Pascal Stöckli, 16

Aufgaben

1. Verfassen Sie eine Inhaltsangabe zu Ihrem Lieblingsbuch.
2. Verfassen Sie eine Inhaltsangabe zu Ihrem Lieblingsfilm.

Beschreibung

Was ist eine Beschreibung?

Die Beschreibung gibt einen Ausschnitt aus der Wirklichkeit wieder. Sie soll etwas sachlich und detailliert formulieren, so dass die Leser eine möglichst klare und richtige Vorstellung erhalten. Wichtig sind deshalb exakte Beobachtung sowie Eindeutigkeit und Anschaulichkeit in der Darstellung. Die wichtigsten Beschreibungen sind: Bildbeschreibung, Ortsbeschreibung, Wegbeschreibung, Gegenstandsbeschreibung, Personenbeschreibung und Charakterisierung (Beschreibung der Eigenschaften einer Person). Selbstverständlich können Sie auch ein bestimmtes Verhalten, Tiere, Vorgänge oder Tätigkeiten usw. beschreiben.

Was hilft beim Schreiben?

Genaue Beobachtung ist die Grundlage einer Beschreibung. Im Idealfall müsste das Beschriebene gezeichnet werden können (Ausnahme: Charakterisierung). Wichtig ist also eine klare Gliederung Ihres Textes und eine möglichst genaue Wortwahl, das heisst Adjektive und Nomen, die Hinweise geben auf Gestaltungselemente, Grössenverhältnisse usw. Verwenden Sie auch möglichst aussagekräftige Verben. Dann kann sich eine aussenstehende Person das Beschriebene vorstellen. Auch Vergleiche sind möglich, wenn sie Ihre Beschreibung anschaulicher machen. Vermeiden Sie Formulierungen wie «ich sehe», «es hat»! Vermeiden Sie auch Meinungsäusserungen oder Spekulationen über Dinge, die Sie nicht sehen. Als Zeitform ist das Präsens üblich.

Hinweis Unterscheiden Sie die Beschreibung vom Bericht. Der Bericht gibt ein Geschehen wieder, die Beschreibung einen Zustand. Unterscheiden Sie die Beschreibung auch von der Schilderung einer Szene. In einer Schilderung stehen Stimmungen und Gefühle im Vordergrund. Im Folgenden erhalten Sie detaillierte Angaben zu den oben erwähnten Formen der Beschreibung.

Bildbeschreibung

Sie beschränkt sich auf ein Bild – entweder ein gemaltes oder eine Fotografie.

Was hilft beim Schreiben?

Erwähnen Sie wenn möglich immer Folgendes: Künstler/in, Titel des Bildes, Format, Farben, Technik (Öl – Aquarell – Zeichnung – Grafik – Fotografie).
Teilen Sie das Bild am besten in Vordergrund, Mittelgrund und Hintergrund ein und beschreiben Sie der Reihe nach, was man in den entsprechenden Teilen sieht.
Beschreiben Sie den hauptsächlichen Bildinhalt, das Zentrum, und fügen Sie an, was sonst noch auf dem Bild zu sehen ist. Sie können zusätzliche Fragen stellen:

- Gibt es besondere Gestaltungselemente (Diagonalen, senkrechte oder waagrechte Geraden, runde Formen, Farben usw.), auffällige Muster oder Zeichnungen?
- In welchen Grössenverhältnissen stehen die Dinge zueinander? Sind daraus bestimmte Aussagen für den Bildzusammenhang möglich?

Bei der **Bildgestaltung**, d.h. wenn man selber zeichnet, malt oder fotografiert, kann man ein gutes Ergebnis erzielen, indem man die Regeln der Bildbeschreibung anwendet.

Beschreibung des Bildes «Auf der Terrasse» von Auguste Renoir (1881)

Auguste Renoir hat sein hochformatiges Gemälde «Auf der Terrasse» klar aufgebaut. Im Vordergrund sitzt eine junge Frau in einem dunkelblauen, langärmeligen Kleid auf einem Stuhl. Sie trägt einen orangeroten, weichen Hut mit breiter Krempe. Darunter sieht man kurze braune Haare. Der Kopf der Frau befindet sich fast im Zentrum des Bildes.
Das Gesicht und ihre Hände sind hell, die Gesichtszüge fein, die ganze Figur wirkt zierlich. Weisse Blumen auf der Brust, rote Lippen und dunkle Augen setzen Farbtupfer. Die Frau ist bis zu den Beinen zu sehen und blickt rechts am Betrachter vorbei. Die Hände liegen, die linke über der rechten, auf den Oberschenkeln.
Vom Betrachter aus rechts neben der Frau steht ein kleines Mädchen, von dem nur der Oberkörper zu sehen ist, in einem weissen Kleid mit blauer Schulterpartie. Die langen hellbraunen Haare fallen bis auf das Kleid, und das Mädchen trägt einen Hut mit einem farbenfrohen Sommerblumenkranz. Vor den beiden Personen liegt auf einem Tisch am unteren Bildrand ein flacher Henkelkorb voller Blüten.
Im Mittelgrund trennt ein geschmiedetes Geländer die Terrasse von einer Uferböschung. Verschiedene Pflanzen, die aus einem alten Fass in der rechten unteren Bildecke herauswachsen, umranken das Geländer.
Im Hintergrund erstreckt sich ein Gewässer (ein Teich oder ein Fluss), auf dem einige Schiffe angedeutet sind. Zwischen Terrasse und Fluss liegt ein wilder Garten mit Bäumen. Ganz zuhinterst links erheben sich einige Gebäude am Wasser, im Weiteren erahnt man ein Gebirge.
Das Bild von Auguste Renoir wirkt mit seinen hellen, leuchtenden Farben fröhlich und lebhaft. Das dominierende Blau des Kleides ist der einzige dunkle Farbton und strahlt eine tiefe Ruhe aus.

Aufgaben 1. Beschreiben Sie detailliert das Bild mit der Katze und dem Fernsehgerät.

2. Beschreiben Sie möglichst genau, was Sie auf dem Bild von Flammarion «Der Mensch durchbricht die Himmelssphären» (1888) sehen. Wie lässt sich dieses Bild deuten?

3. Lassen Sie ein Bild nachzeichnen:
   - Wählen Sie zu Hause ein Bild/ein Foto mit einem klaren Aufbau und deutlichen Kontrasten aus. Beschreiben Sie es.
   - Geben Sie einem Kollegen/einer Kollegin in der Schule die Beschreibung und lassen Sie ihn/sie das Bild nachzeichnen, ohne die Vorlage zu zeigen. Es geht dabei nicht um künstlerische Gestaltung, sondern um Genauigkeit.
   - Setzen Sie sich mit dieser Person zusammen und vergleichen Sie die entstandenen Zeichnungen mit den Vorlagen. Besprechen Sie, was gut ist, wo und weshalb Fehler entstanden sind, z. B. wegen ungenauer Angaben, und wie die Beschreibung zu verbessern wäre.

Ortsbeschreibung

Mit der Ortsbeschreibung stellt man eine Ortschaft teilweise oder als Ganzes dar. Es kann aber auch ein eingegrenzter Ort beschrieben werden, zum Beispiel ein Aussichtspunkt auf einem Berg oder nur ein Zimmer. Es handelt sich hier um eher sachliche Beschreibungen, persönliche Eindrücke sind zweitrangig.

Was hilft beim Schreiben?

Wenn man Orte beschreibt, wird man leicht oberflächlich oder ungenau. Um präzise zu bleiben und die Übersicht zu behalten, sollten Sie sich an der gewachsenen Struktur des Ortes (Ortskern, Kirche, Rathaus, Hauptstrasse, markante Geschäfte) orientieren. Die Ortsbeschreibung soll über die rein technische Abhandlung hinausgehen, also nicht nur eine Beschreibung des Verkehrsnetzes bieten, sondern dem Leser oder der Leserin die Möglichkeit geben, sich einen Ort vorzustellen.

Bei einer Zimmerbeschreibung beginnen Sie am besten mit dem Grundriss des Raumes. Verwenden Sie dazu den Blick von oben (Vogelperspektive). Grösse, Höhe und Einrichtung sind ebenfalls von Bedeutung (Art des Bodens, der Wände, der Decke, Lage von Türen und Fenstern usw.). Folgen Sie den Wänden im Uhrzeigersinn, beschreiben Sie die Mitte zuletzt.

Der Schriftsteller Gustave Flaubert beschreibt 1869 seine Ankunft in Paris.

Die Ebene schien das reinste Trümmerfeld, so wirr und durcheinander standen die Häuser darin. Der Gürtel der Festungswälle zog sich als eine horizontale Anschwellung hin, und auf den ungepflasterten Gehwegen, die neben der Landstrasse herliefen, standen kleine astlose Bäumchen, hinter von Nägeln starrenden Latten geschützt. Chemische Fabriken wechselten mit Holzlagern ab. Durch die halb offenen Tore, wie man sie auf Gehöften antrifft, sah man ins Innere elender Hinterhöfe voller Kehricht und Unflat, mit schmutzigen Wasserlachen mittendrin. An lang gestreckten, wie mit Ochsenblut rot gestrichenen Wirtshäusern sah man im ersten Stockwerk zwischen den Fenstern zwei gekreuzte Billardstöcke in einem gemalten Blumenkranz. Hier und da stand eine halb fertig gebaute Gipshütte, die man ihrem Schicksal überlassen hatte. Und dann zog sich eine ununterbrochene Häuserreihe hin; von ihren kahlen Fassaden hob sich dann und wann eine riesige Blechzigarre, das Kennzeichen der Tabakläden, ab. Die Schilder der Hebammen stellten eine behäbige Matrone mit einer Haube auf dem Kopfe dar, die einen Säugling in einem spitzenverzierten Steckkissen in den Schlaf sang. Die Mauerecken waren über und über mit Plakaten verklebt, die meisten flatterten wie schmutzige Lumpen im Winde. Arbeiter in Blusen kamen vorbei, Bierfuhrwerke, Wäschekarren und Schlächterwagen rumpelten vorüber. Ein feiner Nieselregen fiel, es war kalt, der Himmel grauweiss; aber ein Augenpaar, das Frédéric die Sonne aufwog, strahlte hinter dem Nebel.

Gustave Flaubert: «Lehrjahre des Herzens»

Alexander Heimann beschreibt einen alten, unordentlichen Keller.

Der Keller wurde kaum gebraucht, er diente höchstens noch als Abstellraum. Rufer beleuchtete nacheinander einen Stapel aufeinandergestellter Harasse und Kisten, eine mehrstöckige, jetzt leere, von Spinnweben behangene Apfelhurde, einen mit allerlei Krimskrams vollgestopften Fliegenschrank, zwei an Wandhaken befestigte, durchlöcherte Weidenkörbe, die Stachelschweinen glichen, ein nicht mehr verwendetes, angefaultes Sauerkrautfass, einen Pickel sowie eine Schaufel und die ausrangierte, mit einer alten Wolldecke zugedeckte Kreissäge, die einst hinter dem Haus gestanden hatte.

Alexander Heimann: «Wolfszeit»

Das folgende Beispiel zeigt Ihnen, wie eine Schülerin ein besonderes Gebäude an ihrem Wohnort beschreibt.

Jeden Tag fahre ich mit dem Fahrrad in Jegenstorf an der Kirche vorbei. Diese Kirche steht auf einem kleinen, künstlich aufgeschütteten Hügel.
Die heutige Kirche wurde 1513/14 anstelle des alten, zu kleinen Kirchleins durch Meister Benedikt Frantz in gotischem Stil errichtet. Im mit dem Kreuz geschmückten Turm hängen heute vier Glocken, von denen die schwerste ca. 420 kg wiegt.
In der Kirche finden wir auf der linken Seite der Reihe nach die Namen der Pfarrer von Jegenstorf von 1527 bis zur Gegenwart. Die flache Holzdecke ist mit Schnitzereien verziert und trägt die vier Evangelistensymbole Engel, Löwe, Stier und Adler. Beim Eingang sieht man unter einem Glasboden die bei der Renovation gefundenen zwei Römerbrunnen. Grabplatten an den Wänden weisen auf die im Chor bestatteten Adligen hin. Sarg und Skelett des Carl von Bonstetten sind anlässlich der Renovation gefunden worden.
Die Glasgemälde im Chor gehören zu den ältesten und wertvollsten im Kanton. Im mittleren Fenster finden wir die vom Rat von Bern gestifteten Wappenscheiben von 1520.
An der Aussenseite der Kirche finden wir noch die alte Sonnenuhr sowie Grabplatten und einzelne Grabkreuze, die vom alten Friedhof übrig geblieben sind.

Anita Schütz, 16

Aufgaben

1. Unterstreichen Sie in Gustave Flauberts Beschreibung alle Adjektive. Welche verstärken den Eindruck, den das zugehörige Nomen hervorruft?
2. Beschreiben Sie einen Ort (z. B. Ihren Heimatort, Ihren Lieblingsort oder Ihren Traumort).
3. Beschreiben Sie ein besonderes Gebäude an Ihrem Wohnort.
4. Beschreiben Sie einen Raum (ein Wartezimmer im Bahnhof, einen Quartierladen).
5. Beschreiben Sie in der Art von Alexander Heimann einen Raum mit einer ungewöhnlichen Ansammlung von Gegenständen (Keller, Estrich, Abstellraum, ein besonderes Zimmer, Gartenhaus, Garderobe, eine alte Werkstatt, Garage usw.). Ideal wäre es, diese Beschreibung nicht aus dem Kopf, sondern am Ort selber durchzuführen.
6. Beschreiben Sie Ihr Zimmer aus der Vogelperspektive, lesen Sie Ihre Beschreibung vor und lassen Sie das Zimmer von Kollegen oder Kolleginnen nachzeichnen (dabei geht es nicht um zeichnerische Schönheit, sondern um die Korrektheit der Anordnung). Besprechen Sie danach die auftretenden Schwierigkeiten.

Wegbeschreibung

Bei der Wegbeschreibung geht es darum, jemandem eine Anweisung zu geben. Diese Person soll sich an einem unbekannten Ort ohne weitere Hilfe zurechtfinden. Eine Wegbeschreibung kann auch von persönlichen Eindrücken geprägt sein oder besondere Details hervorheben.

Was hilft beim Schreiben?

Hier kommt es auf exakte Distanzen, klare Geländemarkierungen (vor allem bei Abzweigungen), sofort erkennbare Gebäude, Wegweiser, Strassennamen usw. an. Wenn eine Wegbeschreibung nur der Orientierung im Gelände dient, sind Stimmungsbilder überflüssig.

Erich Tenger beschreibt einen Weg im Emmental.

Von der Post Eggiwil wenden wir uns in Richtung Heidbüel und wandern bis zur Strassenbrücke bei Sorbach (Einmündung des Sorbaches), wobei wir bald mit der enger werdenden, in die Nagelfluhfelsen eingeschnittenen Emmeschlucht Bekanntschaft machen.
Ennet der Emme verlassen wir rechts abbiegend die Teerstrasse und betreten nach 500 Metern die eigentliche Schlucht, die selber leider nicht begehbar ist.
Über eine leicht gebaute, unter unseren Schritten ins Schwingen geratende Hängebrücke gelangen wir auf die linke Emmenseite und bei der direkt zur Emme hin abfallenden Nagelfluhwand über ein zweites Brücklein wieder auf die rechte Seite und bald zum Gehöft Bächleren.
Bei Bächleren überqueren wir zwei weitere, gebrechlich anmutende Hängebrücklein; das hintere bringt schon ein kleiner Hund beim Überqueren in leichtes Schwingen. Rechts des Gehöftes führt ein alter Pfad über eine steile, nur rund zwei Meter breite Nagelfluhrippe hoch. Von hier bietet sich ein herrlicher Tiefblick: rechts zur hell glitzernden Emme, links in ein kleines Bachtobel.

Erich Tenger: «Wandern nach Flugbildern», 1988

Eine Schülerin beschreibt etwas Besonderes auf ihrem Schulweg.

Jeden Morgen fahre ich mit dem Fahrrad von mir zu Hause in Wanzwil zum Bahnhof Herzogenbuchsee. Dort steige ich in den Zug nach Bern, der um 7.08 Uhr abfährt. Bis vor den Herbstferien ist mir eigentlich nie etwas Besonderes aufgefallen, bis auf die vielen Graffiti, die man sieht, wenn der Zug in Bern einfährt.
Doch nach den Ferien ist mir etwas aufgefallen. Nachdem der Zug in Herzogenbuchsee abgefahren ist, dauert es etwa drei Minuten, dann sieht man auf der linken Seite, direkt neben den Schienen, ein total ausgebranntes Bahnwärterhäuschen. Vorher ist mir das Haus nie aufgefallen. Es stand einfach da. Wenn ich jetzt aber hier durchfahre, sticht es mir sofort ins Auge. Auf der einen Seite ist das Haus verkohlt, und man kann noch einige Dachbalken sehen. Auf der gegenüberliegenden Seite bemerkt man hingegen zwei Fenster, und es hängen sogar noch die Vorhänge daran.
Von dem Brand wurde in allen Zeitungen berichtet. Es gab einen Totalschaden von über 200 000 Franken.

Saskia Canuto, 16

In dieser Wegbeschreibung geht es um «sprechende Namen» auf einem Rundgang durch Bern.

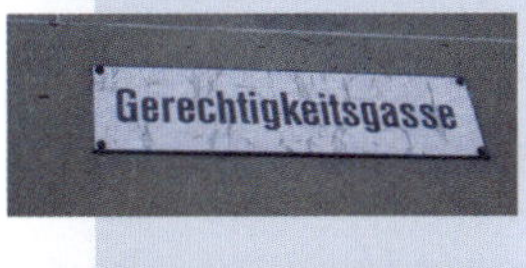

Bei einem Rundgang durch die Stadt Bern kommen wir an manch seltsamem Ort vorbei. Von Ostermundigen her durchqueren wir das Galgenfeld, ein Ort, der die wildesten Fantasien beflügelt. Zum Glück liegen gleich nebenan der Rosengarten, der Schönberg und der Obstberg. Zum Glück? Obst findet man kaum in diesem Quartier, und auf dem Schönberg stand früher einer der städtischen Galgen.
Viele dieser Namen weisen uns auf etwas hin, was es nicht mehr gibt. Es sind sprechende Namen. An der Gerberngasse zum Beispiel haben die Gerber gewohnt und gearbeitet, also die Handwerker, die Leder herstellen. Auf dem Bärenplatz befand sich der Bärengraben vor der Verlegung an seinen heutigen Platz. Der Hirschengraben bildete einen Teil der Befestigungsanlage. Dort wurden bis 1634 Hirsche gehalten. Am Rand des Waisenhausplatzes ist im ehemaligen Waisenhaus die Polizeihauptwache untergebracht. Und wenn wir durch die Altstadt, durch Markt- und Kramgasse zur Gerechtigkeitsgasse kommen, hoffen wir, dass heute anderes Recht herrscht als in den Zeiten, in denen es noch ein Henkersbrünnli und einen Blutturm brauchte.

Aufgaben

1. Unterstreichen Sie im ersten Text die Adjektive.
2. Beschreiben Sie den Fussweg vom Bahnhof zu Ihrer Wohnung.
4. Beschreiben Sie die Route Ihrer letzten Ferienreise.
5. Beschreiben Sie etwas Besonderes auf Ihrem Schulweg.
6. Suchen Sie an Ihrem Wohnort sprechende Namen, die auf etwas hinweisen, was es längst nicht mehr gibt (Mühlegässli, Kleefeld, Fischermätteli, Spitalacker, Weinbergstrasse usw.).

Gegenstandsbeschreibung

Der Begriff Gegenstandsbeschreibung ist recht weit gefasst, je nachdem, was für einen Gegenstand Sie auswählen, ob es ein Bleistift oder ein Auto ist. Hier haben wir es mit einer genauen Beschreibung zu tun, bei der jedes Detail eine Rolle spielt.

Was hilft beim Schreiben?
Machen Sie möglichst klare Angaben zu Form, Material, Beschaffenheit, Farbe usw. Kleine Gegenstände sind nicht unbedingt einfacher zu beschreiben als grosse. Auch geht es hier nur um einen einzigen Gegenstand. Grenzen Sie diesen also klar von seiner Umgebung ab.

Eine Schülerin beschreibt ein Spielzeug.

Der Gegenstand, den ich zu beschreiben versuche, ist der Legostein. Diese aus Plastik gemachten Steine können drei Farben haben: gelb, rot oder blau. Sie sind rechteckig oder quadratisch. Die rechteckigen haben ungefähr eine Länge von drei Zentimetern und eine Breite von einem Zentimeter. Vier, sechs oder acht runde Noppen befinden sich auf der oberen Seite der Steine. Sie dienen dazu, die einzelnen Steine zusammenzusetzen. Auf den einzelnen Noppen steht der Name «Lego». Logischerweise hat jeder Legostein auf der unteren Seite vier, sechs oder acht leicht grössere, ebenfalls runde Löcher, in die die Noppen eines anderen Steins reingedrückt werden können. Diejenigen Steine mit den vier Noppen sind quadratisch und diejenigen mit den sechs Noppen rechteckig. Der Plastikstein wiegt ungefähr zwei bis drei Gramm. Er ist sehr handlich. Die Ecken des Steines sind kantig und spitz, trotzdem kann man sich damit nicht verletzen. Das einzig Blöde daran ist, dass er so klein ist: Ein Kleinkind könnte ihn verschlucken. Der Legostein ist sehr geeignet, um sich alleine zu beschäftigen.

Brigitte Vock, 16

Aufgaben

1. Beschreiben Sie den Computer, der bei Ihnen zu Hause (oder an Ihrem Arbeitsplatz) steht.
2. Beschreiben Sie die Brille einer Kollegin/eines Kollegen.
3. Beschreiben Sie ein Paar Schuhe.
4. Beschreiben Sie Ihre linke Hand.

Personenbeschreibung

Mit der Personenbeschreibung soll das Äussere eines Menschen so genau wie möglich beschrieben werden. Wie sieht der Mensch aus, was sind seine körperlichen Eigenheiten, wie ist er/sie gekleidet, frisiert usw.?

Was hilft beim Schreiben?

Verwenden Sie treffende Adjektive und Nomen. Achten Sie auch auf Gesicht, Grösse und Figur der Person (erstaunlich häufig fehlen diese Angaben). Unterscheiden Sie die Personenbeschreibung von der Charakterisierung, bei der es um die Eigenschaften des Menschen geht.

Aufgaben

1. Diskutieren Sie die vier Personenbeschreibungen und beantworten Sie folgende Fragen:
   - Welche Beschreibung gefällt Ihnen am besten? Warum?
   - Welche Beschreibung wirkt am genauesten? Warum?
   - Was unterscheidet den Steckbrief von 1784 von den anderen Beispielen?
2. Verfassen Sie einen modernen Steckbrief.

Ein amtlicher Steckbrief aus dem Jahre 1784.

Johannes Baumann, gebürtig von Thun (BE), 29. Jahre, ist samt den Schuen gemessen, 5 Schu, 6¼ Zoll hoch, seiner Profession ein Perrukenmacher, hat schwarzbraune Haare, und trägt dieselben offen, graue Augen, roth braune Augsbrauen, eine spize Nase, ein weiten Mund, seine Zähne sind complet; er hat auf der linken Hand hinder dem Gelenk eine starke Wundnarbe; ist sehr mageren leibs, spricht deütsch und französisch, auch etwas Piemontesisch, geht grad einher.

Gustave Flaubert beschreibt eine unbekannte Frau in «Lehrjahre des Herzens» (1869).

Da traf es ihn wie eine jähe Erscheinung.
Sie saß in der Mitte der Bank, ganz allein; vielleicht konnte er auch, vom Glanz, den ihre Augen ausstrahlten, geblendet, sonst niemanden erkennen. Als er vorüberging, hob sie den Kopf. Unwillkürlich verbeugte er sich; und als er sich auf derselben Seite in einiger Entfernung niedergesetzt hatte, sah er sie an.
Sie trug einen breitrandigen Strohhut mit blassroten Bändern, die über ihrem Rücken im Winde flatterten. Ihr schwarzes, glatt gescheiteltes Haar fiel tief in die Stirn und war über den Schläfen hochgekämmt, so dass es schien, als schmiegte sich das Haar zärtlich an das Oval ihres Gesichtes. Ihr helles, getupftes Musselinkleid bauschte sich in unzähligen Falten. Sie stickte; und ihre gerade Nase, ihr Kinn, ihre ganze Gestalt hoben sich klar vom Blau des Himmels ab.
Da sie unbeweglich in der gleichen Haltung verharrte, ging er mehrmals von rechts und von links an ihr vorüber, um sein Vorhaben zu verschleiern. Dann aber blieb er nahe bei ihrem Sonnenschirm, der gegen die Bank gelehnt war, stehen und tat, als beobachte er ein Boot auf dem Fluss.

Eine modernere Beschreibung einer Frau von Christopher Isherwood («Leb wohl, Berlin»).

Sally lachte. Sie trug ein schwarzes Seidenkleid mit einem schmalen Cape um die Schultern, und eine kleine Mütze wie die eines Pagen sass keck auf der einen Seite ihres Kopfes.
«Darf ich mal dein Telefon benutzen, Schätzchen?»
Als sie die Nummer wählte, fiel mir auf, dass ihre Fingernägel smaragdgrün lackiert waren, eine unglückliche Farbwahl, denn es machte auf ihre Hände aufmerksam, die vom vielen Zigarettenrauchen recht fleckig waren und so schmutzig wie die eines kleinen Mädchens. Sie war dunkel genug, um Fritz' Schwester zu sein. Ihr Gesicht war länglich und schmal, totenbleich gepudert. Sie hatte sehr grosse braune Augen, die hätten dunkler sein müssen, um zu ihren Haaren und dem Augenbrauenstift zu passen, den sie verwendete.

Beschreibung eines seltsamen Mannes von Miguel Delibes («Der Verrückte»).

Es vergingen einige Minuten, bis mir der Mann auffiel, der sein Glas an der Theke zum Munde führte und den glatt gekämmten Kellner, der ihn bediente, ins Gespräch zog. Ein ziemlich korpulenter Mann, der den Eindruck machte, irgendwie kompakt und schlecht gebaut zu sein. Er steckte in einem schwarzen Mantel, der seinen Körper so eng umschloss, als wäre dieser eine Wurst. Der Mantel war ihm zu kurz, so dass die Hosen zu sehen waren, die an den Knien riesige Beulen zeigten. Obschon er beim Reden die Hände auf eine törichte Art und mit einer gewissen Ungeduld bewegte, bot er den Eindruck eines schwerfälligen Mannes, und seine Bewegungen waren verfänglich und feierlich wie die eines Elefanten. Aber am meisten beeindruckte mich sein Gesicht. Es hatte ein entgleistes Auge und eine verrutschte Pupille. Seine Augen waren von einem ausgelaufenen Grau, fast weiss, und in ihren Tiefen von einer Unergründlichkeit, die einen schauern ließ. Er hatte sehr rote Lippen, oder jedenfalls schien es bei der Blässe seiner Haut so, und die Unterlippe hing ihm, sobald er eine Pause machte, auf peinliche Weise herunter wie ein totes Gewicht.

Hier beschreibt eine Schülerin das Gesicht einer Person (Friedrich Overbecks Bildnis von Charlotte Overbeck).

Die Frau auf diesem Bild hat kein markantes Gesicht, sondern feine, zarte Gesichtszüge. Ihre Lippen sind schmal, und die Mundwinkel zeigen leicht nach oben, so als formten sie ein leises Lächeln. Sie hat schöne, grosse Augen, die einen direkt ansehen. Sie blicken vielleicht nicht gerade scheu, aber zurückhaltend.
Ihre feine Nase passt perfekt in ihr Gesicht. Ihre Haut erscheint mir sehr geschmeidig und glatt, fast wie Porzellan. Die Frau hat ihre Haare hinten hochgesteckt, und vorne fallen ihr leicht gewellte Strähnen ins Gesicht, die ihr auf jeder Seite bis zu den Augen reichen. Dadurch, dass sie ihr Haar zurückgesteckt hat, ist ein Ohr zu erkennen. Das andere Ohr sieht man nicht, weil sie seitlich zu einem sitzt und den Kopf nur ein wenig in die Richtung des Betrachters dreht, eben nur so weit, dass das zweite Ohr verborgen bleibt.
Für mich ist aber auch etwas Stolz im Gesicht der Frau. Nach ihrer Frisur und dem Kleid, das sie trägt (obwohl man nur ein bisschen davon sehen kann), würde ich sagen, dass sie aus einer eher wohlhabenden Familie kommt.

Mirjam Arn, 16

3. Beschränken Sie sich bei einer Personenbeschreibung auf das Gesicht einer Person. Beschreiben Sie dieses umso genauer.
4. Beschreiben Sie eine Person an einer Haltestelle.
5. Beschreiben Sie Ihre Nachbarin/Ihren Nachbarn im Schulzimmer.
6. Wählen Sie für Ihre Beschreibung ein Paar, das sich irgendwie ergänzt (Liebespaar, Mann – Hund, Mädchen – Pferd usw.).

Schreiben
Lesen und Verstehen
Sprechen
Grammatik
Verzeichnisse

Charakterisierung

Mit der Charakterisierung sollen die Eigenschaften eines Menschen so genau wie möglich beschrieben werden. Sie beginnt bei inneren Werten, enthält aber auch von aussen Sichtbares (zum Beispiel eine bestimmte Art, sich zu kleiden oder sich zu bewegen).

Was hilft beim Schreiben?
Eine Charakterisierung soll einen Menschen in seinen typischen Eigenschaften und Einstellungen beschreiben, also nicht nur ein zufälliges Verhalten aufgreifen. Die Charakterisierung wird umso genauer, je besser man den Menschen kennt. Versuchen Sie bei einer Charakterisierung, wertende Äusserungen zu vermeiden.

So charakterisiert eine Schülerin ihre Schwester:

Meine Schwester Nicole (18) ist gleichzeitig auch meine beste Freundin. Ich kenne keinen so komplizierten Menschen wie Nicole. Sie macht aus jeder Mücke gleich einen Elefanten. Deshalb ist es nicht immer einfach, mit ihr umzugehen. Sie hat ausserdem oft schlechte Laune und lässt diese an allen anderen aus, besonders am Morgen, wenn sie wieder einmal spät dran ist. Doch all das ist noch nicht so schlimm, wenn man es mit ihrer Eitelkeit vergleicht. Jedes Haar muss genau sitzen, die Schminke soll perfekt aufgetragen sein, und die Kleidung muss ganz klar bedacht sein, so dass alles zusammenpasst. Es muss den Jungs ja gefallen! Auch während der Arbeit ist Nicole perfekt gestylt. Ein Wunder, dass sie sich abschminkt, bevor sie ins Bett geht.
So, genug gelästert! Es gibt nämlich viele positive Seiten an ihr. Im Grossen und Ganzen ist sie ein sehr mitfühlender Mensch. Fast schon zu sehr. Denn, geht es einem Freund von ihr nicht gut, so verschlechtert sich ihre Laune meistens schlagartig. Sie hat immer ein offenes Ohr für die Probleme der anderen. Ausser sie macht Hausaufgaben, dann will sie nicht gestört werden. Doch sie kann gut zuhören und hat auch immer Ratschläge parat. Wenn wir an eine Party gehen wollen, sagt sie zuerst immer: «Nein, ich mag nicht. Ich weiss nicht, was ich anziehen soll. Und schau dir einmal meine Haare an!» Aber wenn ich sie später überzeugt habe und wir an der Party sind, dann macht es ihr trotzdem riesigen Spass. Kommen wir zum Thema Jungs. Ich sitze zum Beispiel bei Nicole im Zimmer, und sie erzählt mir gerade, dass kein einziger Junge etwas von ihr will. In diesem Moment bekommt sie ein SMS von einem ihrer Verehrer. Ich sage dann meistens einfach gar nichts mehr.
Dieses Gemisch zwischen dem ängstlichen, wenig selbstsicheren Mädchen und der noch versteckten Powerfrau macht sie zu einem furchtbar sympathischen Menschen. Auch wenn ich ihr manchmal am liebsten den Hals umdrehen würde!

Fabienne Hänni, 16

Aufgaben

1. Unterstreichen Sie im Beispieltext die objektiven Feststellungen und die subjektiven Kommentare mit verschiedenen Farben.
   Was trägt dazu bei, dass man sich die beschriebene Person gut vorstellen kann?
2. Charakterisieren Sie ein Familienmitglied oder eine Ihnen gut bekannte Person.
3. Erstellen Sie ein Charakterbild von Ihrem besten Freund/Ihrer besten Freundin.
4. Bei der Berufswahl geht es darum, den zu einer Person passenden Beruf zu finden. Charakterisieren Sie sich selber (Selbstbild), lassen Sie Ihre Eigenschaften von jemand anderem aufschreiben (Fremdbild). Erstellen Sie zuerst eine Liste mit mindestens 20 Adjektiven. Vergleichen Sie anschliessend die Resultate.

Bericht

Was ist ein Bericht?

Ein Bericht gibt sachlich Auskunft über ein Ereignis oder einen Vorgang. Jemand, der den Sachverhalt nicht kennt bzw. bei einem Ereignis nicht anwesend war, soll sich ein Geschehen vorstellen können oder über Ergebnisse/Entscheidungen informiert werden. Die wichtigsten Formen sind: Ereignisbericht/Zeitungsbericht, Reportage, Protokoll, Rapport, Tagebuch.

Was hilft beim Schreiben?

Geben Sie sachlich Auskunft darüber, **wer, wann, wo, wie, was** getan hat. Verwenden Sie dabei eindeutige Begriffe und bilden Sie einfache, klar verständliche Sätze. Achten Sie auf eine den Tatsachen entsprechende, folgerichtige (zeitlich korrekte Reihenfolge) und genaue Wiedergabe des Geschehens. Die zuverlässige Information steht an erster Stelle. Vermeiden Sie daher persönliche Gefühle und Wertungen.

Hinweis Als Zeitform ist das Präteritum (Imperfekt) üblich.
Unterscheiden Sie den Bericht von der Beschreibung. Der Bericht gibt ein Geschehen wieder, die Beschreibung einen Zustand. Unterscheiden sie einen Bericht auch von der Schilderung einer Szene, in der ein Stimmungsbild im Vordergrund steht.

Ereignisbericht/Zeitungsbericht

Ein **Ereignisbericht** gibt ein Geschehen genau und wahrheitsgetreu wieder. Die Angaben sollen also inhaltlich, zeitlich und örtlich präzise sowie sachlich formuliert sein.
Als typische Form des Ereignisberichts betrachtet man den **Zeitungsbericht**. Er ist den Fakten verpflichtet. Die Leserinnen und Leser wollen erfahren, was geschehen ist. Deshalb gründet der Zeitungsbericht auf Nachforschungen (den Recherchen). Je genauer diese sind, desto glaubwürdiger wirkt der Text.

Was hilft beim Schreiben?

Hier kommt es neben den grundsätzlichen Angaben zum Wann, Wo, Wie usw. auf einen gelungenen «Lead» an (das ist der Vorspann eines Zeitungsberichts, der den Inhalt zusammenfasst).
Sie können einen Zeitungsbericht als Teil einer grösseren Arbeit verwenden, zum Beispiel in einem Projekt. Hier ergänzen Sie Reportagen, Interviews, Fotos und Videos mit einem faktenreichen Text.

Kurzmeldung aus einer heutigen Zeitung:

Blinder volltrunken am Steuer
Ein zu 100% sehbehinderter Mann ist in Mainz von der Polizei volltrunken am Steuer ertappt worden.
Anwohner meldeten gestern früh gegen 00.15 Uhr, dass im Stadtteil Lerchenberg ein Blinder mit einem Auto unterwegs sei. Dabei fuhr er immer nur rund einen halben Meter auf einmal und stieg dann jeweils aus, um zu ertasten, ob er sich mit dem Auto einem Hindernis nähere. Auf diese Weise schaffte er es, aus einer Parklücke herauszukommen und etwa zehn Meter Weg zurückzulegen.
Er sagte später aus, er habe nicht mehr zurückfahren können, da er die Parklücke nicht mehr gefunden habe. Nachdem die Polizei den Mann gestellt hatte, nahm sie wegen seiner «Fahne» einen Atemtest vor, der 1.52 Promille ergab. Dem Mann wurde eine Blutprobe entnommen.

Historischer Ereignisbericht aus dem 16. Jahrhundert:

Wie Hans Pfenninger, vogt zuo Gryfensee, ertrunken

Anno 1566, als Hans Pfenninger, vogt zuo Gryfensee, siner gschäfften halb gen Frauwenfäld geritten und am 16 Junij widerum uff dem heimwäg was, dess selbigen tags aber die bäch von stetem rägen allenthalben fast angangen, ist er, mitt sampt sinem undervogt, durch ein bach nütt wyt von Töss, Kempt genampt, geritten, in dem aber der bach unversähenlich angangen, das in das wasser ergriffen und mitt sampt dem ross hinweg gefürt, das ross aber von im ledig worden, sinen rytmantel hatt man zuo Töss das wasser hinab gsähen schwümmen, do im niemand dan alleyn Gott zuo hilff hatt mögen kommen. Uber X wuchen hernach hatt man in under Basel gefunden, nakendig und bloss, hatt kein nasen mer ghan, in summa, er sol gar ein ellender anblik gewäsen sin.

Übersetzung des Textes im Handbuch für Lehrerinnen und Lehrer.

Aufgaben

1. Untersuchen Sie die Meldung über den blinden, betrunkenen Autofahrer.
   - Inwiefern unterscheidet sie sich von einem Bericht?
   - Was hat sie mit einem Bericht gemeinsam?
   - Wo finden Sie solche kurzen Berichte?
   - Diskutieren Sie untereinander, ob Sie diese Meldung, die tatsächlich in vielen Zeitungen erschienen ist, glaubwürdig finden. Gibt es Anhaltspunkte dafür, dass der Text nicht dem wahren Geschehen entspricht?
2. Versuchen Sie, gemeinsam mit Ihrem Kollegen/Ihrer Kollegin, herauszufinden, was im historischen Text passiert ist.
3. Vergleichen Sie den historischen Text mit einer Unglücksmeldung aus einer heutigen Zeitung. Welche Unterschiede stellen Sie fest?
   - Schreiben Sie diesen Text neu, so wie er heute in einer seriösen Tageszeitung oder in einer Boulevardzeitung erscheinen würde.
4. Nehmen Sie eine aktuelle Zeitung und lesen Sie einzelne Artikel genau. Finden Sie auch hier Wörter und Formulierungen, von denen Sie glauben,
   - dass man sie erst seit Kurzem braucht,
   - dass sie bald nicht mehr verwendet werden?
5. Schreiben Sie selber einen Zeitungsbericht (zum Beispiel für eine Schülerzeitung) zu einem der folgenden Themen:
   - Der Sporttag an meiner Schule
   - Ein festlicher Anlass in unserem Verein
   - Bericht über eine Veranstaltung (kulturell oder sportlich), an der ich teilgenommen habe
   - Ein Unfall, den ich beobachtet habe

Reportage

Eine Reportage ist ein persönlich gefärbter Erlebnisbericht, der auf Tatsachen beruht. Anders als beim sachlichen Zeitungsbericht werden hier eigene Beobachtungen und Empfindungen mit Fakten, Stimmungsberichten, wörtlichen Zitaten, Dokumenten und Hintergrundinformationen zu einer leicht lesbaren, spannenden Darstellung verbunden.

Was hilft beim Schreiben?

Grundlage der Reportage ist die Sammlung möglichst vieler Informationen. Die Neugier der Leserinnen und Leser wird durch den «Aufhänger» (den Anfang des Textes) geweckt. Ein spannender Aufbau stellt sicher, dass die Reportage zu Ende gelesen wird. Unmittelbarkeit erzielt man unter anderem durch Stimmungsbilder oder durch den Einsatz direkter Rede.
Sie können die Reportage als Teil einer grösseren Arbeit verwenden, zum Beispiel in einem Projekt. Hier ergänzen Sie die Informationen durch Interviews, Fakten, Fotos und Videos und möglicherweise auch durch eine Schilderung.

Aufgabe Vergleichen Sie die vier verschiedenen Aufhänger von Reportagen.

Egon Erwin Kisch schreibt in «Der rasende Reporter»:

> Sehr merkwürdig erging es mir mit Rosa Blazek, der älteren der zusammengewachsenen Schwestern, sofern man bei zusammengewachsenen Schwestern von einer älteren sprechen kann.

«Die Vorsitzenden» von Ryszard Kapuscinski aus: «Der Fussballkrieg» beginnt so:

> Sie waren zu dritt. Sie traten stets zu dritt auf und sassen zu dritt in einem grossen, staubigen Chevrolet. Der Wagen hielt vor dem Hotel, die Türen knallten, und auf den Stufen waren die Tritte von drei Paar Füssen zu hören. Es klopfte an unsere Tür.

Eine Reportage in «Der Spiegel» (16/2001) hatte den folgenden Aufhänger:

> 16.25 Uhr. Ilka Finke schaltet die Sondersignale ein. Mit Blaulicht und Martinshorn rast der grün-weisse Opel Vectra durch die Düsseldorfer Innenstadt. Fast alle Ampeln sind rot. Die Polizistin am Steuer schaut nach links, ihr Kollege Jörg Fischer sichert die rechte Seite ab. Fussgänger springen zur Seite, Bremsen quietschen. Ein Autofahrer passt nicht auf, vermeidet knapp eine Karambolage. «Schlägerei nach Autoeinbruch», lautet die Funkdurchsage der Einsatzzentrale.

Dies ist der Anfang von «Hotel Metropol» von Ryszard Kapuscinski aus «Der Fussballkrieg»:

Ich bewohne ein Floss in einer Seitengasse des Handelsviertels von Accra. Das Floss steht auf Pfosten, so hoch wie ein einstöckiges Haus, und heisst Hotel Metropol. In der Regenzeit beginnt dieses architektonische Kuriosum zu schimmeln und zu faulen, aber in den Dürremonaten trocknet es wieder aus, bis alles knarrt. Doch es bleibt ganz! In der Mitte des Floßes steht eine Baulichkeit, unterteilt in acht Verschläge. Das sind unsere Zimmer. Die freie Fläche der Plattform, von einer geschnitzten Balustrade umsäumt, nennt sich Veranda. Dort gibt es einen grossen Tisch für die Mahlzeiten und ein paar kleine Tischchen, an denen wir Whisky und Bier trinken.

Reportage einer Schülerin über den Arbeitsalltag einer Lehrerin.

«So, Kinder, das war der kreative Teil des Unterrichts.»

Für viele die Hölle, für manche der ganz normale Alltag

«Ahh!», ein Schrei. Es ist ein riesiges Tohuwabohu in dem mittelgrossen Zimmer mit den gelben Vorhängen. Nochmals ein Schrei, darauf folgt Gelächter. Das Zimmer liegt gleich am Ende eines langen Flurs, und als Erstes fällt mir das grosse, aus Holz gebastelte Schiff auf, das inmitten des Raumes steht. Es ist laut in dem Zimmer.

«Drrr», die Klingel ertönt, und plötzlich herrscht Stille. Die kleine Pause ist nun vorbei, und die Kinder der Klasse 2A sitzen alle ruhig an ihren Pulten, die Köpfe auf ihre Lehrerin gerichtet. Die Lehrerin versammelt ihre Schüler rund um das Schiff. Erst jetzt sehe ich die Totenkopfflagge, die am Boot angebracht ist.

Die Lehrerin erzählt eine Geschichte, eine Geschichte über Piraten, und erklärt anschliessend, dass das jetzt ihr neues Thema sei. Jubelgeschrei von Seiten der Kinder. Danach erklärt die Lehrerin noch rasch die Piratenwerkstatt, an der die Kinder bis zu den Sommerferien arbeiten werden. Voller Eifer macht sich die Klasse ans Werk.

Die Kinder arbeiten selbstständig, und die Lehrerin hat Zeit für ein kurzes Gespräch. Sie will sich gleich rechtfertigen und meint, dass es nicht immer so laut zu- und hergehe. In der vorherigen Stunde hatten die Kinder jedoch Mathematik, und gerade auf der Unterstufe sei es wichtig, Abwechslung in den Schulalltag zu bringen.
Die Lehrerin, die nun vor mir sitzt, ist sehr jung und beginnt sofort mit dem Erzählen. «Nach einem Tag in der Schule, unter all den Kindern, ist man am Abend immer todmüde», sagt sie und rollt dabei mit den Augen. Für viele wäre es wohl die Hölle, doch für manche ist es einfach ganz normaler Alltag. Der Beruf mache ihr sehr viel Spass.
Ab und zu werden wir unterbrochen, weil eines der Kinder eine Frage hat. Die Lehrerin bemüht sich dann sogleich, alle Fragen zu beantworten und die vorliegenden Probleme zu lösen.
Ich erwähne, dass es viele Vorwürfe Lehrern gegenüber gebe. Sie lacht kurz auf. «Ja, die gibt es wahrhaftig!» Viele denken, als Lehrerin habe man die ganze Zeit Ferien, doch das sei völliger Quatsch, sie nutze die meiste Zeit, um sich weiterzubilden und um die kommenden Stunden vorzubereiten. Auch eine Reihe von weiteren Vorurteilen sei nicht gerecht.
«So, nun muss ich aber mit den Kindern aufräumen, denn in fünf Minuten ist Mittagspause», sagt sie und steht auf. Als das letzte Kind gegangen ist, gehen wir auch in die Mittagspause, um etwas zu essen. Doch der Tag ist noch lange nicht vorbei. Gleich nach dem Essen fahren wir in die Stadt, um das Bastelmaterial für den morgigen Tag einzukaufen. Bis um 21.00 Uhr abends sitzt die Lehrerin an dem Tag noch am Computer, um einige Lernberichte zu schreiben.
Es sei kein Zuckerschlecken, das Lehrer-Leben. Doch ihre Arbeit würde sie mit keiner anderen tauschen wollen. Sie sei aber froh, kleinere Kinder unterrichten zu dürfen, denn bei grösseren Schülern habe man als Lehrerin oftmals nicht viel zu sagen. Sie wisse das noch von ihrer eigenen Schulzeit her, denn das sei schon damals so gewesen.

Mirjam Arn, 16

Aufgaben

1. Welcher der vier Aufhänger einer Reportage (S. 29/30) motiviert Sie am ehesten zum Weiterlesen? Begründen Sie Ihre Wahl.
2. Formulieren Sie selber mögliche Aufhänger für Reportagen. Überlegen Sie sich, für welches Thema die Aufhänger gedacht sind.
3. Schreiben Sie eine Reportage zu einem der folgenden Themen (sammeln Sie Informationen bei den direkt Betroffenen):
   - Der Arbeitsalltag eines Schreiners
   - Der Arbeitsalltag einer Verkäuferin
   - Der Arbeitsalltag des Berufes, den Sie erlernen wollen oder der Sie am meisten interessiert
   - Ein Stimmungsbild vom Wochenmarkt
   - Ein Stimmungsbild von der Sportveranstaltung

Protokoll

Ein Protokoll ist ein Bericht über den Inhalt und den Verlauf von Versammlungen, Verhandlungen usw. Es dient als Information für Abwesende oder als Gedächtnisstütze für Teilnehmer. Als öffentliches Dokument ist es an eine bestimmte äussere Form gebunden. Ein **Ergebnisprotokoll** fasst lediglich die in einer Versammlung erreichten Ergebnisse knapp zusammen. Ein **Verlaufsprotokoll** stellt eine fortlaufende Niederschrift dar und muss Hergang und alle wesentlichen Einzelergebnisse in klar zusammenhängender Ordnung knapp und sachlich genau festhalten. Ein **wörtliches Protokoll** ist eine Sonderform, die vor allem bei öffentlichen Sitzungen (Nationalrat usw., polizeiliche Untersuchungen, Gerichtsverhandlungen) Anwendung findet. Diese Form ist für den Unterricht ohne Bedeutung.

Was hilft beim Schreiben?

Ein Protokoll zeichnet sich vor allem durch Übersichtlichkeit und Knappheit aus und ist folgendermassen aufgebaut:

1 Kennzeichnung des Anlasses (Sitzung, Diskussion usw.)
2 Angabe der Zeit: Datum, Beginn, Ende
3 Angabe des Ortes
4 Diskussionsleitung
5 Namen der Anwesenden
6 Namen der Abwesenden (entschuldigt/unentschuldigt)
7 Schriftführer/in (Protokollführer/in)
8 Tagesordnung (Traktanden)
9 Text (Bericht)
10 Unterschrift(en)

Die Schriftführer müssen Wesentliches von Unwichtigem unterscheiden und entsprechende Notizen anfertigen können. Am besten verwendet man lose Blätter und notiert darauf schon vor Beginn der Veranstaltung die notwendigen formalen Angaben. Jedes Blatt wird einseitig beschrieben (Zeitersparnis, Übersichtlichkeit bei der Auswertung), ein breiter Rand erlaubt spätere Ergänzungen sowie die Kennzeichnung von Zusammenhängen usw. Jede neue Information erhält eine neue Zeile, grössere zusammengehörende Abschnitte werden voneinander getrennt, wichtige Gesichtspunkte durch Unterstreichen gekennzeichnet. Um Zeit zu sparen, verwendet man am besten Stichworte. Wörtlich festhalten muss man nur Anträge, Definitionen und bindende Beschlüsse.

Meinungen müssen von Tatsachenangaben deutlich zu unterscheiden sein. Es ist zweckmässig, mit dem Notieren so lange zu warten, bis man eine Information vollständig erfasst hat. Die Stichworte werden später zu einem Text ausgearbeitet, der für Aussenstehende klar und verständlich ist. Bei besonders wichtigen Wortmeldungen, Anträgen usw. vermerkt man die Namen der Sprechenden.

Unwichtige Einzelheiten sowie die persönliche Meinung der Schreibenden gehören nicht ins Protokoll (ausser wenn sie in der Diskussion geäussert wurden).

Wenn Sie Vorträge oder Reden für sich selber protokollieren, notieren Sie hauptsächlich Informationen, die Ihnen bis jetzt nicht bekannt waren. Da Sie normalerweise aus solchen Notizen etwas lernen wollen, sollten Sie nicht zu viele Abkürzungen und Stichworte verwenden. Besser ist es, sich das Vorgetragene zu Hause noch einmal durch den Kopf gehen zu lassen und die Notizen so zu ergänzen, dass Zusammenhänge zu bisherigem Wissen und erweiterte Informationen sichtbar werden. Zu solchen Notizen gehören auch immer Hinweise auf weiterführende Lektüre sowie Adressen (auch aus dem Internet).

Protokoll:

1 1. OK-Meeting Schweizer Meisterschaft (SM) Inline-Skating 2008

2 Sitzung vom 9.4.2005, 18.00–19.30 Uhr, Restaurant Bären, Bern

3

4	Sitzungsleitung:	Christoph Keller
5	anwesend:	Christoph Keller, Teresa Palmieri, Silvia Bäriswyl, Beat Andres, Giovanni Crescentini
6	entschuldigt:	Christine Oppliger, Barbara Gerber
7	Protokollführer:	Giovanni Crescentini

8 Traktanden

1. SM 2008: Standortbestimmung
1.1 Entscheid der Generalversammlung
1.2 Wo stehen wir? Hilfsmittel Checkliste! (aktuelle Liste wird verteilt)
2. Präsentation Entwurf SM-Logo (Antrag zur Genehmigung)
3. Ressort 50 VR: Sponsoring
3.1 Was haben wir bis heute erledigt?
3.2 Bildung der Sponsoring-Teams (zwei bis drei Zweierteams)
3.3 Aufgabenverteilung (persönliche Anfrage gemäss aktueller Sponsorenliste)
3.4 Festlegen der Zielvorgabe Sponsoring
3.5 Sind bereits Ergebnisse vorhanden?
4. Verschiedenes
5. Termine 2. OK-Meeting Schweizer Meisterschaft 2008

9 1. SM-2005 Standortbestimmung

1.1 Entscheid der Generalversammlung
Das Organigramm wurde uns überreicht. Folgende Änderungen wurden vorgenommen: Leitung des Ressorts 20 (F – Finanzen) wird alleine von Teresa Palmieri übernommen. Leitung des Ressorts 40 (PR – Produktion und Regie) wird eventuell von Christine Oppliger übernommen. Christoph Keller übernimmt anstelle von Beat Andres das Ressort 60 (FW – Festwirtschaft).

1.2 Wo stehen wir? Hilfsmittel Checkliste! (aktuelle Liste wird verteilt)
Die Festwirtschaft wird zur Unterabteilung «Verpflegung und Unterkunft» des Turnierbetriebs. Die Leitung übernimmt, wie bereits unter 1.1 erwähnt, Christoph Keller. Ebenfalls sollen die Einrichtung, Startnummernausgabe, Rekrutierung Hilfspersonal, Urkunden, Einteilung Kategorien, Garderobe, Duschen in einer Unterabteilung zusammengefasst werden, welche Beat Andres übernehmen wird. Die genannten Änderungen sollen bis zur nächsten Sitzung in der neuen Checkliste zusammengefasst werden.

2. Präsentation Entwurf SM-Logo (Antrag zur Genehmigung)
Das Logo ist gut gelungen! Es wird von den anwesenden OK-Mitgliedern gutgeheissen.

3. Ressort 50 VR: Sponsoring

3.1 Was haben wir bis heute erledigt?
Keine Mitteilungen.

3.2 Bildung der Sponsoring-Teams (zwei bis drei Zweierteams)
Silvia Bäriswyl und Giovanni Crescentini, Teresa Palmieri und Barbara Gerber, nach Bedarf weitere Teams möglich.

3.3 Aufgabenverteilung (persönliche Anfrage gemäss aktueller Sponsorenliste)
Die Liste der Grosssponsoren wird auf die oben genannten Gruppen aufgeteilt. Diese Liste war am Meeting nicht vorhanden. Sie wird daher den entsprechenden Personen zugesandt.

3.4 Festlegen der Zielvorgabe Sponsoring
Unser Ziel ist die Deckung der grossen Ausgabenposten. In Zahlen sprechen wir von Fr. 25 000.–, was als Untergrenze bezeichnet wird! Das Wichtigste ist für uns daher Cash, nicht Tombolapreise!

3.5 Sind bereits Ergebnisse vorhanden?
Teresa Palmieri führt eine Sponsorenliste, aus welcher wir folgende Daten ersehen können: Wer spendet, was, wann, Totalisator (wie viel haben wir im Gesamten zusammen?).

4. Verschiedenes
Roland Meier vom Snowboard-Verband hilft uns mit Inputs bei der Organisation, da er schon mal eine Schweizer Meisterschaft als OK-Präsident durchgeführt hat. Barbara Gerber fragen wir betreffend der Moderation an.

5. Termine
2. OK-Meeting Schweizermeisterschaft 2008: 14. 5. 2005, 18.00 Uhr, Restaurant Bären, Bern
Treffen mit Roland Meier: 11. 5. 2005, 20.00 Uhr, Restaurant Löwen, Bümpliz
Schweizermeisterschaft Inline-Skating 2008: 15. 6. 2008 in Bern

10 Der Protokollführer: Giovanni Crescentini

Giovanni Crescentini

Aufgaben

1. Schreiben Sie das Verlaufsprotokoll einer Schulstunde. Vergleichen Sie es mit dem einer Mitschülerin/eines Mitschülers und beurteilen Sie Übersichtlichkeit und Verständlichkeit. Was ist gut? Was fehlt?
2. Erstellen Sie das Ergebnisprotokoll einer Vorbereitung für eine Projektarbeit und berücksichtigen Sie dabei besonders folgende Fragen: Wer hat was beigetragen? Wer übernimmt welche Arbeit? Wer organisiert welche Arbeitsunterlagen? Wer ist zuständig für die Finanzierung?
3. Schreiben Sie ein Protokoll zu einem Vortrag und markieren Sie, welche Informationen für Sie neu waren.

Rapport

Mit einem Rapport stellt man einen zeitlichen Ablauf dar, indem man zum Beispiel Stunde für Stunde aufschreibt, was geschieht. Er dient als Gedächtnisstütze.
Als spezielle Form gibt es den **Arbeitsrapport**. Er beschreibt, welche Tätigkeiten ausgeführt worden sind (wann?, wo?, wer?, wie?, was?). Er dient zur Abrechnung von Lohn und Arbeitskosten.

Was hilft beim Schreiben?

Für einen Rapport machen Sie während des ganzen Ablaufs, den Sie rapportieren sollen, laufend Notizen. Warten Sie nicht, bis Sie Ihre Tätigkeit abgeschlossen haben. Stellen Sie im Voraus klar, welche sprachliche Form der Rapport haben soll: Genügen Stichworte oder ist ein genauerer Bericht erwünscht?

Tagesrapport einer Schülerin vom 24. April 2005

6.30 Uhr	Aufstehen
7.30 Uhr	Verlassen des Hauses
8.15 Uhr	Schulbeginn; zwei Lektionen Englisch mit Frau R.
10.00 Uhr	Tram Richtung Guisanplatz
10.10 Uhr	Ankunft beim BEA-Gelände (Berner Frühjahrsmesse); wir treffen Frau B.
11.00 Uhr	Möbelhalle; Aufgabe: Suche nach einem Sessel und einem Tisch, Preisvergleich
11.20 Uhr	Sessel gefunden: Sunny-Sessel bei Cultsofa Bretz: in Sonnenblumenform, bequem und speziell
11.25 Uhr	Passender Sonnenblumentisch bei Cultsofa Bretz gefunden, aus Stoff und Glas
11.30 Uhr	Dazu noch ein Spiegel mit Silberrahmen am selben Stand
11.40 Uhr	Mit den anderen bei den Bahnen
11.50 Uhr	Warten vor der Halle mit der Internet-Ausstellung
12.00 Uhr	Führung beginnt
12.40 Uhr	Führung zu Ende
12.45 Uhr	Im Freien Anhören der Schülerbands
13.15 Uhr	Hotdog essen
14.15 Uhr	Wieder in der Schule; zwei Lektionen Französisch mit Herrn S.
15.00 Uhr	Schule aus
15.30 Uhr	Zu Hause
15.45 Uhr	Musik hören
16.00 Uhr	Telefonieren
18.00 Uhr	Fernseher eingeschaltet
18.30 Uhr	Eingeschlafen
19.15 Uhr	Eltern kommen nach Hause; Abendessen
19.45 Uhr	Fernsehen
22.00 Uhr	Buch lesen
23.00 Uhr	Schlafen

Mirjam Arn, 16

Aufgaben

1. Schreiben Sie an einem besonderen Tag einen Tagesrapport.
2. Schreiben Sie einen Arbeitsrapport für einen Tag Ihrer Schnupperlehre.

Tagebuch

Ein Tagebuch wird normalerweise für die Niederschrift von privaten Erlebnissen, Eindrücken, Träumen usw. verwendet. Viele Menschen können den Alltag besser bewältigen, wenn sie notieren, was sie beschäftigt. Diese Aufzeichnungen sind in der Form völlig frei, sie können zu den unterschiedlichsten Gestaltungen anregen.

Was hilft beim Schreiben?

Tagebucheinträge sind oft stichwortartig und enthalten Fragen, die einen beschäftigen, oder Gedanken, die man niemandem anvertrauen kann. Man kann auch persönliche Erinnerungsstücke einkleben, z. B. Kinokarte, Zugbillett, Speisekarte, Fotos usw. Tagebuchnotizen sind nicht für die Öffentlichkeit bestimmt und sollten deshalb sicher aufbewahrt werden.

Tagebuchartige Notizen können aber auch eine längere Arbeit begleiten. Diese sollten dann so formuliert sein, dass sie auch für andere verständlich sind. Vor allem bekannte Persönlichkeiten verwenden Tagebuchnotizen als Grundlage für ihre Biografie (Lebensbeschreibung).

Für Sie kann es in späteren Lebensjahren interessant sein nachzulesen, wie Sie früher gedacht und gefühlt haben.

Tagebuchauszug von Samuel Pepys (geboren 1633) zwischen 1660 und 1665.

In diesen Jahren hat er neben grossen Ereignissen wie einem beunruhigenden Ausbruch der Pest 1665 und dem katastrophalen Brand von London 1666 viele private Ereignisse notiert. Sie geben uns heute einen einmaligen Blick in das Alltagsleben.

22. 1. 1660

Nachmittags zur Kirche, wo Mr. Herring eine langweilige, dürftige Predigt hielt. Heute zum ersten Mal Schnallenschuhe getragen.

12. 2. 1660

Im Bett heftiger Wortwechsel mit meiner Frau, weil ich erklärte, ich würde den Hund, den sie von ihrem Bruder geschenkt bekommen hat, zum Fenster hinauswerfen, wenn er noch einmal ins Haus pisst.

30. 4. 1660

Nach dem Abendessen etwas Musik. Dann gingen Mr. Sheply, W. Howe und ich in die Kabine des Leutnants, wo es sehr lustig zuging. W. Howe zog den Zapfhahn aus einem kleinen Bierfass und liess das Bier in seine Kappe laufen; nachdem er es getrunken hatte, schlug ich ihm die Kappe ins Gesicht. Darauf nahm er meine samtene Studiermütze und füllte sie auch mit Bier. Sehr fröhlich, aber meine Kleider vom Bier verdorben. Sehr spät ins Bett, mit schwerem Kopf.

15. 5. 1660

Morgens traf ich einen Schulmeister, der gut Englisch und Französisch sprach und uns die Stadt Den Haag zeigte. Ich kann die Eleganz nicht genug rühmen. Jedermann, der etwas auf sich hält, spricht Französisch, Lateinisch oder beides. Die Frauen sehr hübsch, modisch, mit Schönheitspflästerchen.

30. 8. 1660

Sah meine Frau zum ersten Mal seit unserer Hochzeit mit schwarzen Schönheitspflästerchen.

25. 9. 1660

Liess mir im Flottenamt eine Tasse Tee bringen (ein chinesisches Getränk, das ich noch nie zuvor getrunken hatte).

1. 12. 1660
Heute morgen stellte ich fest, dass ziemliche Unordnung im Haus herrscht. Ich nahm einen Besen und verprügelte die Magd so lange, bis sie schrie. Darüber ärgerte ich mich; als ich ging, hatte sie sich wieder beruhigt.

21. 1. 1661
Diesen Winter haben wir seltsames Wetter. Es wird nicht kalt, die Strassen sind staubig, überall gibt es Fliegen, die Rosen stehen in vollem Laub – so etwas hat es in dieser Welt noch nie gegeben.

27. 3. 1661
Zum Mittagessen bei Mr. Harris, dem Segelmacher. Blieb bis 11 Uhr abends. Alle sehr vergnügt, ich sang und fiedelte, und schliesslich wurde sogar getanzt, es war das erste Mal in meinem Leben, ich hätte mich gerne dabei beobachtet.

6. 4. 1661
Mr. Townsend erzählte mir von seinem Missgeschick, dass er nämlich kürzlich mit beiden Beinen durch ein Hosenbein gestiegen und so den ganzen Tag herumgelaufen ist.

22. 8. 1665
Sah auf dem Weg nach Greenwich einen Sarg mit einer Leiche darin, einer Pestleiche, die Gemeinde hat offenbar niemanden beauftragt, sie zu begraben, nur einen Wachtposten abgeordnet, damit niemand zu nahe herankommt; die Seuche macht uns grausamer gegeneinander als gegen Hunde.

Aufgaben

1. Beobachten Sie jeden Tag eine Begebenheit und machen Sie in Ihrem Tagebuch einen Eintrag.
2. Begleiten Sie eine längere Projektarbeit mit Tagebuchnotizen.
3. Schreiben Sie ein Ferientagebuch. Notieren Sie insbesondere Aktivitäten und Ortsveränderungen.
4. Beobachten Sie während einigen Wochen das Geschehen in Ihrer Umgebung und notieren Sie Ereignisse, die Sie für sich selber und für die Öffentlichkeit als wichtig ansehen. Vergleichen Sie Ihre Notizen mit denjenigen Ihrer Kolleginnen/Kollegen, diskutieren Sie unterschiedliche Wahrnehmungen.

Brief

Was ist ein Brief?

> Sprachgeschichte/Literaturgeschichte, S. 97

Mit einem Brief will man jemandem etwas mitteilen. Man unterscheidet Briefe des öffentlichen Lebens, z. B. Geschäftsbriefe, und persönliche Briefe (historische Beispiele). Oft sollen die Angeschriebenen dazu bewegt werden, etwas zu tun. Briefe oder Texte mit einem bestimmten Anliegen nennt man «Aufforderungen». Sie sollen eine Absicht deutlich zum Ausdruck bringen, z. B. Mahnung, Beschwerde, Werbebrief, Einladung, Dankesschreiben, Petition (Bittschrift) usw.

Was hilft beim Schreiben?

Überlegen Sie vorher, welche Absicht Sie mit Ihrem Brief verfolgen. Ein Brief mit kurzen Sätzen und vielen Verben liest sich besser als eine Aneinanderreihung von Nomen in verschachtelten Sätzen. Ausführliche Briefe passen eher in den privaten Bereich. Dort schätzt man sicher auch eine lebendige Sprache mit Ihrer persönlichen Note.

> Briefschema, S. 230/231

In öffentlichen Briefen (Geschäftsbriefen) beschränkt man sich auf das Wesentliche und formuliert sachlich und kurz. Vermeiden Sie auch Konjunktivformen wie «Ich möchte Sie bitten …» oder «Ich würde mich freuen …» und schreiben Sie «Ich bitte Sie …» oder «Ich freue mich …».

Geschäftsbriefe sind im Allgemeinen an eine bestimmte äussere Form gebunden.
Eigene Adresse (genaue Adresse, Ort nicht unterstrichen) mit Telefonnummer
1 Ort/Datum (kein «den» oder «am», Monat in Worten, Zahlen in vier, eventuell in
2 zwei Ziffern)
Beförderungsvermerk (z. B. «Einschreiben» unterstrichen)
3 Empfänger (Herr/Frau immer ausgeschrieben, «An die», «Firma» entfällt, Ort und
4 Postleitzahl nicht unterstrichen, Ausland: meistens Abkürzung des Landes vor der
Postleitzahl)
Brieftitel (stichwortartige Inhaltsangabe, keine Satzzeichen, ohne «Betrifft» u. ä.)
5 Anrede (keine Abkürzungen; keine Satzzeichen; Name nur, wenn Empfänger/Emp-
6 fängerin in der Adresse erwähnt ist)
Brieftext (logisch aufgebaut nach Anlass des Schreibens, Absicht des Verfassers/der
7 Verfasserin und Begründung, z. B. einer Vorgehensweise, und durch Abschnitte klar
gegliedert sowie sachlich, höflich und präzise in der Wortwahl)
Grussformel («Freundliche Grüsse» oder «Mit freundlichen Grüssen»)
8 Unterschrift
9 Beilagenvermerk (Wort «Beilage» unterstrichen ohne Doppelpunkt oder Beilagen
10 direkt aufführen)

1 Ursina Wyss
Wunschweg 22
3688 Gesuchsdorf
031 779 23 45

2 Gesuchsdorf, 10. Dezember 2007

3

4 Schulleitung
Musterweg 10
3000 Bern

5 **Gesuch um verspätetes Eintreffen zum Unterricht**

6 Sehr geehrte Damen und Herren

7 Am Donnerstag beginnt der Unterricht meiner Klasse bereits um 07.25 Uhr. Da unser Zug aus Gesuchsdorf aber erst um 07.17 Uhr in Bern ankommt, erscheine ich leider immer zu spät zum Unterricht. Es sind zwar nur zwei bis drei Minuten, aber wenn man sie alle zusammenzählen würde, ergäbe das schliesslich mehr als eine Lektion, die ich verpasse. Darum bitte ich Sie, dieses Versäumnis des Unterrichts zu entschuldigen. Wenn es nicht geht, nehme ich selbstverständlich den früheren Zug, wobei ich dann schon um 06.00 Uhr am Bahnhof sein müsste.

Freundliche Grüsse
8 Ursina Wyss

9

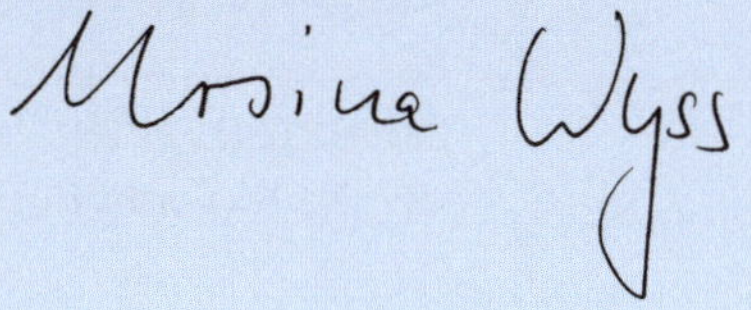

10 Fahrplankopie

Aufgabe

1. Schreiben Sie eine Bewerbung um eine ausgeschriebene Mietwohnung.
2. Schreiben Sie Ihrem Abgeordneten (National- oder Ständerat), was Sie politisch bewegt.
3. Schreiben Sie eine Beschwerde, wählen Sie das Thema selbst (z. B. defektes Handy).
4. Diskutieren Sie die entstandenen Texte auf ihre Wirksamkeit hin.

Interview

Was ist ein Interview?

Ein Interview soll ein Geschehen oder die Gedankenwelt eines Menschen für die Öffentlichkeit durchschaubar machen. Durch ein Interview kann eine Person ihre Absichten unmittelbar und entsprechend wirksam bekannt geben. Das gelingt vor allem dann, wenn sich die Befragenden darauf beschränken, im richtigen Augenblick nur die Stichworte zu liefern.

Neben dem Interview, bei dem eine Person eine zweite befragt, gibt es viele Varianten, die wir zum Teil aus Radio und Fernsehen kennen: Gesprächsrunde, Gruppendiskussion, Podiumsgespräch, Streitgespräch, Umfrage.

Wenn die Fragen geschickt gestellt werden, kann das Interview zu wirklich neuen und interessanten Auskünften führen. Da ein schriftlich abgefasstes Interview oft zu lang ausfällt und immer eine Auswahl aus dem Gesagten getroffen werden muss, wird es der befragten Person zur Kontrolle vorgelegt.

Ein Interview kann auch als Teil einer grösseren Arbeit verwendet werden, zum Beispiel in einem Projekt. Man bringt damit zusätzliche Informationen ein. Das Interview ergänzt Reportagen, Fakten, Fotos und Videos, es erweitert den Inhalt einer Arbeit durch eine persönliche Stellungnahme.

Was hilft beim Schreiben?

Notieren Sie sich vor dem Interview eine Liste von möglichen Fragen und ordnen Sie diese Liste. Besonders geeignet sind gezielte W-Fragen: wer?, was?, wann?, wo?, warum?, wie? usw., weil sie ausführlicher beantwortet werden müssen als Fragen, die man nur mit «Ja» oder «Nein» beantworten kann.

Versuchen Sie, den Verlauf des Gesprächs mit Ihren Fragen selber zu bestimmen, lassen Sie aber die befragte Person ausreden und ihre Sicht der Dinge erklären.

Hinweis Unterscheiden Sie das Interview von einem Gespräch, das dem Gedankenaustausch dient und ein gegenseitiges Aufeinander-Zugehen erfordert.

Auszug aus einem Interview mit dem Krimiautor Roger Graf über seine Detektiv-Figur «Philip Maloney»

Weshalb hat der Polizist in den Hörspielen keinen Namen?
Tatsächlich treibt Polizist Hugentobler in den Hörspielen namenlos sein Unwesen. Das lässt sich aus der Entstehungsgeschichte der Serie erklären. Der Polizist tauchte erstmals in der sechsten oder siebten Maloney-Folge auf. Er war nicht als feste Figur vorgesehen, sondern kam zufällig zu seinem ersten Auftritt, weil ich einen Polizisten benötigte, der Maloney Informationen lieferte.

In älteren Folgen säuft Maloney noch viel mehr und auch sein Umgang mit Frauen ist klischeehafter. Ist die Figur in all den Jahren braver geworden?
Nein, aber sie hat sich weiterentwickelt. Ganz am Anfang standen für mich rein parodistische Elemente im Vordergrund. Der Name «Philip Maloney» war sozusagen Programm. Es ging mir in den ersten Folgen nur darum, das Klischee des amerikanischen Detektivs, den Chandler mit seinem Marlowe stark geprägt hat, zu parodieren. Nach etwa sieben oder acht Folgen (die ersten Folgen hiessen übrigens alle wie Chandler-Romane, also «Der lange Abschied», «Die kleine Schwester» usw.) entwickelte sich die Figur in eine andere Richtung. Das Personal rund um Maloney wurde schweizerischer, die Kriminalfälle realistischer und auch Maloney wurde zu einer eigenständigen Figur.

Wie entsteht eine Maloney-Folge? Haben sich die Produktionsbedingungen in all den Jahren verändert?
Geändert hat sich vieles, wir haben heute etwas mehr Geld und Zeit zur Verfügung, aber die Art und Weise, wie ich produziere, ist gleich geblieben. Konkret sieht das so aus: Wir produzieren pro Monat zwei neue Folgen, die wir jeweils in einer Woche aufnehmen und abmischen. Die beiden Folgen schreibe ich wie in den Anfangs-

zeiten sehr kurzfristig. Wenn am Mittwoch Nachmittag aufgenommen wird, beginne ich in der Regel nicht vor Montag mit dem Schreiben. Zuerst entwerfe ich in Stichworten einen Fall, bereits aufgeteilt in drei Teile. Erst dann schreibe ich die Szenen und Dialoge. Aufgenommen wird an einem Nachmittag in einem Höllentempo.

Lieben Sie Zürich, Roger Graf?
Zürich ist die Stadt meiner Jugend, Zürich ist die Stadt, in der ich geboren und aufgewachsen bin, Zürich ist die Stadt, in der ich lebe und schreibe. Natürlich liebe ich diese Stadt, einmal ganz unspektakulär, als eine sehr schön gelegene, durchaus faszinierende Stadt, dann aber auch, weil ich in den Strassen dieser Stadt, in ihren Häusern gelebt habe und noch immer lebe. Diese Stadt ist ein Teil von mir, genauso wie ich Teil dieser Stadt bin.

In Ihrem Roman dominiert die dunkle Seite von Zürich. Weshalb diese Vorliebe für Säufer, Drogensüchtige, Randexistenzen aller Art?
Ich glaube, einen Grossteil der Faszination dieser Stadt macht der Umstand aus, dass diese übersichtliche Weltstadt auf einer relativ kleinen Fläche alles beherbergt, was man auch in London, Paris, Berlin oder einer anderen Metropole findet. Alles ist hier aber näher beieinander, Bahnhofstrasse, See, Langstrasse, schmucke Häuschen, Reichtum, Dolce Vita, Elend, Kleinbürgermief. Man kann es mit einem ausgedehnten Spaziergang erkunden, sozusagen durch verschiedene Welten spazieren.

Allein schon die Hauptfigur lässt darauf schliessen, dass in Ihrem neuen Roman «Zürich bei Nacht» sehr viel Ihrer eigenen Biografie drinsteckt.
Ja und Nein. Natürlich beschreibe ich teilweise Dinge, die ich selber miterlebt habe, natürlich gibt es Parallelen zwischen meiner eigenen Biografie und derjenigen des Marco Biondi. Und dennoch ist das kein autobiografischer Roman. Ich glaube, in jeder Figur steckt etwas von mir drin. Der Roman selber ist für mich, genauso wie für die Hauptfigur, eine Art Spurensuche. Auch in meinen anderen Büchern steckt viel Autobiografisches drin, auch wenn es dort vielleicht versteckter ist, nicht sofort ins Auge springt.

Aufgaben

1. Verwandeln Sie die Fragen an Roger Graf im oben stehenden Interview in W-Fragen.
2. Bereiten Sie Fragen an einen «Star» vor, die Sie ihm im Internet (per E-Mail oder in einem Chat) stellen möchten.
3. Befragen Sie eine Person, die ein aussergewöhnliches Hobby betreibt.
4. Befragen Sie eine Person über 70 über ihr Leben.
5. Befragen Sie einen Jugendlichen aus einem andern Land über seine Familie und über sein Freizeitverhalten.
6. Befragen Sie sich gegenseitig nach den Ursprüngen und den Motiven für Ihre Berufswahl.
7. Befragen Sie eine Person des öffentlichen Lebens in Ihrer Gemeinde (Gemeindepräsident/in, Sportler/in, Pfarrer/in, Kulturschaffende usw.). Bringen Sie in Erfahrung, welchen Weg dieser Mensch zurückgelegt hat, bevor er an seiner jetzigen Position angelangt ist.

Stellungnahme/Kommentar

Was ist eine Stellungnahme/ein Kommentar?

Mit der **Stellungnahme** bringt man seine Meinung zu einem Sachverhalt oder zu einem strittigen Problem zum Ausdruck. Erwartet wird ein persönliches, auf Argumente gestütztes Urteil. Sorgfältig werden Gründe für oder gegen eine Sache abgewogen. Eine besondere Form der Stellungnahme ist der **Kommentar** zu einem Geschehen, zum Beispiel in einer Zeitung.

Was hilft beim Schreiben?

Je genauer Ihre Sachkenntnisse sind, desto klarer fallen Ihre Begründungen aus. Dabei ist die Beantwortung von Warum?-Fragen wichtig. Vermeiden Sie Behauptungen, Übertreibungen, Verallgemeinerungen und Unsachlichkeiten.

Eine Schülerin nimmt zur Gleichberechtigung Stellung.

Ich finde, meine Situation in Bezug auf die Rechtsgleichheit ist gut! Ich werde nirgends diskriminiert. Lohn bekomme ich ja noch keinen, dafür aber einen monatlichen Betrag auf mein Postkonto. Der wird vom Lohn meines Vaters abgezogen und direkt auf mein Konto und das Konto meiner Schwester überwiesen. In diesem Punkt sind meine Schwester und ich gleichberechtigt.
Was die sonstige Situation in meiner Familie angeht, werden meine Geschwister, weil sie jünger sind, bevorzugt. Meine Eltern sagen immer zu mir: «Nadine, du bist die Älteste der Kinder und musst mit gutem Beispiel vorangehen!» Egal wo oder wann, ich bin immer das Beispiel für meine Geschwister. Manchmal finde ich das auch gut, aber es gibt Tage, da geht mir das Ganze ziemlich auf die Nerven und ich wäre lieber die Jüngste als die Älteste.

Nadine Weibel, 16

Ein Thema, das mich beschäftigt – Stellungnahme einer Schülerin.

Ich möchte etwas zum Thema Spitalaufenthalt loswerden. Ich weiss aus eigener Erfahrung, wie es ist, wenn man im Krankenhaus liegen muss. Ich hatte im Mai eine Knieoperation und musste nachher fünf Tage lang im Spital bleiben. Da ich am ersten Tag nur liegen durfte, war es ganz schön langweilig. Als ich dann wieder ein paar Schritte gehen konnte, wollte ich in den Park, doch ich erfuhr, dass es in dem Spital, in dem ich operiert worden war, gar keinen Park gab!
Ich konnte zwar auf die Terrasse der Cafeteria gehen, aber das war nicht das Gleiche. Ich finde, ein Krankenhaus sollte immer eine Grünanlage haben, damit sich die Patienten die Beine vertreten und etwas frische Luft schnappen können. Wenn man im Spital liegt, braucht man etwas Abwechslung vom tristen Krankenhausalltag.
Wer etwas an den Beinen oder am Knie hat, der ist froh, wenn er sich nach zwei Tagen Herumliegen wieder bewegen darf. Dann geht man doch gern mal in den Krankenhauspark und nicht auf die Terrasse der Cafeteria! Mir ist es auf jeden Fall so ergangen, und obwohl dieses Spital eine erstklassige Klinik ist, finde ich das Fehlen eines Parkes sehr schade.

Nadine Weibel, 16

Aufgaben

1. Was verstehen Sie unter Gleichberechtigung?
2. Nehmen Sie Stellung zu einem Thema, das Sie beschäftigt.
3. Kommentieren Sie die Berufswahl Ihres Vaters/Ihrer Mutter oder Ihre eigene.
4. Kommentieren Sie ein sportliches oder kulturelles Ereignis.
5. Was bedeutet Ihnen Ihr Hobby?
6. Nehmen Sie Stellung zu den Miss-Wahlen (Miss Schweiz, Miss World usw.).

Erörterung

Was ist eine Erörterung?

In einer Erörterung (auch Problem- oder Besinnungsaufsatz genannt) geht es um eine vertiefte gedankliche Auseinandersetzung mit einem Thema: Bestimmte Gedankengänge werden entwickelt, Streitfragen und Probleme diskutiert. Ziel ist es, andere Menschen durch Argumente zu überzeugen.

Was hilft beim Schreiben?

Wesentlicher Bestandteil einer Erörterung ist ein klarer Aufbau:

- **Einleitung,** z. B. in Form einer Frage oder eines Beispiels.
- **Argumente** pro (für) und kontra (gegen) eine Sache oder Entscheidung. Lassen Sie sich nicht zu einer so genannten Ping-Pong-Argumentation verleiten, d.h. einem Hin und Her verschiedener Meinungen. Vermeiden Sie dies, indem Sie vor dem Schreiben eine Liste Ihrer Gründe für oder gegen eine Sache erstellen und diese ordnen. So vermeiden Sie auch Wiederholungen. Heben Sie das überzeugendste Argument für den Schluss auf. Dort hat es die beste Wirkung.
- **Schluss:** Ihre Stellungnahme oder ein Lösungsvorschlag für ein Problem.

Erörterung einer Schülerin zum Thema «Das Handy – Immer und überall erreichbar?»

Es ist ein wahrer Handy-Boom ausgebrochen. Seitdem sie so billig geworden sind, kann sich nun fast jeder einen dieser praktischen kleinen Apparate leisten.
Für die jungen Leute sind Handys gut geeignet, um Bekanntschaften zu schliessen. Heute wird man nicht mehr nach der Telefonnummer, sondern nach der Nummer des Handys gefragt. Somit kann man per SMS den Kontakt aufnehmen, was einem meist leichter fällt, als ein Telefonat zu führen. Die so genannten «short messages» sind auch ideal, um Freundschaften zu pflegen. Man hat ja nicht immer Zeit zu telefonieren, und so kann man sich schnell einmal melden.
Wenn man unbedingt telefonieren muss, braucht man sich nicht zuerst auf die Suche nach einer Telefonkabine zu machen. Dort hätte man vielleicht sogar noch Probleme mit der Taxcard.
Dank eines Handys wurde auch schon manches Leben gerettet. Die Minuten, die man gewinnt, wenn man keine Telefonkabine aufsuchen muss, können z. B. für das Opfer eines Verkehrsunfalls über Leben und Tod entscheiden.
So praktisch sie sind, so teuer können Handys aber auch sein. Wer ein Abo löst, bezahlt dem Anbieter bereits eine hohe monatliche Grundgebühr. Zu den Grund- und Gesprächsgebühren, welche um einiges höher sind als die Festnetztarife, kommen auch noch die Kosten für die SMS hinzu. Manchmal ist es auch so, dass in dringenden Fällen keine Verbindung hergestellt werden kann, da kein Netz zur Verfügung steht.
Es ist noch nicht erwiesen, aber wird häufig behauptet, dass Handys durch gefährliche Strahlen die Ursache für Kopfschmerzen oder andere Beschwerden sind.
Ganz zu schweigen von den nervenaufreibenden Klingeltönen, die Handys verursachen. Es vergeht fast keine Bahnfahrt mehr ohne sie. Oft wird man sogar während einer Schulstunde oder einer Sitzung gestört.
Ich möchte mein Handy allerdings nicht mehr hergeben. Ich habe mich zu sehr daran gewöhnt. Jedoch versuche ich, die Kosten in Grenzen zu halten. Mir ist das Geld zu schade, um es dafür auszugeben, immer erreichbar zu sein.

Claudia Schlup, 17

Aufgaben

1. Finden Sie im Beispieltext die drei Teile und nummerieren Sie die Argumente. Welche sind für Sie am überzeugendsten? Welche wurden noch nicht erwähnt?
2. Schreiben Sie eine Erörterung: «Spitzensport – Leistung um jeden Preis?»
3. Suchen Sie ein interessantes Abstimmungsthema und erörtern Sie es.
4. Welche Themen werden zurzeit in den Medien diskutiert?

Erzählung

Was ist eine Erzählung?

In einer Erzählung wird eine Handlung oder ein Geschehen dargestellt. Dabei geht es nicht in erster Linie um Information, sondern um Unterhaltung. Fantasie und Erzählfreude stehen im Vordergrund. Die Handlung kann frei erfunden, aber auch erlebt sein. Erlebtes kann ausgeschmückt oder erweitert werden.
Die Leserinnen und Leser sollen sich in die Geschichte hineinversetzen, sie nachvollziehen und miterleben können.

Was hilft beim Schreiben?

Wichtig sind Anschaulichkeit (Darstellung des Erlebten, Weitergabe von Gedanken) und Spannung. Die Leserinnen und Leser sollen mitdenken können. Besonderer Wert wird auf die sprachliche Gestaltung gelegt: ein Anfang, der zum Weiterlesen anregt, treffende Verben, aussagekräftige Adjektive, eine klare Erzählperspektive.

> Textinterpretation, S. 89

Beachten Sie die Aufteilung Ihrer Erzählung in **Einleitung, Hauptteil und Schluss**. Weitere Hinweise zum Aufbau und zur Gestaltung eines Textes finden Sie in den Kapiteln «Aufsatz oder Textsorte?» (S. 7) bzw. «Schreibwerkstatt» (S. 88).

Hinweis Eine Erzählung unterscheidet sich klar von einer Beschreibung (auch wenn beschreibende Elemente durchaus ihren Platz haben) und einem Bericht. Dort ist jeweils Sachlichkeit gefordert.

Erinnerung einer Schülerin an ein Spielzeug

Als ich klein war, setzte mich meine Mutter immer auf ihr Bett, damit sie aufräumen konnte. Auf ihrem Nachttisch lag ein Teddybär. Jedes Mal nahm ich ihn und spielte mit ihm. Meine Mutter hatte diesen Teddybären zu ihrer Konfirmation geschenkt bekommen. Eines Tages schenkte sie ihn mir. Von nun an waren wir, der Teddybär und ich, unzertrennlich. Ich spielte nur noch mit ihm. Ich erzählte ihm jeden Abend eine Geschichte, und manchmal, wenn ich wütend war, schrie ich ihn an. Als ich in den Kindergarten ging, konnte mein lieber Teddybär nicht mitkommen.
Jetzt erzählte ich ihm jeden Abend, was ich im Kindergarten gemacht hatte. In der Nacht riss ich immer kleine Fäden vom Arm des Teddybären ab. Schon bald konnte man die Watte, die in ihm drin war, herausziehen. Dummerweise hatte ich mir diese Watte einmal in die Nase gesteckt. Ich konnte ohne Probleme atmen, aber meine Mutter ging trotzdem mit mir zum Arzt. Mir war das damals nicht so recht.
Da ich meinen Teddybären überallhin mitnahm, wurde er manchmal auch schmutzig. Wenn meine Mutter ihn in die Waschmaschine steckte, nahm ich mir einen Stuhl und schaute dem Teddybären zu, wie er sich drehte. Ich sass wirklich die ganze Zeit im Badezimmer vor der Waschmaschine. Wenn er dann an der Wäscheleine hing, schaute ich immer nach, ob er schon getrocknet war.
Meine Grossmutter hat ihn auch unzählige Male geflickt. Sie hat ihm neue Augen oder den Arm wieder angenäht.
Als ich dann in die Schule gehen musste, hatte ich fast keine Zeit mehr für ihn. Er lag jetzt meistens bei mir auf dem Bett.
Und eigentlich liegt er immer noch dort. Er ist zwar jetzt schon sehr kaputt, aber er gehört einfach zu meinem Bett.

Céline Häusler, 16

In seinen Jugenderinnerungen beschreibt Boleslaw Prus drei Episoden auf dem Weg zum Erwachsenwerden: einen abenteuerlichen Streich, den Versuch, den Mädchen zu imponieren und den Abschied von der Kindheit.

Eines Tages, als die Wolfsflinte frisch eingefettet wurde, was alle paar Monate geschah, gelang es mir, eine Handvoll Pulver beiseitezuschaffen, das, soviel ich wusste, noch für keinen bestimmten Zweck vorbehalten war. Als nun der Vater aufs Feld ritt, holte ich den riesigen Speicherschlüssel, dessen hohles Rohr einem Pistolenlauf ähnlich war und seitlich ein kleines Loch hatte, und begab mich auf die Jagd.

In das Schlüsselrohr stopfte ich zuerst das Pulver und füllte die andere Hälfte mit zerbrochenen Hosenknöpfen, dichtete das Ganze mit Werg (Fasern aus Flachs) ab, wie es sich gehört, und nahm ein Zunderfeuerzeug mit.

Kaum war ich hinter dem Haus, da erblickte ich einige Krähen, die es auf die jungen Enten abgesehen hatten. Fast vor meinen Augen entführte eine von ihnen ein Entenküken und setzte sich, da ihr die Last zu schwer wurde, auf das Dach eines kleineren Stalles.

Bei diesem Anblick brauste in mir das Blut meiner Vorfahren auf, die einst bei Wien gekämpft hatten. Ich schlich mich nahe an den Stall, schlug Feuer, zielte in das linke Auge der Krähe, blies auf den Zunder und näherte ihn der seitlichen Öffnung. Es knallte wie ein Donnerschlag. Vom Dach rollte das erwürgte Entchen herunter, die Krähe hatte sich in Todesängsten auf die höchste Linde geflüchtet, ich aber hielt zu meiner Verwunderung nur noch den Schlüsselring in den Händen. Dafür aber begann aus dem Strohdach ein kleines Rauchwölkchen aufzusteigen, nicht grösser als ein Pfeifenräuchlein.

Einige Minuten später stand der Stall in Flammen. Das Gesinde lief zusammen, mein Vater kam herangaloppiert, und in Gegenwart all dieser tüchtigen und braven Leute brannte das Eigentum der Gräfin «in den Boden hinein», wie sich der Herr Brennereimeister ausdrückte.

Was ich während dieser Zeit durchlebte, ist nicht zu beschreiben. Zuerst lief ich in unsere Wohnung und hängte den Schlüsselring ohne Rohr und Bart am gewöhnlichen Platze auf. Dann rannte ich in den Park, in der Absicht, mir im Teich das Leben zu nehmen. Eine Sekunde später änderte ich meinen Plan grundsätzlich und beschloss, zu lügen wie ein Kanzleischreiber und alles abzustreiten, den Schlüssel, das Schiessen und den Brand. Als man mich aber aufgriff, gestand ich alles auf der Stelle.

…

«Soscha, bitte deinen Bruder, er möge uns einige Wasserlilien pflücken. Ich habe noch nie eine in der Hand gehabt, und sie sind doch so schön.»

Da erwachte mein alter Mut. Jetzt wenigstens wollte ich zeigen, was ich konnte.

Es gab viele Wasserlilien im Teich, doch nicht am Rande, sondern weiter draussen. Ich brach mir eine Rute und bestieg den schwankenden Kahn.

Die Wasserlilien haben biegsame und fast elastische Stengel. Sie liessen sich mit der Rute wohl ein Stück weit heranfischen, dann aber entschlüpften sie immer wieder. Ich verschaffte mir einen längeren Stecken, dessen Ende eine Art Haken bildete.

Jetzt ging es besser. Die Wasserlilie, von meinem Stock kräftig erfasst, kam näher und näher. Schon langte ich mit der linken Hand nach ihr. Aber es war noch etwas zu weit. Ich kniete im Bug des Bootes nieder und lehnte hinaus. Noch ein wenig, und ich konnte sie pflücken. In diesem Augenblick lag ich im Wasser. Der Stock entfiel mir, die Wasserlilie schwamm davon.

Die Mädchen kreischten. Ich rief ihnen zu: «Keine Angst, hier ist es nicht tief.» Ich goss das Wasser aus der Mütze, setzte sie wieder auf, und im Wasser watend, bis an die Knie im Schlamm, brach ich die nächste Wasserlilie und eine zweite, eine dritte, eine vierte.

«Kasimir, um Gottes Willen, komm heraus!», rief die Schwester weinend.

Ich hörte nicht darauf. Ich brach eine fünfte, eine sechste, eine zehnte und zuletzt die Blätter. Dann stieg ich heraus, triefend von Kopf bis Fuss, bis zu den Knien und an den Ärmeln mit Kot verschmiert. Am Ufer standen Soscha, die weinte, und Lonia, die meine Blumen nicht annehmen wollte.

…

Gott, wie traurig war es hier! Halb im Traum schleppte ich mich über die feuchten Wege, denn es hatte unlängst geregnet. Das Gras war fahl geworden, der Teich noch dichter überwachsen, der Kahn stand voller Wasser. Auf der grossen Allee lagen grosse Pfützen, in denen sich der trübe Tag widerspiegelte. Die Erde war schwarz, schwarz die Stämme der Bäume, die Äste hingen schlaff herunter mit welkenden Blättern. Wehmut krampfte mein Herz zusammen, und schattenhafte Erinnerungen stiegen auf.

Nun erhob sich ein Wind, die Baumwipfel regten sich rauschend, und von den Zweigen fielen schwere Tropfen, wie Tränen. Gott musste wohl sehen, dass die Bäume weinten, ich weiss nicht, ob über mich oder über meine Freunde, sicherlich im Verein mit mir.

Boleslaw Prus: «Der Nichtsnutz und die Mädchen»

Aufgaben

1. Wie erreicht es Boleslaw Prus, dass seine Erzählung spannend wirkt? Prüfen Sie nach, wo treffende Verben oder aussagekräftige Adjektive verwendet wurden.
2. Schreiben Sie eine Erzählung zu einem der folgenden Themen:
   - Meine frühesten Erinnerungen
   - Mein erstes Velo
   - Mein erster Tag an der neuen Schule
3. Erzählen Sie ein Erlebnis auf einer Reise.
4. Schreiben Sie eine Geschichte, die in einem Turm oder einer Ruine spielt (alter Schlossturm, Burg, Leuchtturm usw.).
5. Schreiben Sie eine Geschichte, in der einer der folgenden Begriffe eine Hauptrolle spielt: Auge; Fenster; Schuhe; Wasser; Haare; Snowboard; Handy; Ohrringe. (Sie können beliebige weitere Begriffe wählen.)
6. Erzählen Sie eine Geschichte aus Ihrer Kindheit oder Jugend, die Sie geprägt hat.
7. Schreiben Sie den Anfang einer Geschichte weiter.

Schilderung

Was ist eine Schilderung?

In einer Schilderung geht es darum, eine Stimmung oder einen Gefühlszustand zum Ausdruck zu bringen. Man zeichnet gewissermassen mit Worten ein Stimmungsbild oder stellt eine Situation in Grossaufnahme dar. Die persönliche Wahrnehmung eines Ereignisses oder einer Landschaft fliesst in den Text ein. Auch Romane oder Erzählungen haben schildernde Passagen, die den Lesenden ein Nacherleben und ein Hineinversetzen in eine Situation oder in eine Stimmung ermöglichen sollen.

Was hilft beim Schreiben?

Beim Schreiben ist eine genaue Beobachtung bzw. eine gute Erinnerung an eine Situation gefragt. Überlegen Sie den Blickwinkel (die Perspektive), aus dem Sie das Ereignis schildern. Stellen Sie nicht sich selbst, sondern die Stimmung in den Vordergrund. Verwenden Sie genaue Adjektive und Verben, die bestimmte Sinneseindrücke vermitteln: Wie fühlt sich etwas an, wie klingt etwas usw.?

Hinweis Die Abgrenzung zwischen Schilderung und anderen Textsorten, z. B. Beschreibung, ist schwierig. Die Schilderung enthält mehr persönliche Eindrücke als eine Beschreibung oder ein Bericht. Die Erzählung ist von der Form her länger und von deutlich mehr Handlung geprägt.

Big Brother is watching you:
Im folgenden Auszug aus «1984» schildert George Orwell im Jahr 1948 die Atmosphäre in einem Staat, der die Menschen völlig kontrolliert.

Die Welt draussen sah selbst durch die geschlossenen Fenster kalt aus. Unten auf der Strasse wirbelten schwache Windstösse Staub und Papierfetzen in Spiralen hoch, und obwohl die Sonne strahlte und der Himmel leuchtend blau war, schien doch alles farblos, ausser den überall angebrachten Plakaten. Das Gesicht mit dem schwarzen Schnurrbart blickte von jeder beherrschenden Ecke herunter. Ein Plakat klebte unmittelbar an der gegenüberliegenden Hausfront: «Der Grosse Bruder sieht dich an!», hiess auch hier die Überschrift, und die dunklen Augen bohrten sich tief in Winstons Blick. Unten in Strassenhöhe flatterte ein anderes, an einer Ecke eingerissenes Plakat unruhig im Winde und liess nur das Wort Engsoz bald verdeckt, bald unverdeckt erscheinen. In der Ferne glitt ein Helikopter zwischen den Dächern herunter, brummte einen Augenblick wie eine Schmeissfliege und strich dann in einem Bogen wieder herab. Es war die Polizeistreife, die den Leuten in die Fenster schaute. Die Streifen waren jedoch nicht schlimm. Schlimm war die Gedankenpolizei.
Hinter Winstons Rücken schwatzte die leise Stimme aus dem Televisor noch immer von Roheisen und von der weit über das gesteckte Ziel hinausgehenden Erfüllung des neunten Dreijahresplanes. Der Televisor war gleichzeitig Empfangs- und Sendegerät. Jedes von Winston verursachte Geräusch, das über ein ganz leises Flüstern hinausging, wurde von ihm registriert. Ausserdem konnte Winston, solange er in dem von der Metallplatte beherrschten Sichtfeld blieb, nicht nur gehört, sondern auch gesehen werden. Es bestand natürlich keine Möglichkeit, festzustellen, ob man in einem gegebenen Augenblick gerade überwacht wurde.

Eine Schülerin schildert Eindrücke von der Streetparade in Zürich.

Pünktlich fährt der Zug in Bern ab, und bereits jetzt sehen und hören wir die ersten Leute in Partystimmung, voller Vorfreude und Spannung. Auf der Reise in einem der 110 Extrazüge, die die SBB zur Verfügung gestellt haben, lachen wir schon über die schrägen Typen und ausgeflippten Mädchen. Den Körper mit Silber- oder Goldspray besprüht, die Haare verrückt frisiert oder unter einer flippigen Perücke versteckt, Hot Pants, die kaum den Po bedecken, ein Mann in Frauenkleidern – all dies ist ein Vorgeschmack auf das, was uns in Zürich erwarten wird.
Nach etwas mehr als einer Stunde Fahrt öffnen sich die Türen des Zuges. Die ersten Technoklänge sind zu hören und lassen unsere Herzen höher schlagen. Der Rhythmus ergreift uns und wird uns den ganzen Tag nicht mehr loslassen. Die Bahnhofstrasse ist voller bunter, lebenslustiger und verrückter Menschen, vom Kleinkind bis zum Opa. In jedem Gesicht, ob geschminkt oder ungeschminkt, sehen wir ein Lachen. Tolle Stimmung hier! Pünktlich um 15.30 Uhr startet die Parade. 31 so genannte «Lovemobiles» bahnen sich den Weg durch die Menschenmenge. Von jedem Wagen jubeln uns sexy gekleidete Männer und Frauen zu. Schillernde Farben, ausgefallene Outfits, aussergewöhnliche Frisuren und viel, viel nackte Haut – das ist ein Teil der Streetparade in Zürich. Frauen mit Federboas geschmückt, Männer in Schottenröcken, Plateauschuhen und Langhaarperücken, Jugendliche, die mit ihren grossen Wasserpistolen auf ihr nächstes Opfer zielen. Dies sind nur Ausschnitte aus dem bunten Schauspiel, in dem wir mitten drin sind. Die hämmernden Beats aus den riesigen Boxen reissen uns mit. Wir spüren sie im ganzen Körper und bewegen uns gemeinsam mit der Menge. An Müdigkeit ist nicht zu denken.
Die lauten, harten Töne sowie die etwas weicheren Melodien des Techno verfolgen mich bis in den Schlaf. Und wenn ich an die glücklichen Gesichter und die ausgelassenen Leute denke, weiss ich: Nächstes Jahr werde auch ich wieder dabei sein!

Corinne Zimmermann, 17

Aufgaben

1. Beschreiben und vergleichen Sie die Stimmung, die in den beiden Beispieltexten erzeugt wird. Mit welchen Worten erreicht der Verfasser/die Verfasserin den jeweiligen Eindruck?
2. Schildern Sie eine Szene im Supermarkt oder an der Bus- bzw. Tramhaltestelle, in der Sie etwas Ungewöhnliches beobachtet haben.
3. Schildern Sie Ihre Eindrücke bzw. eine besondere Stimmung, z. B. in der Disco, im Schwimmbad, am Strand, bei einem Konzert, im Flughafen usw.

Abschlussaufgabe

Sie finden im Folgenden vier Texte. Vergleichen Sie die Beispiele miteinander, notieren Sie in Stichworten die Unterschiede in Bezug auf Inhalt und sprachliche Gestaltung.

Text 1

Diese kurze Vorrede soll nur aus entsprechender Kenntnis und in zusammengefasster Form unsere Geschichte vorbereiten. Sie handelt von zwei Freunden, die keine irgendwie erkennbare Ähnlichkeit miteinander verbindet, kein Interesse des alltäglichen Lebens noch irgend etwas, das unserem Blick als ähnlich erscheint; im Gegenteil: sie sind einander völlig entgegengesetzt.
Pomponio gross, stattlich, stark und schön, himmelblaue Augen, die Haare von einem zarten Goldblond; auf der rosigen Haut seines Gesichts liegt ein Lächeln, das von Gesundheit und Glück zeugt; es geht von den Lippen aus und erhellt den ganzen Mann.
Cirillo hingegen ist klein, spindeldürr und so hässlich, wie eben noch erlaubt, und das bedeutet schon einiges: eine wahre Vogelscheuche, krumm und die Brust so vorgewölbt, daß man meint, dem Ärmsten sei durch einen heftigen Schlag die Hinterseite nach vorn gerutscht; das Haar rabenschwarz, dabei spröde, stachelig, wie Draht; das Gesicht von einem merkwürdig kalten, abstossend grünlichen Farbton, der, von den grossen, grünen, weissumrandeten Augen ausgehend, sich allem übrigen mitteilt. Diese Augen mit ihrem starren, kalten Blick lassen jeden, der sie ansieht, frösteln und unwillkürlich verstummen. Eine tiefe Quetschnarbe am Mund scheint vom Hufschlag eines Pferdes zu stammen.
Wie zwei so verschiedene Männer einander begegnen und sich zusammentun konnten, das eben reizt unsere Neugier. Denn nur sehr selten, um nicht zu sagen nie, traf man einen von ihnen allein; erschien Pomponio, so tauchte wenige Sekunden später Cirillo auf, oder erst erschien Cirillo und wenige Sekunden danach Pomponio.

Aldo Palazzeschi:
«Freudenschrei und Regenschirm»

Text 2

In den Skiferien letzte Woche ist es mir wieder in aller Deutlichkeit aufgefallen: Die Menschen richten sich bei ihren Freiluftbetätigungen nicht nach dem Wetter, sondern nach dem Wetterbericht. Für den Sonntag sah die Prognose vom Vortag Sonnenschein pur vor, das Wetter aber blieb bleich bis grau. Dennoch tummelten sich Tausende auf den Pisten und standen sich in den Warteschlangen vor den Liften gegenseitig auf den Skiern herum. Am folgenden Donnerstag aber blieben die Pisten leer – bei strahlendstem, mildem Winterwetter. Der Wetterbericht hatte Schneefall vorgesehen, und bis am Mittag hatte es am Himmel auch danach ausgesehen.
Es ist eben doch so: Der Wetterbericht ist glaubwürdiger als das Wetter, Einbildung ist stärker als Wirklichkeit. Das Wetter selber trägt seit Jahren erheblich dazu bei, dass man es nicht mehr für voll nimmt. Klimaerwärmung und Treibhauseffekt richten ein heilloses Durcheinander an. Tropenstürme verwüsten im Dezember unsere Voralpenwälder. Polarwinde rütteln im Juli an der im Sumpf versinkenden Zeltstadt des Gurtenfestivals. Flugsand aus der Sahara behindert die Sicht auf Eiger, Mönch und Jungfrau. Und im Frühling folgen sich die Lawinen und die Sintflut auf dem Fuss. Und wie es erst um die Jahreszeiten steht! Es gibt sie zwar noch, aber ihre Reihenfolge entspricht nicht mehr ganz dem Kalender.

Was ist aus diesen Erkenntnissen für ein Schluss zu ziehen? Ganz klar: Man muss das unzuverlässige Wetter aussperren und es in künstlichen Oasen stabil und erwartbar inszenieren. Palmenhäuser, Hallenbäder und Solarien haben diesen Trend längst begründet. Nun sind in Japan und jüngst im Ruhrgebiet auch die ersten überdachten Skipisten gebaut worden. In ein paar Jahren werden möglicherweise unsere Berge und Seen überdacht und vor schädlichen Umwelteinflüssen geschützt sein.

Stefan von Bergen
«Berner Zeitung», 17.02.2001

Text 3

LUZERN

Toter Hai in der Reuss

Merkwürdiger Fund an der Reuss in Luzern: Ein 80 Zentimeter langer, toter Hundshai lag am Ufer.

Am späten Montagnachmittag wurde am Ufer der Reuss ein 80 Zentimeter langer Hundshai entdeckt, wie die Luzerner Fischerei- und Jagdverwaltung gestern mitteilte. Das Tier wurde in den Kühlraum der Stadtpolizei gebracht und dort identifiziert. Die Haiart lebt an der europäischen Atlantikküste und im Mittelmeer, wird maximal zwei Meter lang und ist für den Menschen ungefährlich. Wie das Meerestier ans Ufer der Reuss gelangte, konnte nicht mehr festgestellt werden. Eher unwahrscheinlich ist, dass der Hai aus einem Aquarium stammt, da das Halten von Haien grosse Sachkenntnis voraussetzt. Der Hai muss schon längere Zeit tot gewesen sein. Im Süsswasser hätte er nicht überleben können. Möglicherweise wurde er als Speisefisch eingeführt, nicht gebraucht und auf diese Weise entsorgt.

Dies dürfte auch bei den toten Tintenfischen der Fall gewesen sein, die über die Festtage in Graubünden und im St. Galler Rheintal gefunden worden waren.

ap, 31. Januar 2001

Text 4

Auf Formsuche im Niemandsland

Bahnhof Magnitogorsk, sechs Uhr morgens. Minus acht Grad zeigt das Thermometer an. «Warm heute», sagt die Schaffnerin und erzählt, dass es letzte Woche bei eisigem Wind minus 37 waren. Die Zugreise von Moskau nach Magnitogorsk dauert 30 Stunden. Vorbei an Datschas und durch Provinzstädte, wo Babuschkas auf dem Perron Bier, Fisch und Gebäck feilbieten. Und vorbei an Wäldern, unendlichen, schneeverhangenen Birkenwäldern. Magnitogorsk liegt im Niemandsland – südöstlich der Uralberge, wo im Osten Sibirien beginnt und im Süden die kasachischen Steppen. Der Fluss Ural trennt nicht nur Europa und Asien, sondern auch die Stadt in zwei Hälften. Wahrzeichen und Brotgeber der Stadt ist das Stahlkombinat Metallurg Magnitogorsk.

So heisst auch der hiesige Eishockeyklub. Russischer Meister 1999, zweimal Europacupsieger. Seit fünf Monaten spielt der Tessiner Paolo Della Bella im Verein. «Er war grossartig», erinnern sich lokale Sportjournalisten an die ersten Auftritte des Schweizer Exoten. Della Bella wechselte sich mit dem ukrainischen Nationalgoalie Igor Karpenko ab und wurde fünfmal zum besten Spieler des Abends gewählt. Die Fans waren begeistert – allen voran die weiblichen, die den «Schweizarez» mit den blauen Augen und dem Tessiner Charme in ihr Herz schlossen. Über seinen Charakter ist im Magnitogorsker Sportpalast kein schlechtes Wort zu hören. «Klassnij Paren», toller Kerl, sind sich die Trainer, die Mitspieler und die Journalisten einig.

Christof Franzen, Magnitogorsk
«Tages-Anzeiger», 17.02.2001

Aufgaben

1. Diskutieren Sie die Ergebnisse Ihrer Stichwortsammlung und beantworten Sie folgende Fragen:
   - Was unterscheidet die Texte voneinander?
   - Welcher Text enthält die genauesten Informationen?
   - Welcher Text ist am glaubwürdigsten? Warum?
   - Von welchem Text fühlen Sie sich am meisten angesprochen? Warum?
   - Um welche Textsorten handelt es sich bei den einzelnen Texten?
2. Schreiben Sie die Texte neu, und zwar so, dass sie in eine andere Textsorte passen. Nehmen Sie dabei die Erklärungen zu den einzelnen Textsorten zu Hilfe.
   - Verwandeln Sie Text 3 in eine Reportage (siehe S. 29).
   - Verwandeln Sie Text 4 in einen Kommentar (siehe S. 42).
   - Verwandeln Sie Text 1 in einen Zeitungsbericht (siehe S. 27).
   - Verwandeln Sie Text 2 in eine Beschreibung (siehe S. 15).

Bewerbung

Was wird behandelt?

- Vorbereitung auf eine Bewerbung
- Bewerbungsschreiben
- Lebenslauf
- Referenzen
- Vorstellungsgespräch

Was bringt mir das?

- Ich bedenke schon im Vorfeld der Bewerbung wichtige Punkte.
- Ich weiss, was zu den Bewerbungsunterlagen gehört.
- Ich erstelle ein wirkungsvolles Bewerbungsschreiben.
- Ich vermeide Nervosität, wenn ich vorbereitet in ein Bewerbungsgespräch gehe.
- Ich habe bessere Chancen bei einer Bewerbung.

alupak

Die Alupak AG ist ein führender Hersteller von tiefgezogenen Aluminiumverpackungen. Als innovatives und exportorientiertes Unternehmen befinden wir uns stark im Wachstum.

Für den Sommer 2007 haben wir eine

Lehrstelle als Kauffrau / Kaufmann
mit erweiterter Grundbildung (Profil E oder M)

zu besetzen.

Bist Du motiviert eine Ausbildung in einem lebhaften Produktionsbetrieb zu absolvieren? Beherrschst Du das 10-Fingersystem, bist Du teamfähig, kontaktfreudig, zuverlässig und besitzt Organisationstalent? Wenn Du die Sekundarschule oder Realschule mit 10. Schuljahr besucht hast, dann schick uns Deine Bewerbung inkl. Multicheck oder ruf uns für weitere Auskünfte an.

Alupak AG
Frau Jacqueline Steiner
Human Resources
Aemmenmattstrasse 45
3123 Belp
Tel. 031 818 31 62
www.alupak.com

005.548872

Hinweise für eine gelungene Bewerbung

Vorbereitungsphase

- Studieren und vergleichen Sie die (Lehr)-Stellenangebote.
- Schreiben Sie Ihre eigenen Vorstellungen und Berufswünsche auf (verschiedene Tätigkeiten, Kontakt zu Menschen, Gross-/Kleinbetrieb, Stadt/Land usw.). Bleiben Sie offen für möglichst viele verschiedene Berufe.
- Klären Sie offene Fragen telefonisch (aber in einem vorbereiteten Anruf). Dies ergibt keinen Bewerbungsvorteil, hilft aber für die Präsentation der Unterlagen. Achten Sie darauf, dass Sie den Namen Ihres Ansprechpartners im Betrieb kennen.

Bewerbung

Bewerbungsschreiben

Das Bewerbungsschreiben wird heute meistens auf dem Computer geschrieben (siehe Briefschema S. 231). Manchmal kommt es vor, dass eine handschriftliche Bewerbung verlangt wird (siehe Briefschema S. 230). Möglich ist auch, dass bei einer am Computer geschriebenen Bewerbung eine Handschriftenprobe nachgefordert wird. Viele Firmen besitzen auch standardisierte Fragebogen. Erkundigen Sie sich.

Wenn Sie Ihr Bewerbungsschreiben auf dem Computer verfassen, schreiben Sie bei jeder Bewerbung eine neue Version; es gibt nichts Peinlicheres, als Reste einer alten Bewerbung in einem neuen Schreiben vorzufinden.

Begründen Sie nicht nur, weshalb Sie Ihren gewünschten Beruf erlernen oder die ausgeschriebene Stelle bekommen möchten, sondern auch, weshalb Sie gerade diesen Betrieb ausgewählt haben.

Nehmen Sie etwas in die Bewerbung hinein, das Sie ganz besonders auszeichnet (ohne Übertreibungen, ohne peinliche Originalität): Ortsbezug, Firmenbezug, Eigenaktivitäten im Berufsfeld, evtl. Familie/Bekannte.

Lebenslauf

Der Lebenslauf wird üblicherweise tabellarisch am Computer erstellt (und nur auf ausdrücklichen Wunsch in Aufsatzform abgeliefert). Er sollte regelmässig erneuert werden und die Ausbildung sowie alle Tätigkeiten lückenlos aufführen. Hobbys sind nur so weit zu erwähnen, als sie Ihre Persönlichkeit prägen oder einen sinnvollen Zusammenhang zum Beruf haben. Achtung: Bluffen Sie nicht! Falsche Angaben werden spätestens im Verlauf der Probezeit sichtbar.

Referenzen

Erstellen Sie eine Liste von Referenzen. Hier sollten zwei Adressen von – vorher angefragten! – Auskunftspersonen (Lehrer/in, Schnupperlehrmeister/in, Verantwortliche an einem regelmässigen Arbeitsplatz, Trainer/in, Jugendarbeiter/in, Pfarrer/in) stehen, deren Funktion oder Beziehung zu Ihnen ersichtlich sein muss (nicht sinnvoll ist der Berufsberater, ausgeschlossen sind Verwandte und Nachbarn).

Zeugnisse

Legen Sie der Bewerbung um eine Lehrstelle die Zeugnisse der letzten beiden Schuljahre als Kopie bei. (Bereiten Sie eine genügende Anzahl Kopien vor.) Wenn Sie von einem regelmässigen Arbeitsplatz oder aus einer Schnupperlehre ein Arbeitszeugnis oder einen speziellen Testbericht (Multicheck, Branchen-Eignungstests) haben, legen Sie diese Dokumente bei.

Wenn Sie Ihrer Bewerbung ein Foto beilegen (nicht obligatorisch), verwenden Sie bitte ein aktuelles Passfoto, keinen Ferienschnappschuss. Auch ein gelungenes Digitalfoto kann verwendet werden. Das Bild muss zu Ihrem ganzen Auftritt passen.

Die Bewerbung per E-Mail unterliegt denselben Regeln wie eine briefliche Bewerbung (also keinesfalls mit Icons oder anderen mehr oder weniger originellen Elementen arbeiten, Attachments nur auf Anforderung beifügen).

Das Bewerbungsdossier sollte nicht gefaltet, sondern gebunden oder in einem Klarsichtmäppchen in einem C4-Couvert verschickt werden.

Vorstellungsgespräch

Wenn Sie zu einem Vorstellungsgespräch eingeladen werden, haben Sie die erste Hürde genommen und sind in der engeren Auswahl. Bereiten Sie sich gut auf das Gespräch vor:

- Achten Sie auf das Äussere (ohne dabei zu übertreiben).
- Bereiten Sie schriftlich einen Argumentations- und Fragenkatalog vor. Üben Sie Antworten auf mögliche Fragen schon zu Hause, indem Sie sie laut formulieren.
- Nehmen Sie Schreibmaterial für Notizen mit.
- Überlegen Sie sich vorher, wie weit Sie in der Beantwortung persönlicher Fragen gehen wollen (z. B. bei speziellen Familienverhältnissen).
- Im Fall einer Schwangerschaft liegt es in Ihrem Ermessen, ob Sie diese angeben. Sie sind nicht dazu verpflichtet. Ein Verschweigen fördert jedoch nicht das Vertrauensverhältnis.
- Schätzen Sie Ihre Fähigkeiten in Bezug auf die Ausbildung präzise ein (z. B. schulische Leistungen, Arbeit am Computer, handwerkliches Geschick, besondere Kenntnisse usw.). Vergleichen Sie bei einer Bewerbung um eine Lehrstelle Ihre Berufsvorstellungen mit dem Ausbildungsreglement.
- Stellen Sie ergänzende Fragen zum Betrieb und zur Ausbildung.
- Achten Sie darauf, dass Sie am Ende des Vorstellungsgesprächs wissen, wer mit wem wann Kontakt aufnimmt.

Auswertung nach Absagen

- Überlegen Sie sich, wie Sie mit Absagen umgehen.
- Haben Sie jemanden, mit dem Sie darüber sprechen können?
- Sind die Bewerbungsunterlagen so gut und so vollständig, dass Sie sie weiter verwenden können, und ist eine entsprechende Anzahl Kopien vorhanden?
- Haben Sie sich an mehreren Orten beworben?
- Haben Sie Alternativen zum gewünschten Beruf?
- Haben Sie die Berufsberatung schon kontaktiert?

> Brief, S. 38

Bewerbungsschreiben

1 Eigene Adresse mit Telefonnummer
2 Ort und Datum
3 Adresse des Betriebs, wenn möglich mit dem Namen des Ansprechpartners
4 Betreff-Zeile
5 Anrede, wenn möglich mit dem Namen des Ansprechpartners, sonst: Sehr geehrte Damen und Herren
6 Angabe, woher Sie die Information haben
7 Begründung für den Berufswunsch
8 Ihre Stärken in Bezug auf den Beruf
9 Willensäusserung, also die eigentliche Bewerbung
10 Begründung für die Wahl dieses Betriebs
11 Bereitschaft für ein Vorstellungsgespräch und/oder eine Schnupperlehre, je nachdem, ob man Sie im Betrieb schon kennt oder nicht
12 Schlusssatz
13 Grussformel
14 Unterschrift, eventuell zusätzlich Unterschrift der Eltern
15 Beilagen: Foto nicht zwingend (auf jeden Fall nur ein gutes Passbild) Lebenslauf und Referenzadressen, Zeugniskopien

1 Eva Muster
Schulstr. 10
3000 Bern
031 000 00 00

2 Bern, 20. September 2007

3 Müller Informatik
Herr W. Rösch
Waldstr. 82
3084 Wabern

4 **Lehrstelle als Mediamatikerin**

5 Sehr geehrter Herr Rösch

6 Ihrem Inserat in der «Berner Zeitung» vom 18. September entnehme ich, dass bei Ihnen auf Sommer 2008 eine Lehrstelle frei wird.
7 In verschiedenen Schnupperlehren habe ich mich mit Berufen im Umfeld Computer und Büroarbeit auseinandergesetzt. Dabei habe ich gemerkt, dass mir die Tätigkeit als Mediamatikerin am meisten zusagt.
8 Meine Stärken liegen in den Bereichen Sprachen, Arbeit am PC und Gestaltung von Dokumenten. Ich kann mich gut konzentrieren und arbeite gerne im Team.
Während meiner letzten Schnupperlehre habe ich bei der Firma «Web-Design» in Ostermundigen gearbeitet (siehe Referenzen). Leider bildet dieser Betrieb keine Lehrlinge aus.
9 Deshalb bewerbe ich mich bei Ihnen um die ausgeschriebene Lehrstelle als Mediamatikerin.
10 Ihr Betrieb ist mir von Herrn Philipp Böni, dem Lehrlingschef von «Web-Design», sehr empfohlen worden.
11 Ich bin auch gerne zu einem Vorstellungsgespräch oder einer Schnupperlehre bereit.

12 Ich freue mich sehr über eine positive Nachricht.

13 Mit freundlichen Grüssen

14 Eva Muster

15 – Lebenslauf
– Referenzadressen
– Zeugniskopien

Lebenslauf

Personalien

Name	Muster
Vorname	Eva
Adresse	Schulstr. 10 3000 Bern
E-Mail	evamuster@muster.ch
Telefon	031 000 00 00, 079 000 00 00
Geburtsdatum	20.6.1989
Zivilstand	ledig
Eltern	Peter Muster, Schreiner Andrea Weibel Muster, Coiffeuse

Schulen

1998–2004	Primarschule Bern
2004–2007	Sekundarschule Bern
2007–2008	Berufsvorbereitendes Schuljahr Bern

Schnupperlehren

2006	Automechanikerin (Auto Weber, Bern) KV (Müller Immobilien, Bern)
2007	Mediamatikerin («Web-Design», Ostermundigen)

Besondere Kenntnisse

Informatik-Kurs (Informatik-Schule Bern)
Web-Design-Kurs («Web-Design», Ostermundigen)
sehr gute Englisch-Kenntnisse

Referenzen

Ruth Keller Hauptstr. 12 3000 Bern 031 000 00 00	Klassenlehrerin 7.–9. Schuljahr
Philipp Böni Bernstr. 100 3072 Ostermundigen 031 000 00 00	Lehrlingschef «Web-Design»

Schreibwerkstatt

Was wird behandelt?

- Disposition (Stichwortliste)
- Anfangssätze
- Beobachten
- Formulieren
- Hinweise zur Textgestaltung
- Vorgehensweise beim Schreiben längerer Texte

Was bringt mir das?

- Ich lerne die einzelnen Schritte des Schreibens von der Disposition über die Überarbeitung des Inhalts bis zur sprachlichen Ausarbeitung kennen.
- Ich kann meine Texte mit spannenden Anfangssätzen beginnen.
- Ich schule mein Beobachtungs- und Formulierungsvermögen.
- Ich erhalte Hinweise zur Textgestaltung in Bezug auf Personen, Autor/Autorin, Handlungsverlauf und -orte, Inhalt und Sprache.

Schreibwerkstatt 1: Beobachten und Formulieren

Doppellektion 1

1. Gehen Sie zu zweit für eine halbe Stunde in der Umgebung Ihres Schulhauses spazieren und beschreiben Sie etwas Auffälliges (ein Geschehen, ein Haus, einen Menschen usw.). Schärfen Sie Ihre Sinne. Gefragt ist deshalb **genaues Beobachten**!
   Sie sind in der Gestaltung Ihres Textes frei.
2. In der zweiten Lektion lesen Sie Ihre Texte in der Klasse gegenseitig vor und lassen sich von der unterschiedlichen Gestaltung anregen.

Doppellektion 2

1. Lesen Sie das folgende Szenario und erstellen Sie auf dessen Basis eine ausführliche Disposition (Stichwortliste), in der Sie den Verlauf einer Geschichte festlegen. Gefragt sind **gute Einfälle**!

Szenario
In einem Park treffen sich zwei Menschen. Legen Sie das Geschlecht, das Alter, das Aussehen und die Eigenschaften der beiden selber fest. Die eine Person bringt etwas mit. Bestimmen Sie, was sie bei sich hat. Aus diesem Treffen entsteht eine Handlung, die mit dem Mitgebrachten zu tun hat.

2. Schreiben Sie nach der erarbeiteten Disposition einen Text von ca. einer Seite. Gefragt sind **treffende Formulierungen**!

Doppellektion 3

Schreiben Sie wieder nach bestimmten Vorgaben. Diesmal erfinden Sie aber selber ein Szenario, dann tauschen Sie es mit dem einer Kollegin/eines Kollegen. Gefragt ist **Fantasie**!

Doppellektion 4

Erweitern Sie das Gelernte und bearbeiten Sie einen der folgenden Aufträge:

1. Wählen Sie aus einem Magazin ein Foto, denken Sie sich Personen dazu aus (eine oder mehrere) und erfinden Sie eine Handlung, die mit dem auf dem Foto Dargestellten zu tun hat.
2. Erfinden Sie wie in der ersten Aufgabe eine Handlung, jedoch ausgehend von einem Foto, das eine Kollegin/ein Kollege für Sie ausgesucht hat.
3. Verbinden Sie zwei (oder mehr) verschiedene Fotos miteinander, machen Sie sie zu Handlungsorten einer komplizierteren Geschichte.
   Gefragt ist eine **abwechslungsreiche Handlung**!

Mit etwas Fantasie lässt sich dieses Vorgehen zu einem **Fotoroman** erweitern.
Sie erfinden eine Geschichte mit mehreren Personen und beschreiben den Ablauf des Geschehens. Anschliessend wählen Sie Kollegen/Kolleginnen, die zur Geschichte passen, und fotografieren sie in den verschiedenen Szenen.

Schreibwerkstatt 2: Schreiben einer Geschichte

> Im Handbuch für Lehrpersonen finden Sie Anfangssätze für die Kategorie «Liebesgeschichte».

Kriminalerzählung

Die Kriminalgeschichte eignet sich besonders gut für eine Schreibwerkstatt, weil sie eine zielgerichtete Erzählform ist und in ihr verschiedene Aspekte berücksichtigt werden sollen.

Die folgenden Ausführungen können sinngemäss auch auf andere Erzählungen angewendet werden: Liebesgeschichte, Abenteuergeschichte, Reisebericht usw.

Doppellektion 1

Disposition (Stichwortliste)

Erstellen Sie eine Disposition für eine Kriminalgeschichte. Bevor Sie beginnen, lesen Sie die folgenden Hinweise aufmerksam durch und berücksichtigen Sie sie dann beim Schreiben. Einzelne Begriffe werden im Kapitel «Textinterpretation», S. 89 genauer erklärt.

> Textinterpretation S. 89

Personen

- Die handelnden Personen haben meist ein klares Profil (gut/böse). Sie können deshalb gut gegeneinander abgegrenzt werden (Aufklärer/Verbrecher). Sie ermöglichen ausserdem klare Charakterisierungen.
- Die Personen (sowohl Ermittler, Opfer wie auch Nebenpersonen) haben einen Wohnort, einen Beruf, ein Privatleben.
- Verwenden Sie Menschen, in die Sie sich gut versetzen können. Aber machen Sie keine Freunde, Verwandten oder Bekannten zu Opfern oder Tätern.

Autor/ Autorin

Der Autor/die Autorin erfindet eine Geschichte oder leitet sie aus dem eigenen Erleben ab. Er/sie spricht im Text nicht selber, sondern bedient sich einer Erzählfigur:

- Ich-Erzähler
- Erzähler in der 3. Person
- Autor als allwissender Erzähler, das heisst als Beobachter der Handlung aus der Distanz.

Handlungsverlauf

- Der Handlungsverlauf ist auf den Schluss der Geschichte und auf die Lösung des Falls ausgerichtet. Machen Sie eine Verlaufsskizze, am besten bevor Sie mit Schreiben beginnen. Berücksichtigen Sie dabei räumliche und zeitliche Umstände.
- Die Handlung verläuft ohne Zufälle, sollte aber originell sein.
- Ein ausgewogener Spannungsaufbau ist nötig (d. h. nicht alle «Action» am Anfang oder am Schluss, sondern überlegt verteilt über die ganze Geschichte).
- Zusammenhänge werden Schritt für Schritt aufgedeckt.

Handlungsorte

- Die Handlungsorte sollen dem Geschehen angepasst, gut ausgewählt, von einer gewissen Originalität und gut recherchiert sein. Es gibt immer eine/n Leser/in, der/dem inhaltliche Fehler auffallen.
- Machen Sie Skizzen von den Örtlichkeiten.

Inhalt

- In der Kriminalgeschichte kommen häufig menschliche Grenzsituationen vor.
- Beschreibungen sind erwünscht, müssen jedoch präzise sein und dürfen die Handlung nicht allzu sehr bremsen.
- Irgendwann muss im Verlauf der Geschichte klar werden, was die Personen zu einer bestimmten Handlung treibt. Dieses Geschehen muss zu ihrem Leben passen.

Doppellektion 2 **Anfangssätze**

1. Experimentieren Sie mit Anfangssätzen.
   - Schreiben Sie die ersten zwei bis drei Sätze eines Krimis auf ein Blatt. Ziel: Eine Leserin/ein Leser muss weiterlesen wollen!
   - Tauschen Sie das Blatt mit Ihrer Kollegin/Ihrem Kollegen und schreiben Sie zwei bis drei Folgesätze, die die Spannung aufrechterhalten oder ausbauen.
   - Tauschen Sie Ihre Blätter innerhalb der Klasse oder Gruppe aus.
   - Schreiben Sie weitere Folgesätze, die das Geschehen ausweiten und eine erste (oder allenfalls weitere Person) einbeziehen.
   - Lesen Sie einander die verschiedenen Textanfänge vor.
2. Ordnen Sie die folgenden Textanfänge so, wie Sie sie gerne lesen würden. Welchen Text möchten Sie am liebsten lesen, welcher interessiert Sie nicht? Begründen Sie Ihre Wahl. Vergleichen Sie das Ergebnis mit dem Ihrer Kollegin/Ihres Kollegen.

Von Anfang an? Mein Gott, na gut, wenn ich alles von Anfang an erzählen muss, dann sage ich Ihnen zuerst einmal, was für eine Person meine Frau war, sonst werden Sie niemals begreifen, wie das passieren konnte.

Carmen Iarrera: «Eine sture römische Köchin», In: «Mord zwischen Messer und Gabel»

Fred Allman hatte keine Zeit mehr, darüber nachzudenken. Der Tod traf ihn als Kugel, die seinen Geist zwar noch für das My einer Sekunde erhellte, jedoch war alles zu blitzartig, als dass er es hätte analysieren können. Fred Allman starb durch einen ihm wohlbekannten Knall, und als letzten Splitter eines Gedankens versuchte er herauszufinden, was das war, das für ihn durch die Luft flog. Es war die Kugel aus seiner Dienstpistole.

Uta-Maria Heim: «Die Zecke»

Der Supermarkt brannte wie von einer Bombe getroffen, und die Vermummten hatten sich zum Kriegstanz an den Händen gefasst, voller Alk im Voodoo-Rausch, schrien ihre Wahnsinnslust hinauf zum Maienhimmel über Berlin: Völker der Welt, schaut auf diese Stadt! Spraydosen, metallisch-kalt und geil wie Handgranaten, flogen in die Flammen, explodierten unter Höllenlärm. Das ging ab, ächt-äih, da steppte der Bär.

-ky (BRD)/Mohr (DDR): «Schau nicht hin, schau nicht her»

Die Sache mit der Geiselnahme war kein Bluff. Das wurde Gonzo klar, als er von der Steeler Strasse zum Parkfriedhof abbog und den Kombi in die Sackgasse mit den Einfamilienhäusern manövrierte. Ab Nummer 12 hatten sie alles abgesperrt, Polizisten spannten zwischen den Laternen meterhohe Sichtschutzplanen über die Strasse. Er schaffte es gerade noch, sich durch die Gasse zu zwängen, die sie für ihre Einsatzwagen freigehalten hatten.

Karr&Wehner: «Bullenwinter»

Sie war pünktlich. Während mit lautem Scheppern Rolläden heruntergelassen wurden wie tonnenschwere Augenlider und Vespafahrer über den nassen Basalt bretterten, um rechtzeitig nach Hause zu kommern, schob die Tabakfrau ihren Zeigefinger einem gusseisernen Löwenkopf ins Maul. Es klingelte.

Barbara Krohn: «Der Tote unter der Piazza»

Albert Hahn lag da, als wolle er im Toten Meer den toten Mann spielen. Die Dunkelheit des unbeleuchteten Weinkellers trug sachte den schweren Körper, und nur die Wölbung eines sehr dicken Bauches ragte ins diffuse Licht, das von der Kellerstiege kam.

Alfred Komarek: «Polt muss weinen»

Studer stellte das Gas ab, stieg von seinem Motorrad und wunderte sich über die plötzliche Stille, die von allen Seiten auf ihn eindrang. Aus dem Nebel, der filzig und gelb und fett war wie ungewaschene Wolle, tauchten Mauern auf, die roten Ziegel eines Hausdaches leuchteten. Dann stach durch den Dunst ein Sonnenstrahl und traf ein rundes Schild: es glühte auf wie Gold – nein, es war kein Gold, sondern irgendein anderes, viel unedleres Metall – zwei Augen, eine Nase, ein Mund waren auf die Platte gezeichnet; von seinem Rande gingen steife Haarsträhnen aus.

Friedrich Glauser: «Der Chinese»

An einem düsteren Sonntagabend im Juli 1995 hatten nach der stechenden Sonne am Nachmittag rauchschwarze Wolken den Himmel verdunkelt und die Menschen von den Strassen in die Häuser vertrieben. Nur vier junge Leute waren noch unterwegs und atmeten den süssen, beinahe modrigen Geruch ein, der nach den ersten Regentropfen mit den Dunstfetzen vom heissen Asphalt in die Nase stieg.

Paul Lascaux: «Das Langnauer Totenmahl», in: «Totentanz»

Es war Neujahr. Ich stand am Küchenfenster, schlürfte einen heissen, bitteren Espresso und starrte auf die nackte, narbige und nahezu ausgestorbene Vandam Street im Nebelschleier hinab. Sie sah ganz so aus, wie ich mich fühlte. Am Neujahrstag des Jahres 1953 war Hank Williams auf dem Weg zu einem Konzert in Canton, Ohio, gestorben. Seitdem wird die philosophische Frage heiss diskutiert, ob der Tod einem Konzert in Canton, Ohio, wirklich vorzuziehen ist.

Kinky Friedman: «Der Leibkoch von Al Capone»

Die Mondscheibe hing dicht über den Klippen hinter ihr. Das fahle Licht fiel auf die Gestalt im trockenen Flusslauf, malte überlebensgrosse, bizarre Schatten auf den festen Sandboden. Bald liess der Schatten den mächtigen Umriss eines Riesen ahnen, bald sah er schmächtig und dünnbeinig aus wie die Strichzeichnungen auf den Felsmalereien der Anasazi.

Tony Hillerman: «Wer die Vergangenheit stiehlt»

Doppellektion 3

Erzählperspektive und Überarbeiten der Disposition

1. Schreiben Sie eine kurze Szene von fünf bis zehn Sätzen aus der Ich-Perspektive. Wählen Sie dabei einen der folgenden Inhalte:
   - Beschreiben Sie, wie Sie sich in ein Haus schleichen.
   - Erzählen Sie, wie Sie von der Polizei verhört werden.
   - Berichten Sie, wie Sie zu Fuss (an Ihrem Wohnort) verfolgt werden.
2. Wechseln Sie die Erzählperspektive. Schreiben Sie nun Ihre Szene
   - in der 3. Person Einzahl (er/sie).
   - als allwissende/r Erzähler/in.
3. Diskutieren Sie anschliessend mit Ihrer Kollegin/Ihrem Kollegen die entstandenen Versionen.
   - Welche wirkt insgesamt am besten? Warum?
   - Welche wirkt am direktesten? Warum?
   - Welche fiel Ihnen beim Schreiben am leichtesten? Warum?
4. Lesen Sie im Anschluss an die Arbeit mit der Erzählperspektive die Hinweise aus der Doppellektion 1 nochmals durch und überprüfen Sie Ihre Disposition daraufhin, ob sie die Erfordernisse erfüllt. Andernfalls bringen Sie die notwendigen Änderungen an.

Doppellektion 4

Sprachliche und inhaltliche Ausarbeitung

Bevor Sie jetzt Ihre endgültige Version schreiben, lesen Sie die folgenden Hinweise durch, die Ihrer Geschichte den letzten Schliff geben sollen.
Schreiben Sie dann eine inhaltlich zusammenhängende Kriminalgeschichte.

Sprache

- Passen Sie Ihre Sprache der Geschichte an. Ein Bauernmord im oberen Emmental weist eine andere Erzählgeschwindigkeit auf als eine Verfolgungsjagd in den Häuserschluchten der Grossstadt.
- Mit einer Variation der Satzlänge kann die Dynamik des Geschehens verändert werden (lange/kurze Sätze).
- Dialoge bringen Leben in die Handlung und wirken meist beschleunigend, sollten jedoch zu den Personen passen (Polizisten reden anders als Ärzte). Lassen Sie Alltagsgeschwätz weg.
- Achten Sie auf die richtigen Begriffe für das, was Sie sagen wollen.

Diverses

- Das Geschehen muss gut motiviert sein.
- Klischees sollen vermieden werden.
- Der Leser/die Leserin soll mitdenken können.
- Hinweise auf die Lösung des Falles sollen immer wieder eingestreut werden, ohne den Lesern/Leserinnen zu viel zu verraten. Das Geheimnis wird erst am Schluss aufgedeckt.

Wortschatz

Was wird behandelt?

- Wortfamilien
- Wortfelder, Synonyme
- Antonyme
- Fremdwörter

Was bringt mir das?

- Ich lerne Wörter aus einer Wortfamilie abzuleiten und erweitere damit meinen Wortschatz.
- Ich kann mich vielseitiger ausdrücken.
- Ich lerne Begriffe durch andere, die das Gegenteil aussagen, zu ersetzen.
- Ich lerne neue Fremdwörter kennen.
- Ich lerne, Fremdwörter durch entsprechende deutsche Begriffe zu ersetzen.

Schreiben
Lesen und Verstehen
Sprechen
Grammatik
Verzeichnisse

Wortfamilien

> **Übungen 1, 2** S. 65

Wörter, die vom selben Grundwort abstammen, gehören zu einer **Wortfamilie**.

Folgende Wörter gehören zur Wortfamilie reden:
zureden, anreden, (auf jemanden) einreden usw.
redegewandt, redselig usw.
die Rednerin, die Redekunst, die Anrede usw.

Das Verb ist die wichtigste Wortart für die Wortbildung. Von ihm können viele andere Wörter abgeleitet werden.

lesen

Verben	Nomen		Adjektive
vorlesen	das Lesen	der Vorleser, die Vorleserin	lesend
ablesen	die Leserin	der/die Zeitungs-leser/in	gelesen
nachlesen	der Leser	die Nachlese	belesen
auslesen	die Lese	die Auslese	lesbar
verlesen	die Lesung	das Lesebuch	leserlich
auflesen	der, die Lesende		unleserlich
mitlesen	das Gelesene		erlesen
durchlesen			

Wortfelder, Synonyme

> **Übungen 3–5** S. 65–67

Wörter, die ihrer Bedeutung nach etwas Ähnliches aussagen, gehören zum selben **Wortfeld**.

Folgende Wörter gehören zum Wortfeld reden:
sprechen, sagen, mitteilen, erzählen, sich äussern, vortragen usw.

Synonyme sind Begriffe mit gleicher Bedeutung, die andere Wörter ersetzen können, ohne dass sich der Satzinhalt stark verändert. Beim Schreiben von Texten ist man oft dankbar, wenn man eine Auswahl an Wörtern hat, um etwas auszudrücken. Damit vermeidet man Wiederholungen bzw. formuliert abwechslungsreicher.

Ich schrie ihn voller **Zorn** an. > Ich schrie ihn voller **Wut** an.
Ich gehe **eiligst** zum Bus. > Ich gehe **rasch** zum Bus.
Ich **ging** am Waldrand entlang. > Ich **spazierte** am Waldrand entlang.

Die Bedeutung des Satzes verändert sich nicht, obwohl ein Wort ersetzt wurde.

Antonyme

> **Übungen 6–8** S. 68–69

Antonyme sind Wörter, die das Gegenteil ausdrücken.

Eine **Minderheit** stimmte dem Vorschlag zu.	>	Eine **Mehrheit** stimmte dem Vorschlag zu.
Ich hasse **frühes** Aufstehen am Morgen.	>	Ich hasse **spätes** Aufstehen am Morgen.

Fremdwörter

> **Übungen 9–11** S. 70–71

In der deutschen Sprache finden sich zahlreiche **Fremdwörter**, vor allem aus dem Englischen. Viele davon sind derart geläufig, dass man die deutsche Übersetzung dazu gar nicht kennt und gebraucht (Beispiel: Walkman = tragbares Kassettenabspielgerät mit Kopfhörern).
Nicht immer ist es aber angebracht, Fremdwörter in Texte einzubauen. Dadurch kann ein Text sehr überladen wirken.

Übungen

Übung 1 **Wortfamilien**
Suchen Sie Wörter (Verben, Nomen und Adjektive), die zur Wortfamilie «reisen» gehören.
Suchen Sie Wörter (Verben, Nomen und Adjektive), die zur Wortfamilie «arbeiten» gehören.
Suchen Sie Wörter (Verben, Nomen und Adjektive), die zur Wortfamilie «Mensch» gehören.

Übung 2 **Wortfamilien**
Gehen Sie von den folgenden Verben aus und versuchen Sie, möglichst viele Wörter (Nomen, Verben, Adjektive) von ihnen abzuleiten. Selbstverständlich können Sie auch mit weiteren Verben arbeiten.
sehen, nehmen, bringen, ziehen, laufen, stehen, fliegen, fragen, setzen, werfen

Übung 3 **Wortfelder, Synonyme**
Stellen Sie das Wortfeld «gehen» bildlich dar (z. B. als Sterndiagramm, Mindmap).
Stellen Sie das Wortfeld «leuchten» bildlich dar (z. B. als Sterndiagramm, Mindmap).
Stellen Sie das Wortfeld «Geld» (auch umgangssprachliche Begriffe) bildlich dar (z. B. als Sterndiagramm, Mindmap).

Übung 4 **Wortfelder, Synonyme**
Suchen Sie für jedes Adjektiv mindestens ein Synonym.

1. schnelle Fussgänger ______________________
2. höfliche Nachbarinnen ______________________
3. dicke Gewichtheber ______________________
4. gemütliche Räume ______________________
5. jubelnde Gruppen ______________________

6. populäre Schauspielerinnen ____________________
7. glückliche Verkäufer ____________________
8. gewaltige Wasserwellen ____________________
9. begabte Schülerinnen ____________________
10. billige Schuhe ____________________
11. tapfere Helferinnen ____________________
12. anständige Kunden ____________________
13. zarte Haut ____________________
14. blasse Gesichter ____________________
15. defekte Motorräder ____________________
16. schlichte Kleider ____________________
17. richtige Lösungen ____________________
18. übliche Bedingungen ____________________
19. widerliche Kerle ____________________
20. aktive Turnerinnen ____________________

Übung 5 **Wortfelder, Synonyme**

Ersetzen Sie im folgenden Text die **fett** gedruckten Wörter durch sinnverwandte Begriffe (Synonyme), die in den Text passen. Auch Fremdwörter sind erlaubt. Gebrauchen Sie den Duden Nr. 8 («Sinn- und sachverwandte Wörter»).

«Fleisch essen ist pervers»

Immer mehr junge Menschen sind Vegetarier. Veganer sind noch konsequenter: Sie essen auch keine Milchprodukte, Eier oder Honig und tragen weder Wolle noch Leder.

Am **hintersten** (1) Tisch im **Gasthof** (2) «Zähringer» im Zürcher Niederdorf herrscht Hochstimmung. Die Gruppe junger Veganer, die sich hier monatlich **trifft** (3), kann für einmal unter drei verschiedenen Menüs auswählen. Das ist für sie nicht selbstverständlich. Denn wer vegan lebt, muss **in der Regel** (4) mit einem Salatteller oder Spaghetti Napoli Vorlieb nehmen – Gerichte, die ziemlich sicher keine tierischen **Erzeugnisse** (5) enthalten. Der 19-Jährige Reto Allemann lebt seit sechs Monaten als Veganer, Fleisch hat er das letzte Mal als 10-Jähriger gegessen: «Ich habe weiter **gedacht** (6), und es war ein logischer und konsequenter Schritt, ganz ohne tierische Produkte **auszukommen** (7). Ich bin aus Liebe zum Leben und zu den Tieren Veganer geworden.» Auch Einladungen zum Essen können Reto nicht **aus der Ruhe bringen** (8).

Praktisch ist, dass auch seine Familie mitzieht. Retos Schwester und Mutter sind Vegetarierinnen, der Vater isst ab und zu Fleisch. Bei den vegetarischen Menüs, die zu Hause schon seit Längerem **auf den Tisch kommen** (9), lässt er beispielsweise einfach den Käse weg. Der Freundeskreis hingegen versteht Reto weniger: «Es hat keinen Wert, mit Kollegen darüber zu **reden** (10). Die meisten von ihnen essen Fleisch, aber **es bringt nichts** (11), mit ihnen darüber zu streiten.»

Ramona Bär hat kaum noch mit Kollegen von früher Kontakt. Weil sie mit den Freundinnen nicht mehr Eis essen gehen konnte und sich auch sonst nicht mehr mit ihnen

verstand (12), hat sich ihr Freundeskreis **vollständig** (13) verändert, seit sie sich vor zweieinhalb Jahren entschied, vegan zu leben. «In meinem **Umfeld** (14) bin ich damit auf wenig Verständnis gestossen. Können Leute nicht akzeptieren, dass ich Veganerin bin, gehe ich ihnen aus dem Weg. Wenn ich wählen kann, bin ich lieber mit Veganern zusammen oder mindestens mit Vegetariern», sagt die 17-Jährige, deren Grossmutter in einer Metzgerei arbeitet. Mit ihr **spricht** (15) sie nicht über ihren veganen Lebensstil. Seit Ramona vegan lebt, fühlt sie sich auch körperlich besser. Für ihre Überzeugung nimmt sie auch in Kauf, an manchen Orten anzuecken. «Die anderen sind keine schlechteren Menschen als wir. Aber ich **verstehe** (16) einfach nicht, wie man Fleisch essen kann. Ich finde es **abstossend** (17) und pervers.» Ramona, die sich in der Freizeit in verschiedenen Tierschutzorganisationen **einsetzt** (18), will nicht, dass irgendein Tier wegen ihr leiden muss. In einem Bauerndorf **aufgewachsen** (19), hat sie schon oft **zugesehen** (20), wie Schweine für den Schlachthof verladen wurden. **Ausschlaggebend** (21) für ihre **Haltung** (22) waren auch Fotos von Schlachthöfen und Massentierhaltung. Dass viele Gleichaltrige trotzdem **regelmässig** (23) ihre Big Macs futtern, macht Ramona **wütend** (24): «Die meisten sind zu feige, solche **schrecklichen** (25) Bilder anzuschauen, sie wollen einfach ihren Hamburger. Wir haben **Mühe** (26) hinzuschauen, aber die Tiere müssen es **ertragen** (27).» Um die Fleischproduktion nicht zu unterstützen, verzichtet Ramona wie alle Veganer auch auf Milchprodukte.

«Tages-Anzeiger», 20.09.2000

1. hinterster ______________________
2. Gasthof ______________________
3. sich treffen ______________________
4. in der Regel ______________________
5. Erzeugnis ______________________
6. denken ______________________
7. auskommen ______________________
8. aus der Ruhe bringen ______________________
9. auf den Tisch kommen ______________________
10. reden ______________________
11. nichts bringen ______________________
12. sich verstehen ______________________
13. vollständig ______________________
14. Umfeld ______________________
15. sprechen ______________________
16. verstehen ______________________
17. abstossend ______________________
18. sich einsetzen ______________________
19. aufwachsen ______________________

Schreiben

Lesen und Verstehen

Sprechen

Grammatik

Verzeichnisse

20. zusehen ____________________
21. ausschlaggebend ____________________
22. Haltung ____________________
23. regelmässig ____________________
24. wütend ____________________
25. schrecklich ____________________
26. Mühe ____________________
27. ertragen ____________________

Übung 6 **Antonyme**

Suchen Sie für die **fett** gedruckten Begriffe ein Antonym.

1. Sein Vorschlag stiess beim Publikum auf grosse **Ablehnung**.

____

2. Das Geschäft machte im letzten Jahr grosse **Gewinne**.

____

3. Seine **Abneigung** für die Nachbarin war deutlich zu spüren.

____

4. **Der Hauseigentümer** mähte den Rasen.

____

5. **Der Nachkomme** der Familie von Burg heisst Severin.

____

6. **Der Reichtum** dieses Geschäftsmannes hält sich in Grenzen.

____

Übung 7 **Antonyme**

Suchen Sie zu jedem der unten aufgeführten Adjektive ein Antonym.

1. eine lustige Gesellschaft — eine ____________ Gesellschaft
2. ein langweiliger Film — ein ____________ Film
3. ein scharfes Steak — ein ____________ Steak
4. eine winzige Portion — eine ____________ Portion
5. eine wertvolle Kette — eine ____________ Kette
6. eine saubere Hose — eine ____________ Hose
7. süsse Früchte — ____________ Früchte
8. stickige Luft — ____________ Luft
9. laute Musik — ____________ Musik

10. hungrige Kinder — __________ Kinder

11. ein überflüssiger Kauf — ein __________ Kauf

12. eine verschlossene Person — eine __________ Person

13. eine breite Strasse — eine __________ Strasse

14. ein bunter Umzug — ein __________ Umzug

15. eine glatte Piste — eine __________ Piste

16. frische Blumen — __________ Blumen

17. fruchtbare Erde — __________ Erde

18. schwache Winde — __________ Winde

19. trockenes Fleisch — __________ Fleisch

20. falsche Banknoten — __________ Banknoten

Übung 8 **Antonyme**

Suchen Sie zu jedem der Adjektive ein Antonym.

1. Ich bin für eine **tiefere** Beteiligung an den Kosten.

   Ich bin für eine __________ Beteiligung an den Kosten.

2. In den **meisten** Fällen passiert etwas.

   In den __________ Fällen passiert etwas.

3. Er gehört zu den **heikelsten** Gästen.

   Er gehört zu den __________ Gästen.

4. Dies ist die **hellste** Farbe, die ich bieten kann.

   Dies ist die __________ Farbe, die ich bieten kann.

5. Nummer 2 war die **einfachere** Aufgabe als Nummer 6.

   Nummer 2 war die __________ Aufgabe als Nummer 6.

6. Der **späteste** Termin ist der 21. November.

   Der __________ Termin ist der 21. November.

7. Ein **feineres** Schleiftuch findet man nirgends.

   Ein __________ Schleiftuch findet man nirgends.

8. Der **altertümlichste** Bahnhof der Region steht in unserem Dorf.

   Der __________ Bahnhof der Region steht in unserem Dorf.

Schreiben | Lesen und Verstehen | Sprechen | Grammatik | Verzeichnisse

Übung 9 **Fremdwörter**

Was bedeuten folgende Fremdwörter? Schlagen Sie wenn nötig in einem Fremdwörterlexikon nach (Beispiel: Duden, Band 5).

Bilden Sie je einen Satz mit jedem dieser Fremdwörter.

1. die Information ______________________
2. der Fan ______________________
3. der Match ______________________
4. eine Teenagerin ______________________
5. die Sympathie ______________________
6. das Weekend ______________________
7. die Blamage ______________________
8. der Alarm ______________________
9. die Gratulation ______________________
10. die Story ______________________
11. psychisch ______________________
12. physisch ______________________

Übung 10 **Fremdwörter**

Ersetzen Sie in diesem Text alle **fett** gedruckten Fremdwörter durch deutsche Begriffe. Lesen Sie den Text nun laut vor. Wo tönen die Fremdwörter besser als die deutschen Begriffe?

***Von Modetussis und* Etikettenzwang (1)**

Turnschuhe sind etwas für **Grufties** (2), die sich bloss davor fürchten, älter zu werden. Was will da einer, der immer darauf hofft, den Blick für das Wesentliche nicht zu verlieren, denn noch sagen?

Es sei eingestanden: So kann bloss einer denken, der im Kleidergeschäft **vis-à-vis** (3) des fachkundigen Verkaufspersonals seine **Coolness** (4) bereits verliert, wenn er nur schon ansatzweise nach seiner modischen Vorstellung befragt wird – weil er keine Ahnung hat. Aber was um Himmels Willen soll denn das ganze Modebrimborium um Rocklänge und Hosenbund, um Schuhform und Kragenstil, um körperbetont eng gehaltenen oder **salopp** (5) bequemen Schnitt? Besonders **absurd** (6) und **grotesk** (7) wirkts in der Regel ja, wenn die hochgekochten Modezaren aus den Nobelhäusern Armani, St. Laurent oder Lagerfeld ihre **Models** (8) über die Laufstege stelzen lassen. Es mag zwar sein, dass diese **Events** (9) in den Haute-Couture-**Metropolen** (10) von Paris bis New York so etwas wie die Champions League der Branche **repräsentieren** (11) und damit die wirklichen Trendsetter sind. Aber noch einmal: Was sollen diese unpraktischen, bis ins letzte **Detail** (12) gestylten Klamotten, die keine Frau auf der Strasse tragen würde?

«Berner Zeitung», 21.04.2001

1. Etikette ______
2. Gruftie ______
3. vis-à-vis ______
4. Coolness ______
5. salopp ______
6. absurd ______
7. grotesk ______
8. Model ______
9. Event ______
10. Metropole ______
11. repräsentieren ______
12. Detail ______

Übung 11 Fremdwörter

Seltsame Begriffe: Finden Sie Fremdwörter für die folgenden Umschreibungen.

1. Baumwollnietenhose ______
2. Person, die Platten auflegt ______
3. kragenloses Hemd ______
4. Raum für Tanzveranstaltungen ______
5. schnurloses Fernsprechgerät ______
6. Weissbrotbräuner ______
7. Musikgruppe ______
8. direkt übertragen (Sendung) ______

Stilistik

Was wird behandelt?

- Sprachebenen
- Leicht verwechselbare Wörter und Begriffe
- Genauigkeit im Ausdruck

Was bringt mir das?

- Ich lerne Kennzeichen eines stilistisch guten Sprachgebrauches kennen.
- Diese Kennzeichen helfen mir, meinen Ausdruck zu verbessern und die Sprache gezielter einzusetzen.
- Ich kann mich mündlich und beim Schreiben treffender und klarer ausdrücken.

Was ist Stilistik?

Unter Stilistik versteht man laut Fremdwörterbuch «die Lehre vom guten Ausdruck». Beim Formulieren sollte man nicht versuchen, andere Menschen nachzuahmen oder beispielsweise für ein Referat Passagen aus Texten oder Büchern zu übernehmen. Geschriebenes wirkt dann am besten, wenn ein **persönlicher Stil** erkennbar ist.
Sich gut auszudrücken bedeutet also nicht, viele Fremdwörter zu verwenden oder besonders vornehm zu sprechen bzw. zu schreiben. Jemand kann sich dann sprachlich «gut» ausdrücken, wenn er/sie Worte und Formulierungen wählt, die zur jeweiligen Situation passen, das Gemeinte genau treffen und problemlos vom Zuhörer oder von der Leserin verstanden werden können. Otto von Greyerz hat dazu folgenden Satz formuliert: **«Grammatik ist Wissen, Sprachgebrauch ist Erfahrung, Stil ist Kunst».**

> Fehleranalyse, S. 216

Die richtige Sprachebene

> **Übungen 1–3** S. 76

Die geschriebene Sprache unterscheidet sich von der gesprochenen Sprache. Im Kollegenkreis unterhält man sich anders als mit dem Vorgesetzten. Ein SMS schreibt man nicht so wie ein Urlaubsgesuch. Sprachgebrauch ist also situationsabhängig. Man muss für eine Situation die passende Sprachebene wählen, d.h. unterscheiden können, welche Ausdrucksweise geeignet oder nicht geeignet bzw. passend oder unpassend ist. Wer die falsche Sprachebene wählt, läuft Gefahr, auf Ablehnung zu stossen. Gehen Sie auch vorsichtig mit Mode-Ausdrücken oder Übertreibungen um.

Man kann vier Sprachebenen unterscheiden:

Mündlicher Bereich

Gassensprache: Der Typ gurkte mit seiner aufgemotzten Karre ins nächste Kaff.
Die Gassensprache existiert fast nur in der gesprochenen Form (Ausnahme: wörtliche Rede in Erzählungen oder Berichten). Auch Beschimpfungen oder Flüche gehören zu dieser Sprachebene.

Umgangssprache: Der Typ kutschierte mit seinem fahrbaren Untersatz ins Kuhdorf nebenan.
Auf dieser Sprachebene mit Überschneidungen zur Schriftsprache finden die meisten Unterhaltungen im privaten Bereich statt. Der Ton ist locker, oftmals werden durch bestimmte Begriffe Anschaulichkeit oder Humor erzeugt.

Schriftlicher Bereich

Standardsprache: Der Mann fuhr mit seinem Sportwagen ins benachbarte Dorf.
Die Texte, die Sie in der Schule und im Arbeitsleben schreiben, werden meistens in der Standardsprache verfasst. Diese Sprachebene zeichnet sich durch Knappheit und Sachlichkeit aus. Man triff sie in den Medien an, wenn es um Berichterstattung oder Fakten geht.

Gehobene Sprache: Der Herr steuerte seine sportliche Limousine in das unweit gelegene Dorf.
Heute passt zu dieser Sprachebene eine gesprochene und geschriebene Sprache, die sich durch einen präzisen, wissenschaftlichen «Fach-Stil» auszeichnet. Damit hebt sie sich von der Standardsprache ab und kommt nur in Umgebungen wie Universität, Gericht, Akademie etc. zur Anwendung. Auch die Sprache der Dichtung ist oft dieser Sprachebene zuzuordnen.

Die Zuordnung zu einer bestimmten Sprachebene ist nicht immer eindeutig.

Schreiben
Lesen und Verstehen
Sprechen
Grammatik
Verzeichnisse

Leicht verwechselbare Wörter und Begriffe

> **Übungen 4–6** S. 76–77

Wörter und Begriffe sind in ihrer Bedeutung festgelegt. Man kann sie nicht willkürlich verwenden oder gar verändern. Prüfen Sie kritisch deren Eindeutigkeit, besonders wenn es um ähnlich klingende bzw. verwandte Wörter geht.

Beispiel Das grosse Buffet war sehr künstlich aufgebaut. (gemeint ist kunstvoll)

Häufige Verwechslungen

Schluss	Ende, Endpunkt einer Überlegung, Folgerung
Entschluss	Entscheidung
brauchen	benötigen
gebrauchen	verwenden
sich erfreuen	Freude haben
sich freuen auf	mit Freude entgegensehen
fremdsprachig	in der fremden Sprache
fremdsprachlich	die fremde Sprache betreffend
verständlich	leicht zu verstehen
verständig	einsichtig
anscheinend	wie es scheint, vermutlich
scheinbar	angeblich, wie behauptet wird
geschäftig	sehr beschäftigt, fleissig
geschäftlich	das Geschäft betreffend, nicht privat
golden	aus Gold
goldig	niedlich, rührend
national	auf die Nation bezogen
nationalistisch	mit übersteigertem Nationalgefühl, eher abwertend gemeint
dasselbe	identisch (1 Stück!)
das Gleiche	nicht identisch, aber übereinstimmend in Form, Farbe

Genauigkeit im Ausdruck

> **Übungen 7–9** S. 77–78

Wer sich nicht eindeutig ausdrückt, kann nicht verstanden werden. Prüfen Sie die korrekte Reihung der Wörter und die Logik in der Gedankenführung.
Ein Satz wie Der Gebrauch der Freizeit ist oft nicht sinnvoll durchgeführt. ist nicht zu verstehen. Man kann nur erahnen, was gemeint sein könnte. Der Satz Der Grund, übermässig Alkohol zu trinken, kann viele Ursachen haben. ist falsch, weil «Grund» und «Ursache» dasselbe bedeuten.
Merken Sie sich: So knapp wie möglich – aber nicht um jeden Preis.

Häufige Fehler, die zu Unklarheiten führen

unklare Kombinationen	Im Angebot: heisse Himbeerbecher klarer: Im Angebot: Eis mit heisser Himbeersauce
seltsame Ausdrücke	Wohnungsmässig sind die meisten Schweizer gut untergebracht. klarer: Die meisten Schweizer leben in guten Wohnungen.
übertriebener Hauptwortstil (Nominalstil)	Eine Reaktion auf den Mangel der Lehrstellensituation und der Nichtbeschäftigung von Jugendlichen ist die erhöhte Kriminalität. klarer: Ein Grund für die Jugendkriminalität sind fehlende Lehrstellen.
das unverbindliche «man» Flickwörter, Füllsel: «irgendwie, vollends, sozusagen»	Man stand irgendwie an der Unfallstelle und achtete darauf, dass man sozusagen nicht störte. klarer: Ich stand in der Nähe der Unfallstelle.
Doppelungen (Pleonasmus)	ein weisser Schimmel der weisse Schnee die tote Leiche
Schreistil und Angebersprache	unendlich viel, mega klein, super gut, voll krass
umständliche Ausdrücke	zur Durchführung bringen in Kenntnis setzen
missglückte Metaphern (Bildwörter) und Stilblüten	wie der Blitz hereingeschneit kommen das Licht in dieser dunklen Zeit betrachten Marianne kaute an den Tränen, die in ihr aufsteigen wollten. Luther stand noch mit einem Bein im Mittelalter, als er bereits mit dem anderen der Morgenröte einer neuen Zeit zuwinkte.
doppelte Verneinung	Ich habe vermisst, dass es nach dem Vortrag zu keiner Diskussion gekommen ist. Er hat noch nie keine schlechte Leistung erbracht.
falsche Superlative	der idealste Partner mit minimalstem Aufwand die einzigste Freundin

Übungen

Übung 1 **Sprachebenen**

Ordnen Sie die Nomen zuerst einem Bereich (mündlicher oder schriftlicher Bereich) und einer Sprachebene zu. Finden Sie jeweils mindestens ein gleichbedeutendes Wort aus einer anderen Ebene.

MB = mündlicher Bereich, SB = schriftlicher Bereich, G = Gassensprache, U = Umgangssprache, S = Standardsprache, gS = gehobene Sprache

1. Kopf ______________________
2. Anschiss ______________________
3. Direktive ______________________
4. Moneten ______________________
5. Kehricht ______________________
6. Lover ______________________
7. Auto ______________________
8. Glimmstängel ______________________

Übung 2 **Sprachebenen**

Ersetzen Sie die **fett** gedruckten Wörter durch andere und nennen Sie die Sprachebene.

1. Sie **schaute** mich verwundert an.
2. Die Männer **arbeiten** von früh bis spät.
3. **Rede** doch keinen Unsinn.
4. Ich wäre **irre happy** über eine Nachricht von Ihnen.
5. Er **hockte** auf dem Boden.
6. Meine Grossmutter **verschied**.
7. Philip **paffte** eine Zigarette.
8. Sie war nach dem misslungenen Treffen **total geladen**.
9. Sie trug eine **sehr ausgefallene** Hose.
10. Die Polizei **inhaftierte** den Verbrecher.

Übung 3 **Sprachebenen**

Nehmen Sie an, die Arbeiten, die Sie während einer Schnupperwoche ausführen müssen, gefallen Ihnen nicht. Wie sagen/schreiben Sie das

- in einem Bericht für den Berufswahlunterricht in der Schule?
- Ihren Eltern?
- dem Lehrlingschef?
- Ihrem besten Kollegen/Ihrer besten Kollegin?

Übung 4 **Leicht verwechselbare Wörter und Begriffe**

Finden Sie – eventuell mit Hilfe eines Wörterbuchs – die Unterschiede heraus und setzen Sie die Begriffe in einen passenden Satzzusammenhang.

1. akut/aktuell
2. sozial/sozialistisch
3. zugig/zügig

4. geschäftig/geschäftlich
5. vorsorglich/fürsorglich
6. physisch/psychisch
7. ahnen/ahnden
8. unsozial/asozial
9. goldig/golden
10. gläsern/glasig

Übung 5 **Leicht verwechselbare Wörter und Begriffe**

Unterstreichen Sie – eventuell mit Hilfe eines Wörterbuchs – die falsch gewählten Wörter und nennen Sie den richtigen Begriff.

Beispiel: Die Strassen sind nass, es regnet scheinbar. (anscheinend)

1. Meine Freundin Ute besitzt einen netten Freund.
2. Unser Nachbar hat dasselbe Auto wie wir.
3. Als ich heute Morgen aufwachte, kam ich zu dem Entschluss, dass ich geträumt hatte.
4. Die Mitarbeit in dieser Firma fordert viel Anstrengung.
5. Ein Mantel nutzt bei schlechtem Wetter mehr als eine Jacke.
6. Mein Opa freut sich immer noch auf eine gute Gesundheit.
7. Am Kiosk gibt es fremdsprachliche Zeitungen.
8. Durch die hohen Preise können wir nicht in die Ferien fahren.
9. Du musst jede Stunde deines Lebens nützen.
10. Du kannst gerne meinen Stift brauchen.

Übung 6 **Leicht verwechselbare Wörter und Begriffe**

Verbessern Sie die **fett** gedruckten Wörter.

Beispiel: Nach der Party spülten wir **die ganzen** *Gläser. (alle)*

1. **Im Bezug** auf Ihr Inserat bewerbe ich mich um die Lehrstelle.
2. Peter hat nur **teilweise** die Schule besucht.
3. **Zu Anfangs** wurde das nicht erkannt.
4. In unserer Gesellschaft **steigen** Armut und Isolation.
5. Es war kalt, **folgedessen** froren wir.

Übung 7 **Genauigkeit im Ausdruck**

Versuchen Sie, die folgenden Begriffe in eine logische Reihenfolge zu bringen.

nach der Grösse:
mikroskopisch, gewaltig, riesig, winzig, mit dem blossen Auge erkennbar, gigantisch, klein, gross, zwergenhaft, unübersehbar, überlebensgross, überdimensional

nach der Zahl:
vereinzelte, ein paar, wenige, massenhaft, zahlreiche, einige, unüberschaubar, viele, dutzendweise, zahllose

nach der Bedeutung:
nichtig, wichtig, nebensächlich, unerlässlich, unwichtig, unerheblich, belanglos, bedeutsam, notwendig, unentbehrlich

Schreiben | Lesen und Verstehen | Sprechen | Grammatik | Verzeichnisse

Übung 8 Genauigkeit im Ausdruck

Vereinfachen Sie die Sätze, indem Sie einen Oberbegriff für die aufgezählten Begriffe einsetzen.

1. In diesem Geschäft kann man Fussbälle, Tennisschläger und das, was man sonst noch zum Sporttreiben benötigt, kaufen.
2. Für unsere Grillparty müssen wir noch Mineralwasser, Wein, Bier und Saft einkaufen.
3. In diesem Feriendorf gibt es einen Fussballplatz, einen Golfplatz, Spielhallen und Discos.
4. Der Klassenlehrer beanstandet fehlende Hausaufgaben, häufige Unterrichtsstörungen und schlechte Noten.
5. Der Politiker hat sich vielerlei zuschulden kommen lassen: Beleidigung, Bestechung, Korruption sowie Unterschlagung.
6. Zur Betriebsversammlung erschienen die Mitglieder des Vorstandes, die Geschäftsleitung, die Angestellten und der Hausmeister.
7. Das Aufsichtspersonal hatte grosse Mühe, sich einen Weg durch die wütenden, kreischenden und tobenden Massen zu bahnen.
8. In der nächsten Woche bist du mit Kochen, Waschen, Putzen und Bügeln an der Reihe.
9. In der zweiten Etage unseres Kaufhauses finden Sie Töpfe, Geschirr und andere Sachen, die man in der Küche und im Haus benötigt.
10. Wenn du diesen Kuchen backen möchtest, brauchst du dazu nicht nur Mehl, Zucker, Backpulver und Fett, sondern auch eine ganze Menge andere Dinge wie zum Beispiel Nüsse, Mandeln und Krokant, die wir nicht im Haus haben.

Übung 9 Genauigkeit im Ausdruck

Korrigieren Sie die folgenden Sätze.

Beispiel: Die Werbung muss kauflustig wirken. Die Werbung muss zum Kauf anregen.

1. Als achtköpfiger Familienvater bin ich auf ein angemessenes Einkommen angewiesen.
2. In vielen Ländern haben mir meine ausländischen Sprachkenntnisse weiter geholfen.
3. Schuldlose Unfälle bringen finanzielle Belastungen für die Versicherungen mit sich.
4. In unserer Schule sind wir getränkemässig gut versorgt.
5. Die Partei muss werbepolitisch aktiver werden, um den Wahlkampf gewinnen zu können.
6. Die Gurtanlegequote der Auto fahrenden Schweizer ist zu niedrig.
7. Die Wiederingangsetzung der Baumaschine erwies sich als unnötig.
8. Bei einer Flugreise muss man sich eine Beschränkung hinsichtlich der Gepäckmitnahme auferlegen.
9. Bei Auslandsreisen ist die Geldaufwendung ein grosser Nachteil.
10. Jedoch ist das Auto nicht nur mit Sonnenseiten beschmückt.

2 Lesen und Verstehen

Informationsbeschaffung

5-Schritt-Lesetechnik

Textinterpretation

Literarische Textsorten

Sprach- und Literaturgeschichte

In diesem Kapitel geht es um das Lesen, Verstehen und Interpretieren von Texten.

Im Kapitel **Informationsbeschaffung** erhalten Sie zunächst Hinweise u.a. zur Suche im Internet und zum Nachschlagen in Bibliotheken.

Danach wird die **5-Schritt-Lesetechnik** vorgestellt. Damit können Sie den Inhalt und Aufbau eines Textes schnell erfassen, aber auch darstellen (visualisieren). Diese Technik ist auf jeden Text anwendbar und ermöglicht individuelles Arbeiten.

Die **Textinterpretation** richtet den Blick auf die Gestaltungselemente eines Textes wie Erzähler, Hauptfiguren, Wortwahl usw. Dies hilft Ihnen, Texte besser zu verstehen. Die Methode der Textinterpretation lässt sich auch auf das eigene Schreiben übertragen.

Im Anschluss werden Ihnen in knapper Form und mit Literaturangaben, z.B. zu Gedichten oder Romanen, **literarische Gattungen und Textsorten** mit ihren Hauptmerkmalen vorgestellt.

Im Kapitel **Sprachgeschichte/Literaturgeschichte** erhalten Sie anhand von Textbeispielen vom 8. Jahrhundert bis zur Neuzeit sowie einer Zeittafel einen Überblick über die Entwicklung der deutschen Sprache.

Informationsbeschaffung

Was wird behandelt?

- Quellen
- Suche im Internet
- Suche in Bibliotheken

Was bringt mir das?

- Ich weiss, wo ich nach Informationen zu einem Thema suchen muss.
- Ich lerne, dem Internet gezielt wichtige Informationen zu entnehmen.
- Ich weiss, wie ich Suchmaschinen im Internet bedienen muss.
- Ich weiss, wie eine Freihandbibliothek aufgebaut ist.
- Ich kann mit Hilfe des Internets Bücher suchen.
- Ich kenne einige wichtige Nachschlagewerke.

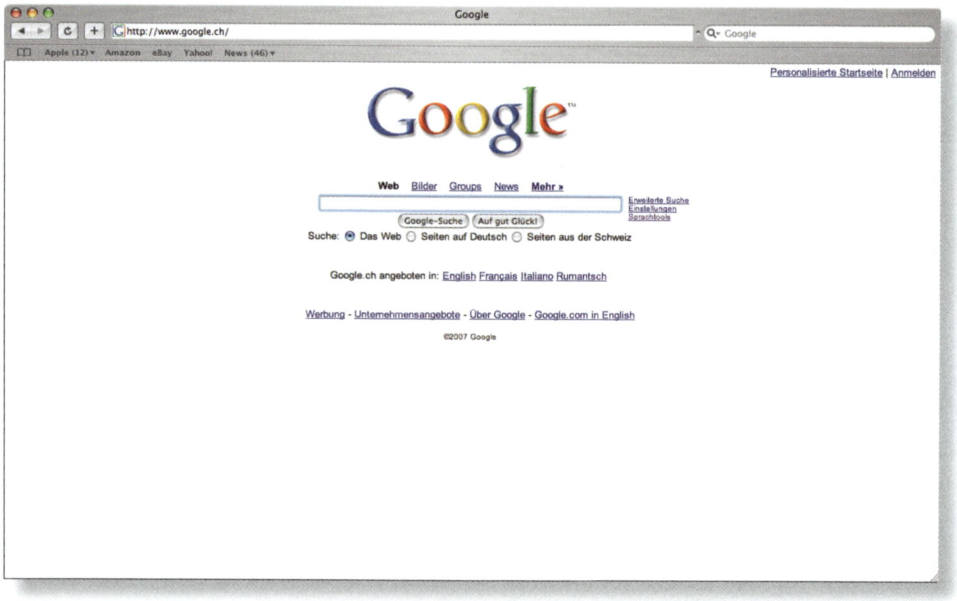

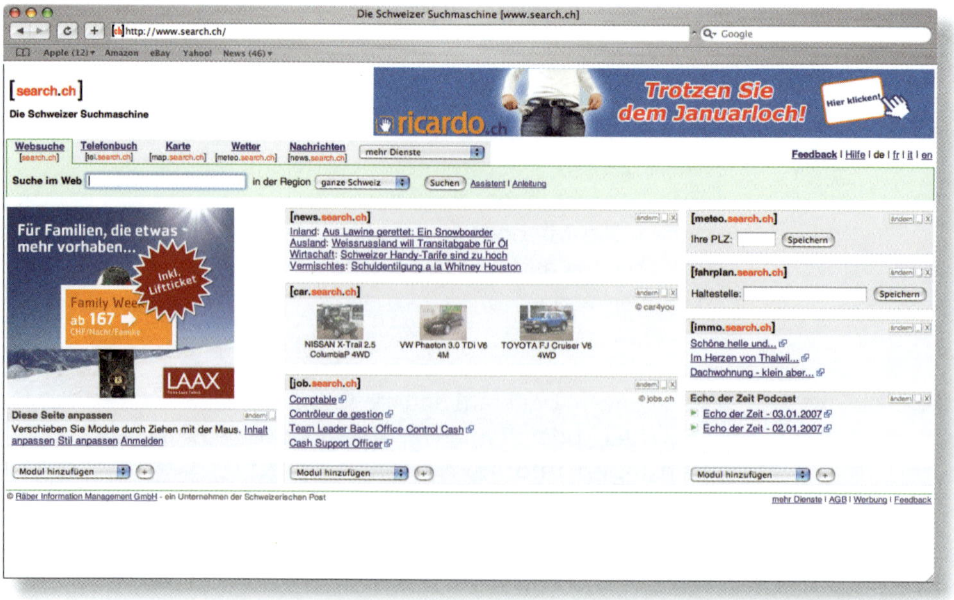

Wenn Sie Informationen zu einem bestimmten Thema suchen (für Vorträge, Projektarbeiten usw.), haben Sie verschiedene Möglichkeiten:

1. Sie suchen im Internet nach Informationen.
2. Sie suchen in einer Bibliothek/Buchhandlung nach geeignetem Material.
3. Sie kontaktieren eine Fachstelle für Ihr Thema.
4. Sie fragen im Freundes- und Bekanntenkreis nach.

Tipp Radio und Fernsehen können ebenfalls weiterhelfen. Blättern Sie die aktuellen Programmzeitschriften durch.

Manchmal wird die Suche nach Material zu einer mühsamen Angelegenheit.
Deshalb sind nachfolgend einige Hinweise aufgeführt, wie und wo Sie Angaben zu einem Thema finden.

Die Suche im Internet

Suchmaschinen

Ideal ist es, wenn Sie über eine Internetadresse verfügen (URL). Diese tippen Sie ins Adressfeld ein (z. B. www.bffbern.ch) und gelangen so direkt auf die gewünschte Seite.
Sie können aber auch nach einem Begriff suchen. Wählen Sie eine Suchmaschine aus und geben Sie da den gewünschten Begriff ein. Nicht jede Maschine funktioniert gleich. Deshalb ist es manchmal sinnvoll, mehrere Suchmaschinen auszuprobieren. Die gängigsten sind:

- www.google.ch (ist sehr schnell und bietet ein einfaches Erweiterungssuchprogramm mit deutschen Erklärungen an)
- www.search.ch (bietet viele Treffer, wenn es um lokale Anfragen geht)
- www.msn.ch
- www.altavista.com
- www.exalead.com (mit einer Vorschau der ersten Seite des Dokumentes)

Es gibt auch sogenannte Meta-Suchmaschinen, welche gleichzeitig mehrere andere Suchmaschinen nach Informationen abfragen:

- www.metager2.de
- www.apollo7.ch (ist vor allem auf die Schweiz ausgerichtet)

Meistens erhalten Sie bei der Anfrage nach einem Themengebiet zu viele Informationen. Sie können die Suche aber eingrenzen. Dieser Vorgang funktioniert nicht bei jeder Suchmaschine gleich. Doch jede Suchmaschine bietet Assistenten an, die Ihnen die Suche erleichtern (search assistant/Suchhilfe/erweiterte Suche). Dort wird der genaue Vorgang erklärt.

Es gibt einige Tricks (sogenannte logische Operatoren), mit denen Sie effizienter vorgehen können.

- Google beispielsweise funktioniert dann am genauesten, wenn möglichst viele Suchwörter eingegeben werden. Je mehr Begriffe eingetippt werden, desto weniger Resultate werden geliefert. Google verknüpft nämlich alle Begriffe mit dem Wörtchen «und».
  Die Suche nach «führungen», «nidlenloch», «höhle» führt Sie zuverlässig auf die entsprechende Seite der Homepage der Arbeitsgemeinschaft Nidlenloch. Dort werden Führungen vermittelt und wichtige Infos zum Besuch der Höhle aufgelistet.
- Wenn die Suche nach einem Begriff keine befriedigenden Resultate erzielt hat, geben Sie einen anderen, ähnlichen Begriff ein (z. B. Fantasy statt Science-Fiction).
- Geben Sie mehrere Begriffe ein und verknüpfen Sie sie mit einem Minuszeichen (z. B. bern ausgang – partys – dancing – disco). Es werden nur Seiten angezeigt, die nicht für Partys, Dancings oder Discos Werbung machen. Vergessen Sie den Leerschlag vor dem Minuszeichen nicht!

– Geben Sie einen Ausdruck oder einen Teilsatz in Anführungs- und Schlusszeichen ein (z. B. Skifahren in der Schweiz). Es werden nur Seiten angezeigt, die genau diese Begriffe in dieser Reihenfolge enthalten.

Getrennte Wörter kombiniert Google selbstständig und berücksichtigt auch Flexionen, bei «arbeit» und «vermittlung» findet die Suchmaschine also auch «Arbeitervermittlung».

Wikis
Wikis sind verbreitete, einfach zu bedienende Systeme, mit denen Inhalte im Internet veröffentlicht werden, die von einer grossen Zahl von Nutzern bearbeitet werden können. Der Name stammt von wikiwiki, dem hawaiianischen Wort für schnell.
Im Prinzip kann jedermann die Inhalte ergänzen, löschen oder verändern. Die meisten Systeme sind allerdings mit Zugriffskontrollen versehen. Der bekannteste Wiki ist Wikipedia (www.wikipedia.de), eine freie Enzyklopädie, also eine Art Lexikon. Daneben gibt es weitere bekannte Wikis: der Reiseführer WikiTravel (wikitravel.org) oder das Wiki zur berühmten Fernsehserie Star Trek (http://memory-alpha.org/de). Viele Wikis sind derzeit im Aufbau, aber noch nicht wirklich gefüllt mit sinnvollen Informationen. Zum Beispiel ein Wiki zum Thema Computer (www.computer-wiki.org) oder diverse Musik-Wikis.

Die Suche in Bibliotheken

Die meisten Ausleihstellen sind Freihandbibliotheken, das heisst, Sie können die Bücher aus dem Regal nehmen und darin blättern, eventuell auch Kopien machen.
Alle grösseren Bibliotheken verfügen heute über ein elektronisches Suchsystem. Dabei gibt es verschiedene Anleitungen (Tipps zur Recherche, Hilfe zum Suchen usw.). Wenn Sie damit nicht weiterkommen, fragen Sie beim Personal nach.

Verschiedene Suchmöglichkeiten:

Schlagwort
Sie geben einen Begriff ein, nach dem Sie suchen. Beispiel: Freizeit.
Die meisten Schlagwörter müssen im Singular (Einzahl) eingegeben werden.
Es wird nun nach sämtlichen Werken gesucht, die den Begriff Freizeit enthalten.

Schlagwortsuche
Die meisten Verleihstellen verfügen über einen Schlagwortkatalog. Dort können Sie nachschauen, ob der von Ihnen gewünschte Begriff aufgeführt ist. Wenn nicht, suchen Sie ein ähnliches oder verwandtes Wort.

Suche nach Autoren
Sie geben den Autor/die Autorin ein, nach dem/der Sie suchen.

Suche nach Titeln
Sie geben einen Begriff ein, der zwingend im Titel vorkommt, z. B. Freizeit. Es werden nun alle Medien aufgeführt, die dieses Wort im Titel tragen.

Suchbegriff erweitern
Sie können jeden der oben genannten Suchbegriffe erweitern, indem Sie einen * eingeben.
Freizeit* sucht nicht nur nach diesem Begriff, sondern führt auch alle Begriffe auf, die dieses Wort enthalten (z. B. Freizeitsportler, Freizeitaktivitäten, Freizeitvergnügen).
Wenn Sie beispielsweise den Namen eines Autors nicht genau wissen, geben Sie nur den Teil ein, der Ihnen bekannt ist und ergänzen mit*: z. B. *stein*. Gesucht werden nun Autoren wie Steiner, Steiniger, Steinemann, Werdenstein, Hauenstein, nicht aber Namen wie Steimle oder Steiger.
Wenn die Suche nach Medien erfolgreich war, erhalten Sie in den meisten Bibliotheken eine Standortangabe, die Ihnen anzeigt, wo Sie das entsprechende Medium finden.
Sachbücher sind normalerweise nach der Dezimalklassifikation unterteilt. Das heisst, die Gesamtheit des menschlichen Wissens ist in zehn Hauptgebiete aufgeteilt. Diese sind wiederum in zehn Untergebiete eingeteilt. Dieses System erlaubt eine fast endlose Feingliederung.

Beispiel

5	= Mathematik, Naturwissenschaften
59	= Zoologie
591	= allgemeine Zoologie
591.13	= Ernährung

Wenn Sie nun ein Werk zum Thema Ernährung der Elefanten suchen, wird dies unter 591.13 aufgeführt sein. Schauen Sie in den Sachbüchern nach, ob Sie in einer Literaturliste am Schluss Hinweise auf andere Medien zum Thema finden.
Wenn Sie zu einem Thema nur ganz wenige Informationen brauchen oder die wichtigsten Angaben über ein Land suchen, empfiehlt es sich, zuerst Nachschlagewerke zur Hand zu nehmen. Sie finden sie in jeder Bibliothek in einer speziellen Abteilung. Für gewöhnlich können sie nicht ausgeliehen werden.

Nachschlagewerke

- Brockhaus Enzyklopädie in 24 Bänden, F.A. Brockhaus, Mannheim
- Buch des Jahres, Ringier Verlag, Zürich (zu jedem Jahr das Wichtigste in Kürze)
- Fischer Weltalmanach, Fischer Taschenbuch Verlag (erscheint jedes Jahr und führt die neuesten Zahlen zu allen Ländern auf)
- virtuelle Lexika: Universum, Encarta etc.

Fachstellen

Für viele Themengebiete gibt es Fachstellen (Fachstelle für Gesundheitsfragen, Drogenberatungsstelle, AIDS-Hilfsstelle, Fachstellen für Rechtsfragen, Mieterverband usw.) und Fachleute, die Ihnen Tipps geben, Sie mit dem neuesten Material versorgen können oder Ihnen Personen vermitteln, die über das nötige Wissen verfügen.
Wichtig ist, dass Sie sich bei der Kontaktaufnahme korrekt vorstellen (Name, Schule) und Ihr Anliegen genau schildern. Überlegen Sie sich vorher, was Sie fragen möchten! Manche Themen sind sehr heikel (Sucht, Krankheiten usw.). Gehen Sie deshalb behutsam vor und seien Sie nicht enttäuscht, wenn Sie nicht auf alles, was Sie beschäftigt, eine Antwort erhalten.

Freundes- und Bekanntenkreis

Wenn Sie eine grössere Arbeit zu einem Thema schreiben müssen, machen Sie dies in Ihrem Freundes- und Bekanntenkreis publik. Nicht selten kennt jemand eine Person, die viel über das entsprechende Fachgebiet weiss. Wenn Sie mit niemandem darüber reden, kann Ihnen auch niemand helfen.

Aufgaben

1. Suchen Sie einen Stadtplan der nächsten Grossstadt auf dem Internet.
2. Suchen Sie etwas zum Thema *Berühmte Modeschöpfer aus Italien* oder zum Thema *Höhlenforschung in der Innerschweiz.*
3. Suchen Sie im Internet die kürzeste Zugverbindung von Bern nach Arosa.
4. Suchen Sie die Telefonnummer einer bekannten Schweizer Person.
5. Sie wollen nächstens im Kanton Graubünden in einem Wellnesshotel (mit Bad, Sprudelbad, Sauna, Solarium etc.) Ferien machen. Suchen Sie das günstigste Angebot für zwei Übernachtungen für zwei Personen heraus.
6. Informieren Sie sich über Gesundheitsschäden nach Haschischkonsum. Notieren Sie sich ein paar Stichworte und orientieren Sie die Klasse darüber.
7. Ist das Kopieren von Compact Discs eigentlich erlaubt? Wie lautet das Gesetz? Finden Sie eine Seite, die Ihnen darüber Auskunft gibt? Drucken Sie sie aus.
8. Wie sieht die nächste Wintermode aus? Welche Mode wird auf der Strasse getragen? Es geht nicht um die Haute Couture oder Designermode, sondern um den allgemeinen Trend. Machen Sie sich Notizen und orientieren Sie die Klasse darüber.
9. Suchen Sie Literaturangaben zum Thema *Gesundheitsschädigungen nach Piercing.*

> Protokoll, S. 32

Erklären Sie Ihren Klassenkollegen/Klassenkolleginnen, wie Sie bei den einzelnen Übungen vorgegangen und wie Sie zu den Resultaten gekommen sind oder erstellen Sie ein Verlaufsprotokoll.

5-Schritt-Lesetechnik

Was wird behandelt?

- eine Methode zum Lesen von Texten
- Lesetipps

Was bringt mir das?

- Mir fällt es leichter, Gelesenes schnell und gut zu verstehen.
- Ich kann das Gelesene besser behalten.
- Ich kann das Gelesene bildlich zusammenfassen und meine Notizen anschaulicher gestalten.
- Ich habe keine Angst vor langen und schwierigen Texten.
- Ich werde routinierter im Lesen von Sachtexten.

Warum greifen wir zum Lesestoff? Entweder sind es Neugier, Interesse, Anforderungen der Schule, des Studiums und des Berufes oder einfach das Bedürfnis, sich zu unterhalten. Diesen unterschiedlichen Interessen kommen verschiedene Arten von Literatur entgegen: angefangen vom Werbeprospekt über die Zeitung, Illustrierte, Unterhaltungsroman bis hin zu Lehr- und Fachbüchern und wissenschaftlichen Untersuchungen.
Der ungeübte Leser neigt dazu, diese vielfältige Literatur in ein und derselben Weise und mit der gleichen Methode zu lesen. Häufig besteht diese darin, die erste Seite aufzuschlagen und kontinuierlich von Seite zu Seite bis zum Ende mit den gleichen Leseverhalten zu lesen.
Für uns stellt sich die Frage, ob diese Lesemethode rationell, der jeweiligen Lektüre adäquat und effizient ist. Um der Zeitersparnis und um grösserer Effizienz willen müssen wir uns überlegen, ob es Lesemethoden gibt, die besonders vorteilhaft auf unterschiedliche Lesestoffe anzuwenden sind.
Bei Romanen und Unterhaltungsliteratur, Illustrierten, Werbeprospekten und ähnlichen Druckerzeugnissen bedarf es keiner besonderen Lesetechnik. Das Bedürfnis nach Unterhaltung, Entspannung und Zerstreuung lässt uns ohne deutliche Zielvorstellung und Willensanspannung solche Literatur konsumieren.
Anders verhält es sich mit dem Lesen von Fachliteratur. F. Robinson konnte in Versuchen nachweisen, dass mit der üblichen Lesemethode des „Durchlesens" nur ca. 50 % des Wissensstoffes sofort nach der Lektüre wiedergegeben werden konnte. Die Behaltensquote erhöhte sich nur unwesentlich bei einem wiederholten Lesen.
Wir wollen in den folgenden Abschnitten effektivere Lesemethoden vorstellen und empfehlen. Diese führen zu einer Verbesserung der Lesetechnik, indem sie die Aufmerksamkeit beim Lesen erhöhen und dadurch die Behaltensquote verbessern.

Anwendung der 5-Schritt-Lesetechnik

Im Bereich der Schule findet die Beschaffung von Informationen zu einem grossen Teil über das Lesen statt. Je nach Länge oder Schwierigkeit eines Textes fällt es schwerer oder leichter, das Gelesene zu behalten oder gar im Gedächtnis zu verankern. Die folgenden 5 Arbeitsschritte zeigen Ihnen eine Methode auf, Texte besser zu erfassen und sich ihre Inhalte zu merken.

1. Grob überfliegen – Überblick verschaffen

Vor dem Lesen sollten Sie das Buch, einen Text oder das Kapitel kurz durchblättern. Verschaffen Sie sich einen Überblick, indem Sie das Vorwort und die Einleitung lesen. Hier finden Sie oft wichtige Hinweise auf Ziele und Inhalte. Schauen Sie sich ebenso das Inhaltsverzeichnis an. Es ist das Gerüst des Buches. Mit Hilfe des Inhaltsverzeichnisses lässt sich der Aufbau des gesamten Buches und der Zusammenhang der einzelnen Kapitel erkennen. Kapitelüberschriften und Untertitel geben Ihnen Auskunft über den genauen Inhalt.

2. Fragen stellen

Im zweiten Arbeitsschritt könnten sich folgende Fragen ergeben:

- Was weiss ich über dieses Wissensgebiet schon?
- Was möchte ich erfahren?
- Gibt es Einzelheiten, die ich mit Hilfe dieses Textes kennen lernen möchte?
- Habe ich bereits Fremdwörter oder unbekannte Begriffe gesehen?

Erstellen Sie schriftlich einen Fragekatalog.

3. Gründliches Lesen

Mit den Arbeitsschritten 1 und 2 haben Sie die Lektüre grundlegend vorbereitet. Nun folgt das gründliche Lesen. Es empfiehlt sich, längere Texte abschnittweise durchzulesen. Markieren Sie wichtige Schlüsselwörter oder Sätze. Betrachten Sie Abbildungen sehr genau und schlagen Sie unbekannte Wörter im Wörterbuch nach. Achten Sie in diesem Arbeitsschritt auf rechtzeitige und regelmässige Pausen. Spätestens nach 45 Minuten Aktivität sollte man eine Pause von 10 bis 15 Minuten einschalten.

4. Wichtiges zusammenfassen

Überlegen Sie, welche Gedanken und Begriffe im Text besonders wichtig sind und welche der gestellten Fragen Sie beantworten konnten (vgl. Arbeitsschritt 2). Halten Sie das Wichtigste schriftlich fest. Es ist aber auch möglich, eine kurze Zusammenfassung zu schreiben. In diesem Arbeitsschritt können Sie auch das freie Sprechen üben, indem Sie das Gelesene mündlich zusammenfassen. Nutzen Sie zur bildlichen Zusammenfassung des gelesenen Textes grafische Darstellungstechniken wie Mindmap, Diagramm, Tabelle o. Ä.

5. Abschliessend wiederholen

> Zusammenfassung, S. 10

Nachdem Sie den Text durchgearbeitet haben, ist es wichtig, den Gesamtzusammenhang wieder herzustellen. Gehen Sie Ihre Notizen noch einmal durch und bringen Sie diese in eine logische Reihenfolge, so dass Sie das Gelesene gedanklich nachvollziehen können. Falls nötig, müssen Sie die Notizen ergänzen oder einzelne Textabschnitte noch einmal lesen. Überprüfen Sie auch, ob Sie alle Ihre Fragen beantwortet haben. Versuchen Sie, offene Fragen abschliessend zu klären.

Wichtig: Ohne regelmässiges Wiederholen ist es nicht möglich, den Inhalt zuverlässig zu speichern. Daher ist ein Repetieren nach grösseren zeitlichen Abständen unerlässlich. Dies erleichtern Sie sich sehr, wenn Sie mit den Notizen arbeiten können und nicht den ganzen Text noch einmal lesen müssen.

Lesetipps

1. Je umfassender Ihr Wortschatz ist, umso leichter fällt es Ihnen, einen Text zu lesen und zu verstehen. Sie ersparen sich damit das mühsame Nachschlagen oder Nachfragen. Wichtige Fachausdrücke, die Sie nachschlagen müssen, halten Sie in einer Lernkartei fest.
2. Das Markieren in Texten sollte gezielt und sparsam erfolgen, d. h. nur Schlüsselbegriffe oder wichtige Sätze sollten markiert werden. Stellen Sie zudem sicher, dass die Markierungen den Aufbau des Textes richtig erfassen. Das einmal angeeignete Markierungssystem behalten Sie bei und wenden es immer wieder an.
3. Markierungen oder Kommentare am Textrand erleichtern es Ihnen, die Textübersicht zu behalten. Da der Rand bei vielen Texten sehr schmal ist, begnügen Sie sich mit wichtigen Zeichen: Ein Fragezeichen (?) weist auf unklare Textpassagen hin, ein Ausrufezeichen (!) auf wichtige Informationen.
4. Vermeiden Sie das leise Mitsprechen beim Lesen. Gedanken sind schneller als Lippenbewegungen. (Hinweis: Sollten Sie aber bereits festgestellt haben, dass Sie sich Inhalte durch leises Mitsprechen am besten einprägen können, dann bleiben Sie bei dieser Methode.)

Aufgaben

1. Stichwörter

Der folgende Text ist bereits in Abschnitte unterteilt. Markieren Sie in jedem Abschnitt ein bis zwei Kernbegriffe, notieren Sie für jeden Abschnitt diese Kernbegriffe oder einen kurzen zusammenfassenden Satz in der rechten Spalte.

Taxifahren in New York

Wenn man vom Empire State Building nach unten blickt, sieht man erst einmal gelb: 12000 «Cabbies», die New Yorker Taxis, quälen sich Stossstange an Stossstange durch die Strassen Manhattans.

Wie man sich eines schnappt, ist aus US-Filmen bestens bekannt: Auf die Strasse stellen, mit den Armen winken und «Taxi» rufen.

Um Energien zu sparen, sollte man allerdings erst einmal einen Blick auf das Wagendach werfen. Leuchtet das Zeichen «Taxi», dann ist der Wagen frei, bei «Off Duty» ist der Fahrer auf dem Weg nach Hause.

Um die Nerven zu schonen, sollte man es während der «Rush-Hour» gar nicht versuchen, ein Cab zu ergattern. Die einzige Chance: eine Fahrgemeinschaft. Vier Passagiere darf der Fahrer mitnehmen. Wenn man allerdings nach einem saftigen Trinkgeld aussieht, nimmt er auch mal mehr mit.

Für die erste Neuntelmeile zahlt man 1,50 Dollar, dann jeweils 10 Cents für jede weitere Meile, Koffer kosten extra. Zwischen 20.00 Uhr und 6.00 Uhr ist ein Nachtzuschlag von 50 Cents fällig.

Taxifahren in New York ist eine der unterhaltsamsten Arten, New York kennen zu lernen. Vielleicht erzählt Ihnen der Taxifahrer auf der Fahrt vom John F. Kennedy Flughafen ins Hotel, welche Broadway Show gerade total «hot», welcher Jazz-Club «in» ist und wo man einfach gewesen sein muss.

Zum Taxifahrer-Repertoire gehört auch die Geschichte vom letzten «hold up»: farbigste Berichte über den letzten Überfall. Manche Fahrer haben die Konsequenzen gezogen und ihre Taxikasse abgeschraubt, damit die Gangster beim Abkassieren nicht nervös werden.

(«Geo», Nr. 4, 1986)

Fassen Sie nun den Text schriftlich oder mündlich zusammen.

2. Lesetechnik
Stellen Sie sich vor, Sie seien Lehrerin oder Lehrer. Verschaffen Sie sich zunächst einen Überblick über den folgenden Text und formulieren Sie in einem zweiten Schritt drei bis fünf Prüfungsfragen für die nächste Probe. Lesen Sie den Text sorgfältig durch. Markieren Sie die wichtigsten Stellen im Text.

Der Weg zum richtigen Beruf
Es gibt Millionäre, die einmal als Zeitungsjunge, Tellerwäscher oder Pizzabäcker angefangen haben – das behauptet jedenfalls ein amerikanischer Mythos. Normalerweise wird man aber seine berufliche Karriere nicht dem Zufall überlassen, sondern eine solide Berufsausbildung anstreben. Damit die Berufsfindung erfolgreich verläuft, ist es wichtig, die nun beschriebenen fünf Schritte als Weg zum richtigen Beruf zu machen.

Schritt 1 – Sie lernen sich selber kennen
Ausgangspunkt für die Berufswahl sind die eigenen Stärken und Schwächen, Interessen, Vorlieben, Abneigungen und besondere Begabungen. Welche Erwartungen und Wünsche haben Sie an Ihr zukünftiges Berufsleben? Das eigene Persönlichkeitsprofil sollten Sie im Gespräch mit Freunden, Eltern, Lehrern und Berufsberatern präzisieren.

Schritt 2 – Sie lernen die Berufswelt kennen
Die Welt der Berufe ist in viele interessante Berufsfelder unterteilt. Jedes Berufsfeld weist eine Anzahl von Berufen auf, unter denen sich auch Ihr Traumberuf findet. Sehr wichtig ist es, sich vom angestrebten Beruf ein möglichst genaues, objektives Bild zu machen. Dazu müssen Sie zunächst folgende Frage beantworten: Welches sind die wichtigsten Merkmale des Berufes?
Nun möchten Sie mehr über den Beruf erfahren. Schnuppertage, Berufserkundungen, Betriebsbesichtigungen sind gute Möglichkeiten, Eindrücke vor Ort zu sammeln, im BIZ (Berufsberatungs- und Informationszentrum) finden Sie allgemeine Informationen. Weiterhin sollten Sie sich Gedanken darüber machen, wer Ihnen bei der Berufswahl kompetente Hilfe anbieten kann.

Schritt 3 – Sie vergleichen sich mit der Berufswelt
Ihre Interessen, Neigungen, Begabungen und Fähigkeiten vergleichen Sie nun mit den Berufsgruppen, Berufen, deren Tätigkeiten und Anforderungen. Das Ergebnis sollte eine Berufshitparade sein, an deren erster Stelle sich Ihr Traumberuf befindet, dazu zwei bis drei Alternativen, die Ihren Erwartungen und Wünschen entsprechen.

Schritt 4 – Sie erkunden bevorzugte Berufe und Ausbildungswege
Mit Hilfe der Berufshitparade nehmen Sie Kontakt mit Berufsleuten auf. Gespräche bringen eine erste Sicherheit. Nehmen Sie aber Ihre Berufe noch genauer unter die Lupe, indem Sie sich mit Hilfe von Berufsbroschüren auf eine Berufserkundung (Schnuppertage, Berufswahlpraktikum, Betriebserkundung) vorbereiten. Notieren Sie nach jeder Berufserkundung Ihre persönlichen Eindrücke.

Schritt 5 – Sie überprüfen und entscheiden
Die praktischen Berufserfahrungen bieten Ihnen eine Entscheidungsgrundlage dafür, welcher der erkundeten Berufe in Frage kommt. Der Weg zur Lehrstelle erfolgt nun über eine telefonische Anfrage bei den Betrieben nach freien Lehrstellen, über das Bewerbungsschreiben und über ein Vorstellungsgespräch. Sollten Sie Absagen erhalten, verzweifeln Sie nicht. Erkundigen Sie sich auf jeden Fall nach dem Grund der Absage.

Beantworten Sie nun die Prüfungsfragen, die Sie bereits formuliert haben, schriftlich und fassen Sie den Text mit Hilfe des folgenden Diagramms zusammen.

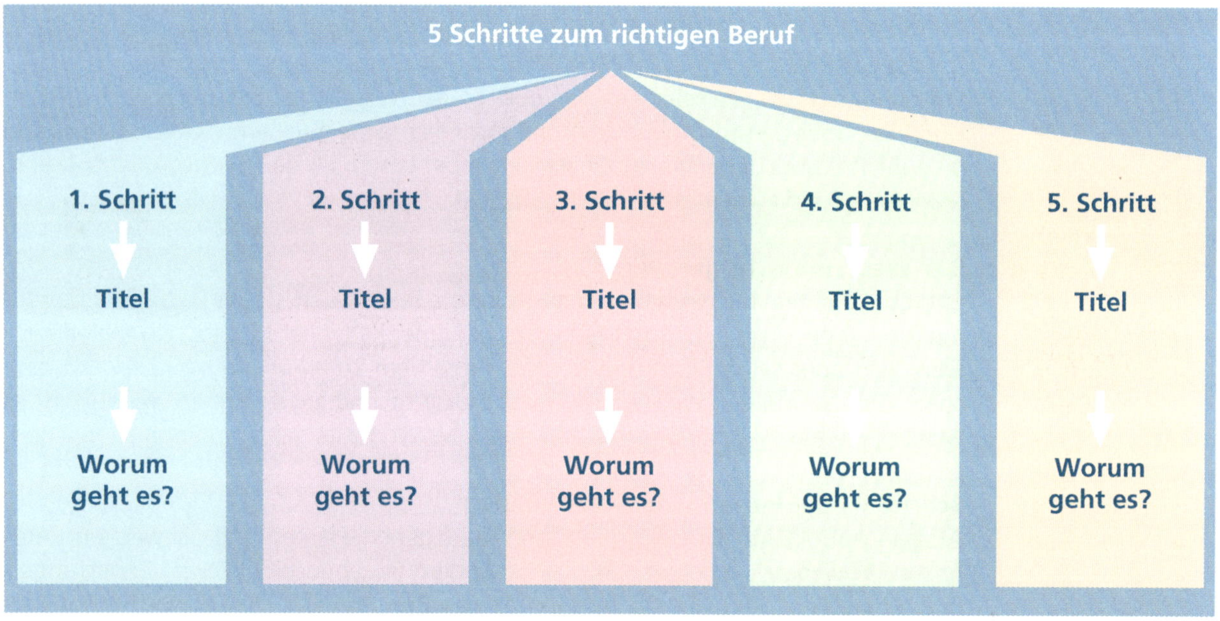

Textinterpretation

Was wird behandelt?

- Erzählperspektive
- Zeit und Ort des Geschehens
- Textaufbau
- Hauptfiguren
- Erzählstil und Sprache

Was bringt mir das?

- Ich lerne verschiedene Gesichtspunkte kennen, nach denen man einen Text interpretieren kann.
- Ich kann die Interpretation als Grundlage für meine persönliche Einschätzung eines Textes verwenden.
- Die Interpretation eines Textes hilft mir, ihn nicht nur oberflächlich zu verstehen.
- Wenn ich Merkmale der Interpretation beim Schreiben eigener Texte beachte, kann ich selbst interessanter schreiben.

Zu Ehren des Autors las ihm das Publikum aus seinen Werken vor.

Schreiben
Lesen und Verstehen
Sprechen
Grammatik
Verzeichnisse

Was ist eine Textinterpretation?

Unter Textinterpretation versteht man eine detaillierte Auseinandersetzung mit einem Text. Sie verhilft zu einem besseren Verständnis. Dazu beschäftigt man sich mit **Inhalt** und **Form** und versucht abschliessend eine **Deutung**. Im Folgenden wird vor allem auf Aspekte der Form eingegangen, d. h. es werden wesentliche Gestaltungselemente literarischer Texte (Geschichten, Erzählungen, Romane) näher betrachtet.

Vorgehensweise bei einer Textinterpretation

Inhalt Zuerst einmal muss man wissen, worum es in einem Text geht. Am Anfang jeder Interpretation steht daher die Frage nach dem **Was?**, d.h. ein Überblick über den Inhalt des Textes. Dabei helfen eine Zusammenfassung (> S. 10), eine Inhaltsangabe (> S. 14) oder die 5-Schritt-Lesetechnik (> S. 84).

Form Als weiterer Schritt folgt die Analyse der Form des Textes, also die Frage nach dem **Wie?** (Wie hat eine Autorin/ein Autor einen Text geschrieben?). Folgende Fragen können Sie genauer untersuchen:

1 Wer erzählt die Geschichte? (Erzählperspektive)

Ein Autor erzählt eine Geschichte aus einer bestimmten Perspektive (Blickwinkel).
- Ein Ich-Erzähler berichtet in der **1. Person**. Dies ergibt eine grosse Nähe zum Geschehen und die Möglichkeit, die Gedankenwelt der Figur mitzuverfolgen. Verwechseln Sie jedoch den Ich-Erzähler nicht mit dem Autor/der Autorin.
- Bei einem Erzähler in der **3. Person** wird **eine Person** von aussen beobachtet. Man hat weniger Einblick in die Innenwelt einer einzelnen Person, jedoch einen besseren Überblick über das gesamte Geschehen.
- Wenn ein **allwissender Erzähler** auftritt, dirigiert er gewissermassen **alle Figuren** von aussen. Er hat eine grössere Distanz zum Geschehen, dafür eine uneingeschränkte Übersicht. Diese Perspektive ermöglicht eine grosse Gestaltungsfreiheit, wirkt allerdings eher unpersönlich.

2 Wann findet das Erzählte statt? (Zeit)
- Normalerweise wird eine Geschichte im Präteritum erzählt (vorzeitige Handlungen stehen dann im Plusquamperfekt). Dies ergibt eine distanzierende Wirkung.
- Will man etwas unmittelbar erzählen, wählt man das Präsens (vorzeitige Handlungen stehen dann im Perfekt). Längere Texte im Präsens wirken jedoch ermüdend.

3 Wo findet das Erzählte statt? (Ort)

Oft ist eine Geschichte abhängig von den Orten, an denen sie spielt. Ein Friedhof verlangt eine andere Atmosphäre als eine Bar.

4 Wie ist die Geschichte strukturiert? (Aufbau)

Es gibt verschiedene Möglichkeiten, einen Text aufzubauen. Die wichtigsten sind:
- **Chronologische Reihenfolge:** Die zeitliche Reihenfolge entspricht dem Ablauf der Handlung.
- **Rückblenden:** Es gibt Zeitsprünge in die Vergangenheit (bei Erinnerungen).
- **Assoziationen:** Scheinbar unzusammenhängende Ereignisse werden verknüpft.
- **Rahmenerzählung:** Das Anfangsthema erscheint am Schluss wieder. Die vom Rahmen umschlossene(n) Geschichte(n) nennt man Binnenerzählung(en).

5 Wer kommt in der Geschichte vor? (Hauptfiguren)

Jede Geschichte wird durch ihre Figuren geprägt. Wenn man sich näher mit ihnen auseinandersetzt, beantwortet man folgende Fragen:
- Erlebniswelt: Wann, wo und wie lebt jemand?
- Welche Zusammenhänge bestehen zwischen den Hauptfiguren?
- Welchen Charakter (welche Eigenschaften) haben die verschiedenen Figuren?
- Gibt es eine Identifikationsfigur, also eine Person, die durch die Handlung führt?

6 Wie wird die Geschichte erzählt? (Sprache und Stil)

Wie ist der Autor/die Autorin sprachlich vorgegangen, um seine/ihre Ziele zu erreichen? Lässt sich aus stilistischen Merkmalen auf unterschiedlich gestaltete Textpassagen oder auf spezielle Textsorten schliessen?

- Gibt es vorherrschende Wortarten: Nomen, Adjektive, Verben? Wie wirkt dadurch der Text, z. B. eher beschreibend?
- Stilebenen: Ist der Text einheitlich im gleichen Stil geschrieben oder finden sich Stilbrüche (entgegengesetzte Ebenen)?
- Gibt es Symbole (sprachliche Zeichen, die für etwas anderes stehen) oder Sprachbilder (bildhafte Formulierungen, ungewöhnliche Vergleiche)?

> Stilebenen, S. 73

- Kommen stilistische Mittel vor wie: Ironie (Verfremdung der Wirklichkeit, man sagt z. B. das Gegenteil von dem, was man meint), Parodie (übertreibende Nachahmung), Zynismus (bissig-spöttische Haltung)?
- Satzbau: Werden vor allem Hauptsätze aneinandergereiht? (Dies ergibt eine eher hohe Erzählgeschwindigkeit.) Oder finden wir komplexe Satzstrukturen mit Haupt- und Nebensätzen? (Dies ergibt ein eher geruhsames Erzählen.)
- Finden sich Gegensätze, Wiederholungen oder wiederkehrende Motive?
- Sind Dialoge vorhanden, oder führt eine Person innere Monologe, d. h. liest man ihre Gedanken?

Deutung

Am Schluss der Textinterpretation steht die Frage nach dem **Warum?** eines Textes bzw. die Frage nach dessen Deutung. Dabei geht es um die Wechselwirkung zwischen Text und Leser oder Leserin, aber auch um eine Wertung oder Kritik. Dieser Teil wird hier nicht näher beschrieben, ist aber sicher Gegenstand der mündlichen Diskussion im Unterricht.

Manchmal können zusätzliche Informationen benutzt werden, die über den Text hinaus gehen.

- Wissen Sie etwas über die Biografie des Autors/der Autorin?
- Kennen Sie geschichtliche Hintergründe, die zusätzliche Erklärungen ermöglichen?

Beispiel einer Textinterpretation

Besuch bei Franz

Manchmal lösen sich Blätter aus dem Ahorngeäst; sie segeln auf den Kiesweg herab oder werden vom Wind über die Gräber getrieben. An der Buchshecke bleiben sie hängen.

Ich lese die Namen und Zahlen auf den Steinen und Kreuzen; ein langes Leben, ein kurzes Leben; eines war vor siebzehn Jahren zu Ende, ein anderes vor fünf Jahren und ein drittes in diesem Frühjahr. Genau gesagt, im April.

Ich spucke im Bogen über den Kiesweg. Für Franz. Und weil es für ihn geschieht, gelingt es mir prächtig. Dort, wo die herrlich blauen Astern in der Blechbüchse stehen, liegt Franz.

Er spuckte oft in seine mörtelgrauen Hände. Das war seine Art. Und einmal spuckte er dem zitronengesichtigen Parlier vom Gerüst herunter präzise auf den Kopf. Was für ein Krawall! Der Parlier zappelte unten zwischen Sandhaufen und Bretterstapeln herum: «Cretino!», schrie er herauf.

«Kartoffelfresser!», schrie er.

«Tabaksaft, noch immer das beste Mittel gegen Läuse!», rief Franz nach unten. Ich hielt mich an einer Planke fest; die Welt verschwamm vor meinen Augen, nein, ich habe selten so gelacht.

Wenige Tage später fiel Franz vom Gerüst. Unbegreiflich. Franz fiel fünf Stockwerke tief.

Übrigens hat der Parlier dem Franz verziehen; er kam feierlich schwarz zur Bestattung und hat als Einziger geweint.

Verstehe einer diese Südländer!

Rainer Brambach: «Heiterkeit im Garten»

Die Analyse der Form des Textes könnte folgende Angaben enthalten:
(Die Nummern entsprechen denen der Fragen zur Form (> Vorgehensweise, S. 90).

1 Es gibt einen Ich-Erzähler. Als Leserin oder Leser denkt man mit und ist unmittelbar am Geschehen beteiligt.

2 Die Erzählzeit ist das Präsens; in der kurzen Rückblende wird im Präteritum erzählt.

3 Die Orte der Handlung sind: Friedhof, Baustelle.

4 Ein Mann stellt auf dem Friedhof Überlegungen an, es gibt also keine voranschreitende Handlung. Innerhalb der Überlegungen gibt es eine längere Rückblende auf das Geschehen auf der Baustelle.

5 Die Eigenschaften der Hauptfiguren und ihre Zusammenhänge:
- Ich-Erzähler: überlegend, beobachtend, ruhig, nachdenklich. Er lacht sehr über den Streich von Franz, hat Sympathie für ihn.
- Franz: lebenslustig, direkt, «angriffig», d.h. aggressiv, herausfordernd. Er provoziert den Parlier, indem er spuckt und ihm Läuse unterstellt.
- der Parlier: impulsiv, emotional. Er mag Franz nicht, ärgert sich über die Provokation und beleidigt Franz, scheint ihm aber schliesslich zu verzeihen.

6 In dieser kurzen Geschichte wird das Erzähltempo variiert:
- beschreibende Teile: eher lange Sätze
- ereignisreiche Teile: eher kurze Sätze
- einzelne unvollständige Sätze.

Daneben finden wir (verkürzte) Dialoge.
Neben der Schriftsprache gibt es in der wörtlichen Rede auch Schimpfwörter.
Adjektive wie mörtelgrau oder zitronengelb helfen dabei, sich die Männer äusserlich vorzustellen.
Ein wiederkehrendes Motiv ist das Spucken.

Bei einer Deutung des Textes könnte man folgende Fragen beantworten:
- Die Geschichte von Rainer Brambach ist so aufgebaut, dass sie sich auf den letzten Satz hin zuspitzt. Was gibt es für eine mögliche Bedeutung für diesen Satz?
- Macht uns der Erzähler glauben, der Sturz von Franz sei kein Zufall gewesen? Und was glauben Sie?
- Ist die Anwesenheit an der Beerdigung schon ein Verzeihen?
- Was fällt Ihnen ausser den Situationen im Text noch zum Motiv des Spuckens ein? Was drückt jemand durch Spucken aus?
- Der Text entstand in den 1960er-Jahren in Basel, zu einer Zeit, als besonders viele Italiener in der Schweiz Arbeit auf dem Bau suchten. Wie kommt Ihnen die Haltung gegenüber Italienern vor?
- Finden Sie im Text ein Klischee? (Ein Klischee ist eine oberflächliche Vorstellung von einer Gruppe oder einer Nation, zum Beispiel: «Die Schweizer essen immer Rösti, Fondue und Schokolade.» Das Klischee wird einem einzelnen Menschen nicht gerecht.)

Literarische Gattungen und Textsorten

Was wird behandelt?

- Epik
- Lyrik
- Dramatik

Was bringt mir das?

- Ich kenne die wichtigsten Merkmale der Gattungen und einzelnen Textsorten.
- Ich kann dadurch einen literarischen Text einer Gattung und einer Textsorte zuordnen.
- Zu jeder Textsorte erhalte ich Beispiele.

Ein Plädoyer für das Lesen

«Als Kinder haben wir mit Kreide auf die Hauswände gemalt: ‹WER DAS LIEST IST DOOF›. Ach, und diese Freude dann, wenn es Eltern und Lehrer lasen, die Doofen! Heute möchte ich manchmal – gibt es überhaupt noch Kreide? – Kreide nehmen und beschwörend ganz gross auf alle Wände schreiben: ‹WER NICHT LIEST IST DOOF›. Es gibt eine Menge Leute, die nicht lesen. Und jetzt werden Sie sagen, na, die können dafür sicher prima Fussball spielen und Computer bedienen oder haben mächtig viel Herzenswärme oder Charakter oder sind erfolgreiche Manager. Und ich sage Ihnen: Wer nicht liest, ist trotzdem doof, zum Teufel dann auch mit der Herzenswärme. Die Lust an der Literatur ist auch die Lust am Leben. Die Kunst zu lesen, in ein Buch hineinzufallen, darin zu versinken, kaum noch auftauchen zu können, ist ein Stück Lebenskunst. Das setzt natürlich den Willen voraus, sich auf Geschichten einzulassen, sich aktiv ins Buch hinein zu begeben, sich bewusst von den Reizen und Zerstreuungen anderer Medien abzuwenden. Dann kann es eine wunderbare ewige Liebesgeschichte werden – die zwischen einem Buch und einem leidenschaftlichen Leser. Und sind die nicht blöde, die der Liebe ausweichen, wenn sie uns begegnet?» Elke Heidenreich

Im folgenden Überblick über die wichtigsten Textsorten sind die hervorgehoben, die in diesem Kapitel behandelt werden.

Literarische Gattungen und Textsorten		Sachtexte	
Epik	**Lyrik**	**privater Gebrauch**	**öffentlicher Gebrauch**
Kurzgeschichte	Gedicht	Brief	Begriffserklärung (Definition)
Erzählung	Ballade	Tagebuch	Zusammenfassung
Novelle	Lied	Memoiren	Inhaltsangabe
Roman	Verserzählung	Autobiografie	Nacherzählung
Sage	usw.	SMS	Beschreibung (Ort/Zimmer, Weg, Gegenstand, Person, Charakter)
Legende		E-Mail	Bericht (Ereignis/Zeitung, Reportage, Protokoll, Rapport, Tagebuch)
Märchen		usw.	Brief
Fabel			Interview
Tagebuch	**Dramatik**		Stellungnahme/Kommentar/Erörterung
Brief	Schauspiel		Schilderung
Anekdote	Tragödie		Sachbuch
usw.	Komödie		Kritik/Rezension
	Tragikomödie		Biografie
	Drehbuch/Filmscript		Vortrag/Rede/Predigt
	Hörspiel		Referat/Essay
	usw.		Inserat
			Gebrauchsanweisung
			Kochrezept
			usw.

Gattung Epik

Unter epischen Texten versteht man Prosatexte, d.h. Texte ohne formale Einschränkungen.

Kurzgeschichte Eine Kurzgeschichte ist – wie der Name sagt – kurz, kann aber auch bis zu 30 Seiten haben. Meist versucht der Autor/die Autorin, ein besonderes Ereignis, einen beeindruckenden Augenblick oder Abschnitt im Leben eines Menschen darzustellen. Mitunter kommt es auch zu einem überraschenden Schluss.
Wolfgang Borchert: «Nachts schlafen die Ratten doch»
Peter Bichsel: «San Salvador»

Erzählung Erzählung nennt man einen Text, der sich von der Länge her zwischen einer Kurzgeschichte und einem Roman bewegt (ca. 20 bis 150 Seiten). Oft geht es um ein bestimmtes Ereignis, das ausführlich geschildert wird.
Franz Kafka: «Die Verwandlung»
Thomas Mann: «Der Tod in Venedig»

Novelle Eine Novelle behandelt die Geschichte eines Lebens in einem entscheidenden Wendepunkt, der ausführlich geschildert wird. (Goethe hat geschrieben: «eine sich ereignete unerhörte Begebenheit»). Die Novelle weist eine mittlere Länge auf (ca. 40 bis 80 Seiten) und war vor allem im 19. Jahrhundert beliebt.
Jeremias Gotthelf: «Die schwarze Spinne»
Gottfried Keller: «Kleider machen Leute»
Stefan Zweig: «Die Schachnovelle»

Roman Als Roman bezeichnet man die lange erzählerische Form (ab ca. 100 Seiten). Er hat meist einen komplexen Aufbau und viele handelnde Personen. Je nach seinem Inhalt kann man den Roman unter anderem einteilen in:

- **Abenteuerroman**: Karl May: «Winnetou»
  B. Traven: «Der Schatz der Sierra Madre»
- **Kriminalroman**: Sir Arthur Conan Doyle: «Der Hund der Baskervilles»
  Friedrich Dürrenmatt: «Der Richter und sein Henker»
- **Liebesroman**: Gustave Flaubert: «Madame Bovary»
  Isabel Allende: «Das Geisterhaus»
- **Science-Fiction-Roman**: H. G. Wells: «Der Krieg der Sterne»
  Arkadi und Boris Strugatzki: «Picknick am Wegesrand»
- **Gesellschaftsroman**: Thomas Mann: «Die Buddenbrooks»
  Max Frisch: «Stiller»
- **Entwicklungsroman**: Karl Philipp Moritz: «Anton Reiser»
  Gottfried Keller: «Der grüne Heinrich»
- **Historischer Roman**: Conrad Ferdinand Meyer: «Jürg Jenatsch»
  Erich Hackl: «Abschied von Sidonie»

Sage In einer Sage verbirgt sich oft ein geschichtliches Ereignis, das durch die Überlieferung verändert und ins Heldenhafte überhöht wurde. Es gibt aber heute auch die sogenannten «Urban Legends», unglaubliche Geschichten, die in verschiedenen Formen immer wieder auftauchen.
Berndt Schulz: «Sagen aus der Schweiz»
Rolf Wilhelm Brednich: «Die Spinne in der Yucca-Palme»

Legende Eine Legende ist eine Geschichte mit religiösem Gehalt aus dem Leben von Heiligen usw.
Jacobus de Voragine: «Legenda aurea»
Gottfried Keller: «Sieben Legenden»

Märchen Ein Märchen ist eine fantasiereiche Geschichte, die in einer unwirklichen Gegend spielt. Feen und Hexen, Zauberer und sprechende Tiere bevölkern eine Welt, die oft in Gut und Böse geteilt ist.
Gebrüder Grimm: «Hausmärchen»
Friedrich de la Motte-Fouqué: «Undine»

Fabel In einer Geschichte mit einem moralischen Schluss treten Tiere auf, die meist menschliche Schwächen darstellen.
Jean de la Fontaine: «Fabeln»
Gotthold Ephraim Lessing: «Fabeln»

Tagebuch Im Tagebuch werden Skizzen und Notizen aus dem Alltag, Träume und Wünsche knapp und formlos dargestellt.
Das Tagebuch der Anne Frank
Max Frisch: «Tagebuch»

Brief Der Brief ist eine formal gebundene Form. Sein Inhalt ist oft sehr persönlich gehalten. Neben einzelnen Briefen gibt es auch Erzählungen und Romane, die aus einer Aneinanderreihung von Briefen bestehen.
Johann Wolfgang von Goethe: «Die Leiden des jungen Werthers»
E. T. A. Hoffmann: «Der Sandmann»

Gattung Lyrik

Unter lyrischen Texten versteht man im weitesten Sinne Gedichte, die oft eine bestimmte äussere Form haben.

Gedicht In einem Gedicht werden erlebnisbetonte Eindrücke (Gefühle, Stimmungen, Empfindungen, Beobachtungen) und Gedanken in eine knappe Form gebracht. Klassische Gedichte (1) weisen einen bestimmten Rhythmus und einen Reim auf. Moderne Gedichte (2) sind oft formlos und in der Behandlung der Themen kaum eingeschränkt.
1 Heinrich Heine: «Loreley»; Rainer Maria Rilke: «Der Panther»
2 Bertolt Brecht: «An die Nachgeborenen»; Paul Celan: «Todesfuge»

Ballade Eine Ballade ist eine erzählerische Gedichtform, in der dramatische Ereignisse geschildert und Geschichten erzählt werden.
Friedrich Schiller: «Die Bürgschaft»
Theodor Fontane: «John Maynard»

Lied Ein Lied ist oft gefühlsbetont (Liebe, Schmerz) und weist häufig eine Strophe auf, die als Refrain wiederkehrt.
Achim von Arnim/Clemens Brentano: «Des Knaben Wunderhorn»
Bertolt Brecht: «Die Moritat von Mackie Messer»

Verserzählung Besonders im Mittelalter (1) waren Heldenlieder beliebt, die in Versform eine Geschichte erzählten und oft sehr ausführlich waren. Einzelne solche Beispiele finden sich heute (2) noch. Sie werden meist verwendet, um geschichtliche Ereignisse darzustellen.
1 «Das Nibelungenlied»; Gottfried von Strassburg: «Parzifal»
2 Heinrich Heine: «Deutschland – Ein Wintermärchen»
Heiner Müller: «Wolokolamsker Chaussee»

Gattung Dramatik

Unter dramatischen Texten versteht man Werke für das Theater, den Film oder das Radio. Oft ist ein Drama auf eine bestimmte Zeit oder einen ausgewählten Ort begrenzt (Einheit von Zeit und Ort im klassischen Drama).

Tragödie

Im Trauerspiel geht es um die Darstellung vom heldenhaften Kampf gegen Feinde, um schicksalhafte Entscheidungen, um geschichtliche Ereignisse oder um menschliche Schicksale. Die Tragödie endet meist traurig.
Johann Wolfgang von Goethe: «Faust»
Bertolt Brecht: «Mutter Courage und ihre Kinder»

Komödie

Im Lustspiel geht es um eine heitere Begebenheit, um Szenen, die das Publikum erfreuen sollen. Häufig sind Verwechslungskomödien, Vorspiegelung falscher Tatsachen, Intrigen oder menschliche Unzulänglichkeiten. Heute rutschen Komödien (vor allem im Fernsehen) oft in einen billigen Witz ab. Dort findet man als Serien auch sogenannte «Sitcoms» (Situationskomödien).
Heinrich von Kleist: «Der zerbrochene Krug»
Carlo Goldoni: «Der Diener zweier Herren»

Tragikomödie

Hier wird eine eigentlich tragische Geschichte kombiniert mit witzigen Ereignissen oder Personen. Sie entwickelt eine tiefere Bedeutung als die Komödie, aber mit einer grösseren Leichtigkeit als die Tragödie.
Gerhart Hauptmann: «Die Ratten»
Friedrich Dürrenmatt: «Der Besuch der alten Dame»

Filmskript

Im Filmdrehbuch finden wir zusätzlich zu den Gesprächen der handelnden Personen ausführliche Beschreibungen zum Handlungsort der Szenen. Ein Film ist vom Ort und von der Zeit der Handlung her viel freier als ein Theaterstück.

Hörspiel

Hörspiele sind Texte für das Radio. Unterschiedliche Stimmen und eine sehr gute Betonung des Gesprochenen machen es möglich, dass die Zuhörenden sich die Handlung gut vorstellen können. Sparsam eingesetzte Begleitgeräusche oder kurze Musiksequenzen tragen dazu bei.
Friedrich Dürrenmatt: «Der Prozess um des Esels Schatten»
Ingeborg Bachmann: «Der gute Gott von Manhattan»
Roger Graf: «Die haarsträubenden Fälle des Philip Maloney»

Sprach- und Literaturgeschichte

Was wird behandelt?

- Sprachentwicklung
- Sprachgruppen
- Zeittafel
- Literarische Epochen mit wesentlichen Vertretern

Was bringt mir das?

- Ich erfahre, wie sich die deutsche Sprache entwickelt hat.
- Ich erfahre, welche Sprachen miteinander verwandt sind.
- Ich kann nachlesen, wie früher formuliert und geschrieben wurde, und kann die frühere mit der heutigen Sprache vergleichen.
- Ich erhalte Angaben über die zeitliche Abfolge der Literaturepochen mit einer Liste charakteristischer Werke.

In gotes namen amen
Sâe jch meinen ſamen·
Jch bitt dich herꝛ ſant Galle
Das er mir nützlich valle

Die Anfänge der Sprache

Es ist nicht bekannt, wann und weshalb der Mensch zu sprechen begonnen hat. Auch Tiere verständigen sich untereinander (Warnrufe, Angstschreie, Vogelgesang, Balzrufe usw.). Wie die Vorfahren des heutigen Menschen diese Lautvielfalt der Tiere in eine Sprache verwandelt haben, bleibt im Dunkel der Geschichte.
Die Forscher sagen heute, dass dies vor etwa 100000 Jahren geschah. Das lässt sich aus den Knochenfunden ablesen, da man zum Sprechen einen bestimmten Hohlraum im Mund und in der Kehle benötigt, wo z. B. die Stimmbänder Platz finden.

Sprachfamilien/Sprachgruppen

Mit der Ausbreitung der frühen Menschen über die Kontinente entstanden verschiedene Sprachfamilien. Dieser Prozess dauerte Zehntausende von Jahren. Wie dies geschah und ob sich die Sprachen der Menschheit aus einer einzigen oder aus mehreren Ursprachen entwickelt haben, ist nicht genau bekannt.
Eine dieser Sprachfamilien wird üblicherweise als Indoeuropäisch bezeichnet. Sie kann nur theoretisch, durch Vergleiche und Rückbildungen, erschlossen werden. Vom Indoeuropäischen leiten sich die meisten europäischen Sprachen ab (es gehören aber auch aussereuropäische Sprachen im vorderasiatischen und indischen Raum dazu, wie zum Beispiel Iranisch, Kurdisch, aber auch das altindische Sanskrit und die daraus entstandenen Sprachen wie Hindi oder Urdu). Indoeuropäisch denkt man sich als gesprochene Sprache um 3000 vor Christus; schriftliche Aufzeichnungen sind keine vorhanden.
Aus dieser Sprache entstanden im Laufe der Zeit die grossen europäischen Sprachgruppen:

Germanisch	**Romanisch**	**Slawisch**
Deutsch	Latein	Russisch
Englisch	Italienisch	Weissrussisch
Dänisch	Französisch	Ukrainisch
Norwegisch	Spanisch	Bulgarisch
Schwedisch	Portugiesisch	Mazedonisch
Isländisch	Rumänisch	Polnisch
Holländisch	Rätoromanisch	Tschechisch
Friesisch		Serbisch
		Kroatisch
		Slowenisch

Keltisch (Gälisch, Bretonisch)

Griechisch

Baltisch (Litauisch, Lettisch)

Albanisch

Nicht indoeuropäischen Ursprungs sind: Finno-Ugrisch (Finnisch, Estnisch, Ungarisch); Baskisch; Türkisch (gehört zu den Turksprachen, einer Familie der Altaischen Sprachen); Tamil (gehört zu den Drawidischen Sprachen, die hauptsächlich in Südindien verbreitet sind).

Sie erkennen an dieser Aufstellung, dass Englisch und Deutsch näher verwandt sind als Deutsch und Französisch oder Russisch. Grundsätzlich fällt es einem umso einfacher, eine Fremdsprache zu lernen, je enger die Verwandtschaft ist.

Germanisch

Das Germanische steht also am Beginn unserer heutigen Sprache. Aus ihm entwickelten sich zwischen etwa 1000 v. Chr. und 1000 n. Chr. die verschiedenen Sprachen der Gruppe. Schriftliche Aufzeichnungen sind aber nicht bekannt (mit Ausnahme einiger Runeninschriften).
Die Weiterentwicklung der deutschen Sprache findet zuerst abgeschlossen von anderen Sprachen statt (Ausnahme: Gotisch). Sie wird gekennzeichnet von der ersten germanischen Lautverschiebung (d. h. einzelne Mitlaute ändern ihren Lautwert, z. B. werden b/d/g zu p/t/k).
Danach entwickeln sich immer mehr voneinander abweichende Stammessprachen, die in einer zweiten Lautverschiebung zwischen dem 6. und 8. Jahrhundert (ähnlich wie die erste) endgültig getrennt werden. Es entstehen die Dialekte (entsprechend den Völkergruppen, z. B. das Alemannische).
Der Begriff «Deutsch» übrigens bedeutet nichts anderes als «dem Volke eigen», also «Volkssprache».

Althochdeutsch

Die Sprache, die von 600 bis 1100 in unserem Sprachraum gesprochen wurde, bezeichnet man als Althochdeutsch. Um das Jahr 800 herum (vereinzelt früher) entstanden erste schriftliche Zeugnisse, meist mit religiösem Inhalt, da vor allem in Klöstern geschrieben wurde. Zudem sind auch einzelne Heldenlieder und Zaubersprüche überliefert.

Merseburger Zauberspruch (8. Jahrhundert, aufgeschrieben im 10. Jahrhundert)
Phol ende Uuodan uuorun zi holza.
du uuart demo Balderes uolon sin uuoz birenkit.
thu biguol en Sintgunt, Sunna era suister,
thu biguol en Friia, Uolla era suister,
thu biguol en Uuodan, so he uuola conda:
sose benrenki, sose bluotrenki,
sose lidirenki,
ben zi bena, bluot zi bluoda,
lid zi geliden, sose gelimida sin!

Phol und Wotan ritten in den Wald (ins Gehölz). Da verrenkte sich Balders Fohlen den (seinen) Fuss. Also beschworen ihn Sintgunt und Sunna, ihre Schwester. Also beschworen ihn Freja und Volla, ihre Schwester. Also beschwor ihn Wotan, so gut er es konnte: wie die Verrenkung des Knochens, wie die Verrenkung des Blutes, wie die Verrenkung des Gliedes (Beines): Knochen zu Knochen, Blut zu Blut, Glied zu Glied, als ob sie geleimt wären.

Weingartner Reisesegen (12. Jahrhundert)
Ic dir nâch sihe, ic dir nâch sendi
mit mînen funf fingirin funvi undi funfzic engili.
Got mit gisundi heim dich gisendi.
offin sî dir diz sigidor, sami sî dir diz segildor:
Bislozin sî dir diz wâgidor, sami sî dir diz wâfindor.

Ich sehe dir nach, ich sende dir nach
mit meinen fünf Fingern fünfundfünfzig Engel.
Gott sende dich heim mit Gesundheit.
Dein Siegtor stehe dir offen, ebenso dein Glückstor;
verschlossen sei dir dein Wassertor, ebenso dein Waffentor.

> **Aufgabe 1** S. 103

Weiterentwicklung der Sprache / Mittelhochdeutsch

Das Schweizerdeutsche machte die zweite Lautverschiebung nur unvollkommen mit; deswegen gibt es in der Aussprache deutliche Unterschiede zum Hochdeutschen, ja manchmal sind wir dem Englischen näher: chind – Kind – child; chile – Kirche – church, gumpe – springen – jump, lose – hören – listen, luege – gucken – look. Das Walliserdeutsch hat sogar einen noch älteren Sprachstand erhalten, mit je nach Region unterschiedlichen, vollen Endsilben: maanot (für Mond), sunna/sunnu (für Sonne). Eine Sprache bleibt jedoch nie stehen. So veränderte sich auch das Deutsche weiter. Wir sprechen in den Jahren von ca. 1100–1400 von Mittelhochdeutsch. Aus dieser Zeit kennen wir neben religiösen Texten eine umfangreiche Literatur. Ein Beispiel:

Unbekannte Dichterin (12. Jahrhundert)
(Nach nicht bestätigten Gerüchten handelt es sich bei der Autorin um eine Nonne.)

Dû bist mîn, ich bin dîn:
des solt dû gewis sîn.
dû bist beslozzen
in mînem herzen:
verlorn ist daz slüzzelîn:
dû muost immer drinne sîn.

Du bist mein, ich bin dein,
dessen sollst du gewiss sein.
Du bist eingeschlossen
in meinem Herzen.
Verloren ist das Schlüsselchen,
du musst immer drinnen bleiben.

Vereinheitlichung der Sprache / Neuhochdeutsch

Es gab noch keine vereinheitlichte deutsche Sprache, jeder schrieb in seiner eigenen Mundart. Der Dialekt, der schliesslich zu Hochdeutsch wurde, war die sogenannte sächsische Kanzleisprache, die vor allem durch Martin Luthers Bibelübersetzung grosse Verbreitung fand. Seither (etwa ab 1500) spricht man von Neuhochdeutsch.

Philipp Begardi, Index Sanitatis (1539)
Auch etwa Mün̄ch/Nonnen/stolbrüder und Beginnen: auch handtwercks leut/als schneider/schuoster/böder/scherer/kürssner/kessler/maler/Apotecker/steynschneider etc. Dergleichen auch etwan verdorbne Alchimisten: auch etliche landtfärer/landstricher/wurtzelgräber/Triackers kremer/zänbrecher/und sunst allerley bettelvolcks/die nit arbeyten mögen/geben sich auss/wie dass sie ärtzet seiend ... Ja/was sol ich weiter sagen? es seind auch solcher gattung etwan alte weiber/hexin/und warsagerin/auch warsager/wie man sie heysst/teuffel fenger/unnd sunst etwan heckmessige leut.

Chronik: Die Wickiana (1560–1571)
Von einem grosen mord.
Margreth Schmidin, wirtin zuo Stadel, ein erliche fyne frauw, als sy dem Fridli Pfister, der dess allmuosens und mitt bäsen machen sich ernert, die ürten noch dem nachtmal gehöuscht, hatt er, Fridli, heimlich sin bymässer in sy gestochen, das es ob dem tisch niemands war genommen, biss sy angends nidergefallen und verscheiden. Daruff Fridli, als er zur stuben thür hinuss wöllen, gfenklich angenommen und gen Zürich zuo miner herren handen geleyt; und als er bekent das mord, ward er am 11 Februa: gericht. Anno 1566.

Von einem grossen Mord. Als Margareth Schmid, Wirtin in Stadel, eine ehrenhafte, schöne Frau, dem Fridli Pfister, der sich von Almosen und mit Besenbinden ernährt, nach dem Nachtessen die Zeche verlangte, stiess Fridli heimlich sein Messer in sie, so dass es am Tisch niemand wahrnahm, bis sie plötzlich niederfiel und starb. Darauf wurde Fridli, als er zur Stubentür hinaus wollte, gefangen genommen und in Zürich zu Handen meiner Herren ins Gefängnis gelegt. Und als er den Mord bekannte, wurde er am 11. Februar 1566 hingerichtet.

> **Aufgabe 2** S. 103

Aus bernischen Mandaten von 1628
Vom Tabakrauchen
Es solle das Räucken, Keuwen und Schnupfen dess Tabacks und Niesspulvers Jedermänniglichen, ohne Underscheid, Mann- unnd Wibs-Personen, Jung und Alten, es seye was Stands es wolle, als ein Landschädliches Übel verbotten seyn.
Darbey soll auch verbotten seyn der Verkauff des Tabacks und Schnupff-Tabacks, und der zum Räucken brauchender Pipen, was Gattung und von was Materi die auch seyen, bei vier Pfund Pfenning von jedem Pfund Taback.

> **Aufgabe 3** S. 103

Vereinheitlichung von Sprache und Schrift

In mehreren Schritten der Vereinheitlichung entstand das heutige Hochdeutsch. Jetzt hat sich die Hochsprache verselbstständigt, und die Dialekte wurden wieder vermehrt gepflegt. Aber im 16. Jahrhundert war eine einheitliche deutsche Schriftsprache sehr wichtig, weil damit der Zusammenhalt des deutschen Reiches gefestigt werden konnte.
Als Beispiel mag die Grossschreibung dienen: Ursprünglich wiesen nur sehr wichtige Wörter grosse Anfangsbuchstaben auf (Eigennamen, König, Gott usw.). Im 17. Jahrhundert schrieb man nicht nur Nomen, sondern ganze Wörter gross. Erst das 18. Jahrhundert legte dann das Gewicht der Grossschreibung auf die sogenannten «Hauptwörter».

Lehrzeugnis eines Apothekergehilfen (1691)
Jch Georg Schwartzmann | Des Innern Raths Vnd Apothecker In des H Reichs | Statt Rotenburg Ob Der Tauber Bezeuge Hiemit Das Vorweiser dises | Der Ehrnhafft vnd Kunsterfahrne Johann Friderich Köhler Herrn Johann Friederich Köhlers Hoch | Gräfflichen Schwartzenburgischen Wohlbestelten Pfarrers zu Angelstädt Eheleiblicher Sohn In Meiner Offizin Ein Halb|es Jahr für ein Gesellen Servizt, Vnd Sich in Solcher Zeit Dienstbar, Auffrichtig Vnd Redlich Verhalten, Wie einem Ehrliebenden | Gesellen Zustehet; Nach Deme Er Aber Jhme Vorgenommen an andere Orthen sich Beszer Zuversuchen Er mich vmb güttliche | Dimission Neben ertheilung Eines Ehrlichen Testimonij alles Fleises Ersuchet vnd gebetten, Welches Jch Jhme nicht | Abschlagen Vielmehr aber Darzu Beförderlich seyn wollen; Gelanget Demnach an Alle Vnd Jede. Fürnehmlich | aber Die Jenigen, So Derjenigen Löblichen Apothecker Kunst Zugethan Seyn Mein Dienstfertiges Ersuchen Vnd Bitten, Sie geruhen, | Ermeltem Johann Friedrich Köhler, allen geneigten Befördersamen Willen gg. Zuerweiszen, Vnd Jhn Dieser Meiner | Recommendation Würcklich geniesen Zu Laszen: Solches Würdt Nicht allein Er selbst gegen einem Jeden getreulich | Zubeschulden, Sich Befleisigen, Sondern Jch Bin Es: Dergleichen Vnd andern Occasionen Zu | Recciprocieren Erbietig Deszen Zu Wahrer Vrkundt Hab Jch Dises Testimonium Eigenhändig | Unterschrieben, Vnd mit Meinem Gewöhnlichen Insigel Bekräftiget. So geschehen | Den 25. Martij Anno 1691.

Georg Schwartzmann, Apothecker

> **Aufgabe 4** S. 103

Johann Wolfgang von Goethe: Brief an Herzog Carl August (1776)
Lieber Herre, da bin ich nun. in Leipzig, ist mir sonderlich worden beym Nähern, davon mündlich mehr, und kann nicht genug sagen wie sich mein Erdgeruch und Erdgefühl gegen die schwarz, grau, steifröckigen, krummbeinigen, Perrückengeklebten, Degenschwänzlichen Magisters, gegen die Feyertags berockte, Allmodische, schlanckliche, vieldünckliche Studenten Buben, gegen die Zuckende, krinsende, schnäbelnde, und schwumelende Mägdlein, und gegen die Hurenhaffte, strozzliche, schwänzliche und finzliche Junge Mägde ausnimmt, welcher Greuel mir alle heut um die Thoren als an Marientags Tags Feste entgegnet sind. Dagegen preservirt mein äuseres und inneres der Engel die Schrödern von der mich Gott bewahre was zu sagen. Sie grüsst und Steinauer nach Maasgabe ihres Beyleyds über Hochdero Ausenbleiben und so weiter. Ich bin seit vier und zwanzig Stunden ~: denn es ist netto Abends Achte: ~ nicht bey Sinnen, das heisst bey zu vielen Sinnen, über und unsinnlich. Habe die Nacht durch manches Knäulgen Gedancken Zwirn auf und abgewickelt, diesen Morgen stieg mir die göttliche Sonne hinter Naumburg auf. Ade lieber gnädiger Herr! – Und somit können Sie nie aufhören zu fühlen, dass ich Sie liebhabe. NB. Bleibe das wahre Detail zur Rückkunft schuldig, als da sind pp. Leipzig d. 25. Merz 76 G.

Bitte an einen Vater um die Hand der Tochter
Geehrter Herr!
Es drängt mich, Ihnen das Geheimniss meines Herzens zu eröffnen und eine Bitte an Sie zu richten, von welcher mein ganzes Lebensglück abhängt.
Ich liebe Ihre Fräulein Tochter. Vor einiger Zeit hatte ich die Gelegenheit, sie kennen zu lernen, und ich habe so viel Gutes von ihr gehört, dass ich überzeugt bin, an ihrer Seite ein glückliches Leben zu führen. Meine Familie ist Ihnen bekannt, ebenso kennen Sie meine ökonomischen Verhältnisse. Wenn Ihnen meine innigsten Wünsche der Berücksichtigung werth erscheinen, so bitte ich Sie dringend um den Zutritt in Ihrem Hause und um die Erlaubniss, Ihrer Fräulein Tochter die Aufwartung machen zu dürfen.
In Erwartung einer günstigen Antwort grüsst Sie mit Hochachtung
Ihr ... J. Staub's Eidgenössischer Briefsteller, 1873 (5. Auflage)

> **Aufgabe 5** S. 103

Lehrvertrag (1875)
Die Endunterzeichneten haben heute den folgenden Vertrag geschlossen:

§ 1. Herr Steinschleifer Johann Bär in K. nimmt den Sohn Eugen des Herrn Tapezierers Franz Papp als Lehrling in sein Geschäft auf, gegen die Verpflichtung

a) demselben alle zu diesem Geschäfte nöthigen Anleitungen zu geben;
b) ihn zu keinen anderen Geschäften zu verwenden;
c) ihn zum Besuch der Fortbildungsschule und des vorgeschriebenen Religionsunterrichtes anzuhalten;
d) ihm vollständige und gute Kost und entsprechende Wohnung mit Bett zu geben;
e) ihn nach drei Jahren von seiner Lehrzeit freizusprechen.

§ 2. Herr Tapezierer Franz Papp macht sich dagegen verbindlich, das Lehrgeld im Betrage von 360 Mark in 3 jährlichen, Weihnachten fälligen, gleichen Raten, die erste Rate Weihnachten 1875, zu zahlen, sowie für anständige Bekleidung zu sorgen und Zahlung aller etwaigen Krankheitskosten zu leisten.

§ 3. Der Lehrling verspricht Treue, Gehorsam und gute Aufführung.

§ 4. Für allen Schaden und Nachtheil, den Eugen seinem Lehrherrn zufügen sollte, ist dessen Herr Vater Bürge.

§ 5. Sollte der Lehrling vor der abgelaufenen Lehrzeit, aus was immer für Gründen, aus der Lehre treten, so ist für das laufende Jahr das Lehrgeld zu entrichten.

§ 6. Falls der Lehrherr aus triftigen Gründen den Lehrling zurückschicken sollte, so wird das Lehrgeld nach Verhältniss der Zeit, die er bereits gelernt hat, berechnet.

Zur Bekräftigung ist dieser Contract von beiden Contrahenten unterzeichnet.

K., den 1. Januar 1875.

Johann Bär.

Franz Papp.

> Aufgabe 6 S. 103

Vorschriften für den Sprachgebrauch

Der letzte Schritt der Sprachvereinheitlichung ist die Reform der Rechtschreibung, die 1998 in Kraft trat und nach einer Übergangsfrist vom Jahr 2005 an für alle Schulen und Ämter gilt. Offizielles Regelwerk ist seither der «Duden». Im privaten Bereich gibt es keine Vorschriften für den Sprachgebrauch.

Die Sprache wird sich auch in Zukunft weiterentwickeln. Als Beispiel mag der Gebrauch von Fremdwörtern dienen: Wir kennen heute viele technische Begriffe, die es erst seit der Computer-Revolution gibt und die deswegen meist englischen Ursprungs sind (Software, Download, Internet, Chat, Handy usw.).

> Aufgabe 7–9 S. 103

Dialekte / Standardsprache

Es existiert heute im deutschen Sprachraum eine deutliche Trennung in Alltagssprache (die verschiedenen Schweizer Mundarten, z. B. Berndeutsch, Senslerdeutsch, Zürichdeutsch, aber auch die deutschen Dialekte wie Bayrisch, Kölsch, Plattdeutsch) und Schriftsprache (Hochdeutsch). Das Hochdeutsche wird heute meist als Standardsprache bezeichnet.

Wir haben es bei der Standardsprache also nicht mit einer Fremdsprache zu tun, sondern mit einer vereinheitlichten Schriftsprache, mit der nicht nur Schweizerinnen und Schweizer manchmal Mühe haben, sondern auch Sprecherinnen und Sprecher anderer Dialekte. Davon handelt das Kapitel Schweizerdeutsch (> S. 105).

Weiterführende Aufgaben

1. Suchen Sie Heil- und Segenssprüche, die man heute noch braucht (Märchen, Kindermund).
2. Vergleichen Sie den Text aus der Wickiana mit einem aktuellen Unfallbericht. Nennen Sie Gemeinsamkeiten und Unterschiede.
3. Vergleichen Sie das Mandat über das Tabakrauchen mit einem heutigen Gesetz (z. B. mit dem Drogengesetz im StGB).
4. Vergleichen Sie das vorliegende Lehrzeugnis mit einem heutigen Arbeitszeugnis.
5. Vergleichen Sie den vorliegenden Brief mit einer modernen Liebeserklärung.
6. Vergleichen Sie den Lehrvertrag mit einem aktuellen Lehrvertrag.
7. Suchen Sie weitere aus dem Englischen stammende Wörter, die heute Allgemeingut sind.
8. Suchen Sie aus dem Französischen stammende Wörter, die heute Allgemeingut sind.
9. Suchen Sie aus dem Italienischen stammende Wörter, die heute Allgemeingut sind.

Zeittafel

Deutsche Literaturepochen mit ihren bedeutendsten Vertretern
Alle Zahlen gelten nur ungefähr, die Übergänge zwischen den einzelnen Epochen sind fliessend.

600–1100	**Frühmittelalter: Althochdeutsch** Zaubersprüche, Hildebrandslied, Notker Balbulus, Hrotsvitha von Gandersheim
1100–1450	**Hochmittelalter: Mittelhochdeutsch** Nibelungenlied, Gottfried von Strassburg, Wolfram von Eschenbach, Hartmann von Aue, Walther von der Vogelweide, Neidhart von Reuental, Oswald von Wolkenstein
1350–1600	**Übergang zur Neuzeit** Renaissance – Humanismus – Reformation (Erasmus von Rotterdam, Martin Luther) Meistersang – Schwank – Satire – Volksbuch Sebastian Brant, Hans Sachs, Eulenspiegel, Dr. Faustus
1600–1700	**Barock** Martin Opitz, Andreas Gryphius, Hans Jakob Christoph von Grimmelshausen
1700–1780	**Aufklärung** Christoph Martin Wieland, Ulrich Bräker, Gotthold Ephraim Lessing, Georg Christoph Lichtenberg, Friedrich Klopstock, Karl Philip Moritz, Albrecht von Haller
1770–1790	**Sturm und Drang** Friedrich Maximilian Klinger, Jakob Michael Reinhold Lenz, Johann Wolfgang von Goethe, Friedrich Schiller
1780–1810	**Klassik** Johann Wolfgang von Goethe, Friedrich Schiller, Friedrich Hölderlin, Heinrich von Kleist, Jean Paul
1800–1830	**Romantik** Achim von Arnim, Clemens Brentano, Adelbert von Chamisso, Joseph von Eichendorff, Friedrich de la Motte Fouqué, Heinrich Heine, Ernst Theodor Amadeus Hoffmann, Novalis, Friedrich Schlegel, Ludwig Tieck, Gebrüder Grimm
1820–1900	**Junges Deutschland – Realismus** Ludwig Börne, Georg Büchner, Annette von Droste-Hülshoff, Jeremias Gotthelf, Gottfried Keller, Conrad Ferdinand Meyer, Adalbert Stifter, Eduard Mörike, Theodor Fontane, Wilhelm Raabe, Theodor Storm, Karl May
1880–1925	**Naturalismus – Impressionismus – Symbolismus – Jugendstil – Expressionismus** Arno Holz, Johannes Schlaf, Stefan George, Gerhard Hauptmann, Rainer Maria Rilke, Arthur Schnitzler, Georg Heym, Georg Trakl, Else Lasker-Schüler, Gottfried Benn, Frank Wedekind, Alfred Döblin
ab 1925	**Literatur des 20. Jahrhunderts** Franz Kafka, Thomas Mann, Heinrich Mann, Stefan Zweig, Hermann Hesse, Robert Musil, Ödön von Horvath, Erich Kästner, Friedrich Glauser, Bertolt Brecht, Anna Seghers, Ingeborg Bachmann, Günter Eich, Paul Celan, Alfred Andersch, Uwe Johnson, Arno Schmidt, Friedrich Dürrenmatt, Max Frisch, Heinrich Böll, Günter Grass, Martin Walser, Siegfried Lenz, Peter Weiss, Peter Handke

3 Sprechen

Kommunikation

Schweizerdeutsch

Dieses Kapitel beschäftigt sich damit, was man unter **Kommunikation** versteht. Am 4-Ohren-Modell werden u. a. Kommunikationsprobleme aufgezeigt. Es folgen Angaben zur Körpersprache. Schliesslich werden Ihnen mittels Gesprächsregeln Anregungen für eine gelungene Kommunikation gegeben.

Da das **Schweizerdeutsch** hauptsächlich in der gesprochenen Form besteht, wird es unter der Rubrik Sprechen behandelt. Die Besonderheiten einzelner Dialekte werden anhand von Beispielen und Übungen hervorgehoben. Ausserdem erhalten Sie eine kleine Übersicht, wie sich Schweizerdeutsch in den Punkten Wortschatz, Aussprache und Grammatik von der Standardsprache (vom Hochdeutschen) unterscheidet.

Kommunikation

Was wird behandelt?

- Kommunikation
- Kommunikationskanäle
- Kommunikationsprobleme
- 4-Ohren-Modell
- Körpersprache
- Gesprächsregeln

Was bringt mir das?

- Ich lerne verschiedene Kommunikationskanäle kennen und einsetzen.
- Ich erfahre, dass man jede Aussage verschieden deuten und deshalb auch verschieden darauf reagieren kann.
- Ich lerne die Bedeutung der Körpersprache kennen und weiss, dass man damit verschiedene Haltungen ausdrücken kann.
- Ich vermeide Kommunikationsprobleme, indem ich wichtige Gesprächsregeln beachte.

Was ist Kommunikation?

Der Begriff wird im Zeitalter modernster Kommunikationsmethoden ganz selbstverständlich verwendet. Was aber bedeutet Kommunikation?

Meistens wird Kommunikation erklärt als Austausch von Mitteilungen mindestens zweier Personen auf sprachlichem Wege. Kommunikation ist aber mehr. Wenn wir mit jemandem Blickkontakt haben, kommunizieren wir auch durch ein Augenzwinkern, ein Kopfnicken beim Gruss oder die vielen kleinen wortlosen Zeichen beim Flirten.
Wir kommunizieren auch ohne Sichtkontakt, d.h. über das Ohr beim Telefonieren, und immer mehr auch nur visuell, d.h. über das Auge. Denn auch in Briefen, wenn wir am Bildschirm sitzen, E-Mails senden und empfangen oder im Internet «unterwegs» sind, kommunizieren wir. Es gibt auch Situationen, in denen nur in eine Richtung kommuniziert wird, z.B. beim Film, oder solche, in denen kein Empfänger/keine Empfängerin vorhanden ist, z.B. bei Selbstgesprächen.
Unter Kommunikation versteht man in der Regel alles, was wir mit den verschiedenen Sinnesorganen aufnehmen oder wiedergeben und an dem mindestens zwei Personen beteiligt sind, die eine bestimmte Absicht haben. Darunter fallen dann auch nonverbale (nicht sprachliche) Informationen wie Gesichtsausdruck und Körperhaltung, Lachen oder Schweigen. Es gibt ein berühmtes Zitat dazu: «Man kann nicht nicht kommunizieren.» (P. Watzlawick)

Ablauf der Kommunikation

Beim Kommunizieren gibt es einen Sender/eine Senderin, einen Empfänger/eine Empfängerin, eine Nachricht und einen Kanal, auf dem die Nachricht übermittelt wird.

Kommunikationskanäle

> **Aufgaben 1, 2** S. 112

Kommunikation läuft auf unterschiedliche Art ab:

– mündlich	Gespräch, Rede, Vortrag, Gesang
– schriftlich	alle Textsorten (z.B. Notiz, Brief, Kommentar)
– optisch/bildlich	TV, Film, Foto, Gemälde, Symbole (z.B. Verkehrsampeln), Graffiti
– gestisch/mimisch	Handzeichen, Kopfbewegungen
– akustisch	Musik, Geräusche, Tonfall der gesprochenen Worte, Sirene
– taktil	Berührungen

Oft benutzt man beim Kommunizieren mehrere Kommunikationskanäle gleichzeitig (Sprache und Gestik, Musik und Gesang usw.).

Der Empfänger/die Empfängerin nimmt Mitteilungen auf verschiedenen Kanälen bzw. mit verschiedenen Sinnen wahr, und zwar durch Sehen (visuell), durch Hören (auditiv), durch Fühlen (haptisch). Dabei ist es von Mensch zu Mensch verschieden, über welchen Kanal Botschaften am effektivsten wahrgenommen werden. Das wird beispielsweise beim Lernen deutlich. Die eine Person behält am besten Dinge, die sie hört, eine andere die, die sie sieht, z.B. an der Tafel. Wieder andere Menschen müssen Inhalte in eigene Worte fassen und laut aussprechen, um sie sich zu merken.

Probleme bei der Kommunikation

Viele Missverständnisse oder Konflikte beruhen auf Fehlern in der Kommunikation. Es gibt Situationen, in denen wir ganz einfach akustisch nicht hören, was gesagt wird. Oder wir verstehen unser Gegenüber falsch oder gar nicht, weil wir nicht richtig zuhören oder etwas nicht verstehen wollen.

Solche Kommunikationsprobleme beruhen auf der Tatsache, dass jeder Mensch ein Individuum ist und Nachrichten unterschiedlich, je nach Gemütslage, Stimmung, Laune usw. äussert oder deutet. Man kann sagen, dass der Mensch auf verschiedenen Ebenen sendet und empfängt. Oft meint der Sender/die Senderin nicht genau das, was er/sie sagt, und ebenso oft wird das Gesagte vom Empfänger/der Empfängerin missverstanden.

Beispiel Ein Lehrmeister sagt zum Lehrling: «Du, der Boden ist noch nicht gewischt.» Abhängig davon, wie der Lehrling die Nachricht deutet, kann seine Reaktion darauf verschieden ausfallen. Anhand des folgenden 4-Ohren-Modells kann man mögliche Reaktionsweisen verdeutlichen.

Das 4-Ohren-Modell

> **Aufgaben 3–5** S. 112–113

Nach diesem Modell kann ein Mensch eine Nachricht auf vier verschiedenen Ebenen aufnehmen bzw. mit vier verschiedenen Ohren hören. Seine Reaktion wird sich nach dem Ohr richten, mit dem er gehört hat.

Modell nach Friedemann Schulz von Thun

Auf das oben genannte Beispiel vom Lehrmeister und Lehrling lässt sich das Modell folgendermassen anwenden:

- Der Lehrling nimmt die Aussage sachlich, neutral und ohne weiter darauf einzugehen auf. Er hört mit dem **Sachohr**.

Reaktion: «Ja, das habe ich auch schon festgestellt.»

- Der Lehrling tut das, was der Lehrmeister wahrscheinlich beabsichtigt hat, ohne es deutlich zu benennen. Er hört mit dem **Appellohr**.

Reaktion: «Ich werde gleich wischen.»

- Der Lehrling überlegt sich, was der Lehrmeister mit dieser Nachricht über sich selber aussagt. Er hört mit dem **Selbstoffenbarungsohr**.

Reaktion: «Ihnen passt es wohl nicht, dass der Boden noch nicht gewischt ist.»

- Der Lehrling überlegt sich, was der Lehrmeister wohl über ihn denkt. Er hört mit dem **Beziehungsohr**.

Reaktion: «Sie denken wohl, ich sei völlig unzuverlässig. Das stimmt nun überhaupt nicht!»

Selbstverständlich schwingen bei jeder Kommunikation mehrere Ebenen mit, so dass sich nicht jede Nachricht ganz eindeutig einem Ohr zuordnen lässt. Dennoch hilft eine solche Einteilung dabei, sich die Schwierigkeit jeder Kommunikation bewusst zu machen.
Welche Nachricht aber will der Lehrmeister dem Lehrling eigentlich übermitteln, bzw. welche Gedanken macht er sich bei seiner Aussage? Auch hier gibt es verschiedene Möglichkeiten:

- Den Lehrmeister interessiert nur der dreckige Boden. Sein Gedanke ist auf der **Sachebene**: «Der Boden ist dreckig. Jemand muss ihn wischen.»
- Der Lehrmeister will, dass der Lehrling den Boden wischt. Sein Gedanke ist auf der **Appellebene**: «Jetzt wisch endlich den Boden!»
- Der Lehrmeister drückt aus, was er über sich selber denkt. Sein Gedanke ist auf der **Selbstoffenbarungsebene**: «Ich ärgere mich immer wieder über dreckige Böden.»
- Der Lehrmeister hat eine bestimmte Meinung über den Lehrling. Sein Gedanke ist auf der **Beziehungsebene**: «Du bist doch ein fauler Hund, hast den Boden wieder nicht gewischt.»

Wir sehen am Beispiel vom Lehrling und Lehrmeister, dass der Sender mit seiner Aussage («Du, der Boden ist noch nicht gewischt.») seine eigentliche Nachricht verschlüsselt hat und dass seine Haltung nicht eindeutig ist. Missverständnisse sind vorprogrammiert. Die Wahrscheinlichkeit, dass beide – Sender/in und Empfänger/in – übereinstimmen, ist bei derartigen Aussagen eher klein.

Körpersprache (nonverbale Kommunikation)

> **Aufgaben 6–8** S. 113–114

Eine wichtige Rolle bei der Kommunikation spielt die Körpersprache. Egal, was Sie tun oder mit wem Sie sprechen, Ihr Gesichtsausdruck, Ihre Körperhaltung sowie Ihre Gesten (Handbewegungen, Gesichtsausdruck, Haltung) zeigen an, was Sie denken und fühlen, auch wenn dabei gar nicht gesprochen wird. Wenn Sie traurig sind, sieht man das Ihrem Gesicht oft an. Wenn Sie über jemanden wütend sind, wird Ihr Gesicht einen ganz anderen Ausdruck annehmen. Vielleicht drücken Sie diese Wut auch noch mit entsprechenden Gesten aus.
Untersuchungen haben gezeigt, dass der Körpersprache eine prozentual deutlich höhere Bedeutung zukommt als Worten. Gesprächspartner achten also unbewusst mehr darauf, wie und mit welcher Körpersprache etwas gesagt wird, als darauf, was der Inhalt der Nachricht ist.
Wenn Körpersprache und Worte übereinstimmen, spricht man von einer **kongruenten**, wenn sie sich widersprechen, von einer **inkongruenten** Nachricht.

Auch wenn die beiden jungen Frauen auf dem Bild nichts sagen, so lässt sich doch an ihrer Haltung und ihrem Gesichtsausdruck ablesen, was sie denken und fühlen.

Körpersprache kann fast nicht lügen. Wenn jemand auf Ihre Körpersprache achtet, wenn Sie der Lehrerin/dem Lehrer das nächste Mal erklären, warum Sie die Hausaufgaben vergessen haben, wird diese Person interessante Beobachtungen machen: Sie stehen vielleicht etwas verlegen vor dem Pult, wissen nicht so recht, was Sie mit den Händen machen sollen und können kaum still stehen. Vielleicht verändert sich auch Ihre Gesichtsfarbe. In den meisten Fällen wird man an Kleinigkeiten Ihrer Körpersprache merken, ob Sie die Wahrheit sagen. Nicht ohne Grund gibt es den Lügendetektor, der körperliche Reaktionen misst, um festzustellen, ob der Inhalt einer Aussage stimmt. Mit viel Training kann es allerdings trotzdem gelingen, bei einer Nachricht Inhalt und Körpersprache so zu trennen, dass eine Lüge nicht entdeckt wird.

«Ich bin traurig.»

Gesichtsausdruck, Haltung und Worte stimmen überein. (kongruente Nachricht)

«Es geht mir gut.»

Gesichtsausdruck, Haltung und Worte stimmen nicht überein. (inkongruente Nachricht)
Eigentlich möchte die Senderin etwas anderes ausdrücken.
Zum Beispiel: «Ich brauche Hilfe.» Oder: «Frag mich, was passiert ist.»

Inkongruente Nachrichten sind für den Empfänger/die Empfängerin sehr verwirrend.

Unterschiede beim kommunikativen Verhalten

Solche Unterschiede sind häufig Ursache für Missverständnisse oder Konflikte. Männer und Frauen kommunizieren nicht immer auf der gleichen Ebene, hören mit verschiedenen Ohren oder zeigen eine unterschiedliche Körpersprache. Eine Nachricht wird anders, z. B. verletzender gedeutet, als sie gemeint ist.
Weil kommunikatives Verhalten kulturell geprägt ist, geschehen Fehldeutungen auch bei Menschen unterschiedlicher Kulturkreise. Hier kann man immer wieder Auseinandersetzungen beobachten.
Ein Bewusstsein dieser Unterschiede kann Enttäuschungen verhindern oder Situationen entschärfen. Die Beachtung der nachfolgenden Gesprächsregeln trägt dazu bei.

Gesprächsregeln

> **Aufgabe 9** S. 114

Damit Kommunikation möglichst gut gelingt, sollte man einige wesentliche Regeln beachten.

Geeignete Ebene wählen

In den meisten Situationen ist es besser, mit dem Sach- oder dem Selbstoffenbarungsohr zuzuhören bzw. auf diesen Ebenen zu reagieren. Dadurch entwickelt sich die Kommunikation positiv. Wenn Sie häufig mit dem Beziehungs- oder dem Appellohr hinhören, geraten Sie auf die persönliche Ebene, auf der jeder Mensch verletzbarer ist und sich entsprechend verteidigen oder rechtfertigen wird. Es kommt eher zu Konflikten, Probleme verstärken sich, man provoziert sich gegenseitig und schlimmstenfalls kann es zu einer gewalttätigen Auseinandersetzung kommen.

> 4-Ohren-Modell, S. 108

Es gibt allerdings auch Situationen, in denen es angebracht ist, mit dem Beziehungsohr hinzuhören. Wenn Ihr Freund oder Ihre Freundin zum wiederholten Mal zu einem verabredeten Treffen zu spät kommt und Sie ihm/ihr deutlich gesagt haben, dass Sie das stört, ist es angebracht, dem Ärger auch einmal Luft zu machen und auf der Beziehungsebene zu reagieren. Beispiel: «Was fällt dir eigentlich ein, mich immer wieder warten zu lassen. Hast du das Gefühl, dass ich das noch lange akzeptieren werde?»

Erweitern und nachfragen

Missverständnisse beim Kommunizieren können geklärt werden, wenn der Sender/die Senderin seine/ihre Nachricht erklärt, erweitert oder mit Beispielen ergänzt. Der Empfänger/die Empfängerin kann durch Nachfragen feststellen, ob die Nachricht richtig angekommen ist. Dazu eignen sich sogenannte Verständigungsfragen, z. B.
«Was meinst du damit?»
«Habe ich richtig verstanden, dass ...?»
«Wenn ich Sie richtig verstanden habe, dann meinen Sie, dass ...?»
Dabei bittet der Empfänger/die Empfängerin um Präzisierung oder wiederholt die Nachricht mit eigenen Worten und prüft, ob sie richtig verstanden und interpretiert worden ist.

Aktiv zuhören

Durch aktives Zuhören signalisiert der Empfänger/die Empfängerin dem Gegenüber, dass er/sie Interesse am Gespräch hat. Dies kann zum Beispiel mit folgenden Mitteln erreicht werden:

- Kopfbewegungen und/oder Mimik, z. B. Kopfnicken bei Einverständnis
- Rückfragen, z. B. «Kannst du das noch einmal wiederholen?»
- Verständigungsfragen, z. B. «Wollen Sie damit sagen, dass ...?»
- Fragen, die ein echtes emotionales Interesse zeigen, z. B. «Wie ist dir vor dieser Prüfung zumute?»
- Fragen, die zur Problemlösung anregen, z. B. «Was werden Sie jetzt tun?»

Ausreden lassen

Wichtig ist in jedem Fall, dass man den Sender/die Senderin ausreden lässt. Vermeiden Sie, dauernd Ratschläge zu geben, und verzichten Sie darauf, Ihrem Gegenüber zu sagen, wie Sie handeln würden, es sei denn, Sie werden darum gebeten.

Auf Signale achten

Oft verrät die Körpersprache, ob sich jemand im Gespräch mit Ihnen wohl fühlt oder nicht. Wenn jemand immer wieder auf die Uhr sieht oder in eine andere Richtung schaut, möchte er/sie vermutlich das Gespräch beenden oder hat das Interesse verloren. Solche Zeichen werden oft missachtet, weil man viel zu sehr mit dem Erzählen beschäftigt ist und zu wenig auf sein Gegenüber achtet. Manche Menschen berühren ihren Gesprächspartner/ihre Gesprächspartnerin auch während einer Unterhaltung. Man merkt an der Reaktion, ob das erwünscht ist oder nicht und sollte dann entsprechend reagieren.

Schreiben

Lesen und Verstehen

Sprechen

Grammatik

Verzeichnisse

Aufgabe 1 **Kommunikationskanäle**

- Versuchen Sie mittels verschiedener Kommunikationskanäle folgende Botschaften/Nachrichten zu übermitteln: Zuneigung, Ablehnung, Freude, Trauer, Genuss, Ekel.
- Wie leicht fällt Ihnen diese Übung?

Aufgabe 2 **Kommunikationskanäle**

- Schauen Sie an einem bestimmten Tag die Nachrichten im Fernsehen und hören Sie die Nachrichten am Radio. Welche Art der Kommunikation behagt Ihnen mehr? Wo nehmen Sie mehr Informationen auf?
- Setzen Sie sich mitten in einer Stadt auf eine Bank im Freien und schliessen Sie während fünf Minuten die Augen. Können Sie alle Geräusche, die an Ihr Ohr dringen, einordnen?
- Partnerarbeit: Entfernen Sie sich ausser Hörweite von Ihrem Partner/Ihrer Partnerin und versuchen Sie, eine einfache Mitteilung nur mittels Handzeichen und Körpersprache zu übermitteln.
- Achten Sie einmal auf Graffiti an Hausmauern, in Bahnhöfen, entlang den Eisenbahnstrecken usw. Was sagen sie aus? Verstehen Sie die Nachrichten?

Aufgabe 3 **Das 4-Ohren-Modell**

Die Pflegeleiterin sagt zur Krankenschwester: «Herr Moser in A12 muss noch umgebettet werden.»
Ordnen Sie die Aussagen den vier Ohren zu.

- «Sie glauben wohl nicht im Ernst, dass ich die Arbeit anderer Leute übernehme, oder?»

  ____

- «In einer halben Stunde habe ich Zeit dafür.»

  ____

- «Aha, Sie haben bemerkt, dass wir mit der Arbeit etwas im Rückstand sind.»

  ____

- «Ja, das muss unbedingt noch vor dem Mittagessen geschehen.»

  ____

Aufgabe 4 **Das 4-Ohren-Modell**

Ausgangslage: Ein Mann meint zu seiner Frau am Mittagstisch: «Die Suppe schmeckt ein wenig fad.»
Ordnen Sie die Aussagen der Frau einem der vier Ohren zu:

- «Du musst ja nicht glauben, dass ich für dich den Pfeffer hole.»

  ____

- «Naja, ich habe wohl ein bisschen mit dem Pfeffer gespart.»

  ____

- «Stimmt. Kann man sie trotzdem essen?»

  ____

- «Immer nörgelst du an meiner Suppe herum.»

  ____

- «Dünkt mich eigentlich nicht. Könnte es sein, dass du ein wenig erkältet bist?»

  ____

- «Jetzt koche ich dann bald keine Suppe mehr.»

  ____

- «Schon gut, ich werde sofort nachwürzen.»

____

- «Dann mach dir doch deine Suppe in Zukunft selber.»

____

- «Kann es sein, dass du etwas darin nicht gern hast?»

____

- «Willst du etwas anderes, vielleicht einen Salat?»

____

Aufgabe 5 **Das 4-Ohren-Modell**

Marco sagt zur Lehrerin: «Anna hat schon wieder vergessen, die Tafel zu putzen.» Schreiben Sie vier mögliche Reaktionen der Lehrerin auf. Berücksichtigen Sie alle vier Ohren.

Aufgabe 6 **Körpersprache**

- Beobachten Sie im Zug oder Bus einige Personen. Achten Sie auf deren Mimik, Gestik und Körperhaltung. Beschreiben Sie, was Sie gesehen haben, und versuchen Sie zu beurteilen, wie die Leute sich fühlen.
- Beobachten Sie Ihre Mitschüler bzw. Mitschülerinnen während des Unterrichts. Wie sitzen sie da? Was verrät ihre Körpersprache?
- Versuchen Sie, die Gefühlslage der unten abgebildeten Personen zu beschreiben. Sie können auch kurze Dialoge, die zu den Fotos passen, entwerfen.

Aufgabe 7 **Körpersprache**

Nennen bzw. demonstrieren Sie allgemein bekannte Handbewegungen, die eine bestimmte Nachricht übermitteln.

Aufgabe 8 **Körpersprache**

- Versuchen Sie, eine Nachricht inkongruent auszudrücken. Wählen Sie Worte, die nicht zur Körperhaltung passen und umgekehrt. Greifen Sie auf die Beispiele in Aufgabe 1 zurück.
- Wie leicht ist es Ihnen gefallen, diese Aufgabe zu lösen?

Aufgabe 9 **Gesprächsregeln**

Rollenspiel: Spielen Sie zu zweit ein Konfliktgespräch und versuchen Sie, die Gesprächsregeln darin zu beachten. Mögliche Themen:

- Zwei junge Frauen diskutieren, was sie am Samstagabend unternehmen könnten. Sie haben verschiedene Vorschläge und müssen sich einig werden.
- Julia fühlt sich vom Lehrer ungerecht behandelt und möchte ein klärendes Gespräch.
- Urs regt sich darüber auf, dass sein Kollege immer wieder sein Mofa benutzt und nie etwas dafür zahlen will.
- Ein Pärchen streitet darüber, warum sich beide bei der letzten Verabredung verpasst haben.

Schweizerdeutsch

Was wird behandelt?

- Verschiedene Dialekte
- Unterschiede zwischen Standarddeutsch (Hochdeutsch) und Schweizerdeutsch bei Wortschatz, Grammatik und Aussprache

Was bringt mir das?

- Ich kann verschiedene Schweizer Dialekte miteinander vergleichen.
- Ich verstehe, weshalb es nicht so einfach ist, vom Schweizerdeutschen aufs Standarddeutsche (Hochdeutsche) umzudenken.
- Ich übe, standarddeutsche (hochdeutsche) Formulierungen für schweizerdeutsche Ausdrücke zu finden.
- Ich erkenne die wesentlichen Unterschiede der beiden Sprachen in Bezug auf Aussprache und Grammatik.

Berndeutscher Voralpenblues

Verschiedene Dialekte

Wie im vorangehenden Kapitel gezeigt worden ist, ist es falsch, beim Standarddeutschen (Hochdeutschen) von einer Fremdsprache zu reden, selbst wenn das Erlernen von Regeln manchmal Schwierigkeiten bereitet. Alle Bewohnerinnen und Bewohner unseres Landes wissen, dass auch das Schweizerdeutsche keine einheitliche Sprache ist, sondern selber wieder in eine Unzahl von Dialekten zerfällt. Zwischen diesen Dialekten gibt es enorme Unterschiede.

Kanton Bern

«Won i zum See chume, geit d Sunne grad hinder der Voralpechetti uuf u setzt jedem Wälleli, wo vom Morgeluft ufgrüert isch, es wysses Schuumchröndli uuf. A den Uferstääge schoukle farbegi Schiffli mit blutte Mäscht rhythmisch hin u här. Us em Rase näbe der Seepromenade stygt es milchigs Dünschtli, wils geschter grägnet het. Es schmöckt herrlech nach Härd.»

Trudi Maurer-Arn: «Der wyss Jaguar»

Bern Stadt

scho der lehrer i der schuel
het gseit i syg e wilde bueb
är heig mi sächsmal scho vertopfet
i heig immer no nid gnue
i syg e wilde
i syg e wilde has u heig e wilde hase-
spass

u der pfarrer i der chilche
het gseit i syg e knilch
i mi syg der tüüfel gfahre
i gloubi nümm a osterhas
i syg e wilde ...

für e zivilschutzgeneral
bi ni o nid ganz normal
ja är fürchti dass is miech
will i syg e wilde siech

alli hase müesse wägg
alli hase syge dräck
de hets meh platz für söi
u di söi gä ja der späck
i syg e wilde ...

Endo Anaconda (Stiller Has)
«wilde has»

SMS aus Bern

Dänu, i ha müesse merke, dass du das gar nid wärt bisch! Aune e liebe Gruess, wo mi kenne u mer ghufä hei, ohni euch wär i itz nid eso.

Hallo zäme. Hiemit sände ig öich ä Hampfelä liebi Grüess usem Wäutsche!

Freiburg

Wy mu früejer i dr Understadt gläbt het

Bys wyt i Dryyssgerjaar yy, sy em Rollimoos gar mengi groossi Famyliene asässig gsy. Vüu Famylie hii sächs, acht, zää, – as Totze, ja Äbüschers va Michus Syta, wa em aute Mooseshuus änefüür de Bäärnerbrügg gwoont hii, hii sogar sübezää Nigle ghääbe. Ma cha sääge, dass di Lüt ali wye im ena Tubeschlaag inne hii müesse woone. Meischtens sy däne Truppeleni nume Zwüzümmerbhusige zur Verfüegung gstane. Da oder det isch a Drüzümmer-, u rächt säute het es a Woonig ggää mit vierne Stube.

Solothurn

schtoh oder hocke

uf was wartisch eigentlich
han i s anita gfrogt

äs het gseit
wieso frogsch das
darf i nit do schtoh
und e sigerette rouke

i ha gseit
du bisch doch scho
do gschtange
won i vor ere haubschtung
bi i d beiz gange
und jetz chumm i wider use
und du schteisch
gäng no do

schbüuts e roue
wo me schteit
oder hocket
het s anita gseit
i warte sowiso uf nüt meh
aber das wird me wou no dörfe

i ha gseit
das isch mir doch glich
wie lang du do wottsch schtoh
i ha jo nume gfrogt
i säuber hocke drum lieber

Ernst Burren

Appenzell

Ond denn sönd ebe no Puure choo vom Holzeschwaald obe-n-abe gi joomere ond chlage: en Scheer (Maulwurf) töü-ene efange-n-ase gottsjämmerli i-n-Rebe schade, das d'Truube gaanz muusdreckgääl weerid ond de Wy denn e-n-Aard fascht wie mussdreckeli oder chatzesäächeli ond denn ebe e Fresse on Suufe sei wie jung Müüs ond Chatze.

Alfred Tobler

Kanton Zürich

Die tunders Foräle

Im Tobel hine hät er sich s Ässe mit Fische und mit Wildere verschafft. Won emol d Polizei choo ischt wäg em Fische im Bach, hät er gmäint: «Will ich käi Wasser han i der Chuchi, mues ich d Pfane im Bach une schpüele, do chan ich tänk nüt derfüür, wänn mir emol e Foräle i d Pfane ieschlipft.»

Öskel Nääf: «Zeller Dorfgeschichten», 1986

Aufgaben

1. Suchen Sie selber Texte aus verschiedenen Dialekten (in Zeitungen, Büchern usw.) und vergleichen Sie die Schreibweise verschiedener Wörter.
2. Vergleichen Sie Dialektsprecher/innen am Radio/Fernsehen.
3. Vergleichen Sie Texte aus Dialekt-Rock-Songs.
4. Mit welchen Dialekten haben Sie mehr Mühe, mit welchen weniger? Warum?
5. Schreiben Sie sich gegenseitig Briefe in Ihrem Dialekt (beschreiben Sie z.B. den aktuellen Schulweg). Vergleichen Sie anschliessend die Schreibweisen.
   - Welche Unterschiede stellen Sie fest?
   - Womit haben Sie am meisten Schwierigkeiten?
   - Was fällt Ihnen am leichtesten?

Unterschiede zwischen Schweizerdeutsch und Standardsprache (Hochdeutsch)

Alle Dialekte (nicht nur im Deutschen) sind Ausdruck der Alltagssprache. Sie entwickelten sich meist aus bäuerlichen Gesellschaften heraus und genügten auch vollkommen für die Verständigung. In einer modernen Informationsgesellschaft haben sie jedoch auch Nachteile. Verschiedenes kann sprachlich nicht mit der notwendigen Genauigkeit ausgedrückt werden oder wird von Sprechern/Sprecherinnen anderer Dialekte nicht im Detail verstanden.
Im Folgenden geben wir einige Beispiele (hauptsächlich aus dem Berndeutschen), die uns zeigen, was es uns erschwert, vom Schweizerdeutschen auf die Standardsprache umzudenken.

Wortschatz

Viele Dialektbegriffe wirken veraltet und werden nicht mehr von allen Menschen verstanden.

chüderle	schön tun
groochse	ächzen, jammern
gschmuech	unbehaglich
Bilgere	Zahnfleisch
rumpelsurig	unwillig
Gnepfi	(auf der) Kippe

Für viele Dialektbegriffe gibt es kein gleichlautendes standarddeutsches (hochdeutsches) Wort. Wir müssen ein anderes lernen.

Berndeutsch	schutte	Fussball spielen
	chläpfe	eine Ohrfeige geben
	Anke	Butter
	Schaft	Schrank
	es Gschtürm	ein Streit, eine Auseinandersetzung, ein Durcheinander
	gränne	weinen
	Moudi	Kater
	liire	viel (und oft sinnlos) daherreden
	Müntschi	Kuss
	Mütschli	Brötchen, Semmel
Zürichdeutsch	hüür	in diesem Jahr
	Pfnüsel	Schnupfen
	allwäg	vermutlich, jedenfalls
	chafle	knabbern, kauen
	Fale	Türklinke
	Guetsli	Konfekt
	Helge	Bild
	Röiff	Kruste, Rinde
	Gfell	Glück
	Böle	Zwiebel

Oft wird aus einem ganzen Ausdruck ein Verb, abgeleitet vom Nomen.

snöbe	Snowboard fahren
kchäfele	Kaffee trinken
lädele	einkaufen, in die Läden gehen
schlööfle	Schlittschuh laufen

Gerne verwenden wir im Dialekt auch Abkürzungen und Verkleinerungsformen.

Kompi	Computer
Töffli	Motorfahrrad
Zigi	Zigarette
Blofi	Bleistift
Flugi	Flugzeug, Flugblatt
Schoggi	Schokolade

Besonders an der Sprachgrenze zum Französischen sind viele Begriffe aus der Fremdsprache entlehnt.

just	juste	gerade eben
Bigudi	bigoudi	Lockenwickler
lusch	louche	verdächtig, unklar
schaluus	jaloux	eifersüchtig

Heutzutage kommen auch aus dem Englischen immer mehr Begriffe ins Schweizerdeutsche.

iisi	easy	leicht, einfach
kuul	cool	kühl, überlegen
äkschen	action	Tat, Handlung, Aufregung
kreisi	crazy	verrückt

Aufgaben

1. Kennen Sie weitere nicht mehr gebräuchliche Dialektbegriffe?
2. Suchen Sie weitere Beispiel für Begriffe, die es im Hochdeutschen nicht gibt.
3. Suchen Sie weitere Beispiele für Wortverkürzungen.
4. Suchen Sie Beispiele für Abkürzungen und Verkleinerungsformen.
5. Suchen Sie weitere Beispiele aus dem Französischen und dem Englischen.

Aussprache

Im Schweizerdeutschen werden viele Endsilben «verschluckt».

Bei Verben:	fange	fangen
	läse	lesen
	renne	rennen
Bei Nomen:	Zeichnig	Zeichnung
	Rechnig	Rechnung
	Fride	Frieden

Zwielaute (Diphthonge) werden als einfache Laute ausgesprochen.

riite	reiten
Riis	Reis
Süüle	Säule
Züüg	Zeug
Huus	Haus
schnuufe	schnaufen
Füür	Feuer
tüür	teuer

Häufig sind auch Verkleinerungsformen.

Hüsli	Häuschen
Chäferli	Käfer(chen)
es schöns Tägli	einen schönen Tag
Liibli	Leibchen
Söckli	Söckchen
Löchli	Löchlein

Die manchmal etwas ruppige Schweizer Aussprache («Chuchichäschtli») gehört zu unserem Dialekt und soll uns nicht dazu verleiten, ihn als etwas Minderwertiges anzusehen.

Grammatik

Das Schweizerdeutsche kennt hauptsächlich zwei Zeiten.
Präsens: «Er geit uf Züri.»
Perfekt: «Er isch uf Züri ggange.»
Die Zukunft wird – wie auch in der Standardsprache – mit dem Verb im Präsens und einer Zeitbestimmung ausgedrückt: «Er geit morn uf Züri.»
Das Futur II wird – wie in der Standardsprache – allenfalls gebraucht, um Vermutungen anzustellen: «Er wird's nid gmacht ha.»
Wünsche oder Höflichkeitsformen werden mit dem Konjunktiv ausgedrückt: «Ig möcht, es wär scho verbii.» – «I hett gern es Brot.»

Das Schweizerdeutsche kennt nur ein Relativpronomen: «wo».
«Das isch de Maa, wo-n-i gseh ha.»
«I kenne die Frou, wo dert über d'Strass geit.»

Verständigung

Das Schweizerdeutsche wird in den angrenzenden Sprachregionen teilweise verstanden. Aber im grössten Teil des deutschen Sprachraums wird auch im mündlichen Ausdruck die Standardsprache gebraucht (in schriftlichen Äusserungen sowieso).
Gegenüber Fremdsprachigen ist es nicht nur eine Frage des Anstands, sondern auch eine Notwendigkeit, dass wir Hochdeutsch sprechen.
Beides, Dialekt und Hochsprache, hat im richtigen Gebrauch seinen Sinn.

4 Grammatik (Sprachbetrachtung)

Wortarten	Verb Nomen Adjektiv Pronomen Partikeln
Satzbau	Satzarten Satzlehre Satzglieder Satzzeichen
Rechtschreibung	
Fehleranalyse	

Im Kapitel Grammatik (Sprachbetrachtung) geht es um die Grundlagen der Grammatik, des Satzbaus und der Rechtschreibung.

Zunächst werden die fünf **Wortarten** vorgestellt und deren Gesetzmässigkeiten bzw. Besonderheiten erklärt. Übungen dazu finden Sie im Anschluss an die jeweilige Theorie.

Kenntnisse über den **Satzbau** bilden eine weitere Voraussetzung für einen korrekten Sprachgebrauch. Satzarten, Satzlehre, Satzglieder sowie deren Stellung im Satz und nicht zuletzt Satzzeichen werden Ihnen in Theorie und Praxis näher gebracht.

Die wesentlichen Regeln bzw. Prinzipien der **Rechtschreibung** schliessen sich daran an.

Die **Fehleranalyse** hilft Ihnen dabei, Ihren Blick für mögliche Fehler in eigenen Texten zu schärfen.

Wortarten

Was wird behandelt?

- Verben
- Nomen
- Adjektive
- Pronomen
- Partikeln

Was bringt mir das?

- Ich brauche die Begriffe, wenn ich eine Fremdsprache lerne.
- Ich verbessere meine Ausdrucksweise, wenn ich bei einem Verb alle Zeiten richtig bilden und verwenden kann.
- Ich vermeide Fallfehler.
- Ich lerne, richtige Pluralformen zu bilden.
- Mir fällt die Gross- und Kleinschreibung leichter, wenn ich weiss, was Nomen sind.
- Ich kann Adjektive richtig steigern.
- Die Kenntnis der Pronomen hilft mir, die Bezüge zwischen Teilen eines Satzes deutlicher zu machen.
- Die Kenntnis von Konjunktionen hilft mir bei der Zeichensetzung.
- Ich lerne, die richtigen Präpositionen und die zugehörigen Fälle zu verwenden.

Übersicht Wortarten

veränderbar → konjugierbar / deklinierbar
deklinierbar → (Nomen, Adjektiv) / (Pronomen)
unveränderbar ↓

Verb
beschreibt Handlungen, Vorgänge und Zustände

- **Vollverb:** lesen, gehen, sagen
- **Hilfsverb:** sein, haben, werden
- **Modalverb:** müssen, dürfen, sollen, können, mögen, wollen

Nomen
gibt den Dingen einen Namen

- **konkrete Begriffe:** Tisch, Bett
- **abstrakte Begriffe:** Gedanke, Idee
- **Namen:** Lisa, Paul

Adjektiv
beschreibt ein Nomen

- **Eigenschaften:** schön, gross
- **Farben:** blau, rot
- **Haltungen:** aufmerksam, gelangweilt
- **Formen:** rund, viereckig, lang

Pronomen
ist Stellvertreter und/oder Begleiter eines Nomens

- **Personalpronomen:** ich, du, er/sie/es, wir, ihr, sie
- **Reflexivpronomen:** mich, dich, sich-…
- **Possessivpronomen:** mein, dein, sein-…
- **Artikel:** der, die, das, ein, eine
- **Demonstrativpronomen:** dieser, diese, dieses
- **Relativpronomen:** der, die, das, welcher, welche, welches
- **Interrogativpronomen:** wer?, was?
- **Indefinitpronomen:** einige, alle, niemand

Partikeln

- **Konjunktion:** verbindet Wörter, Satzglieder, Sätze
- **beiordnende Konjunktion:** und, oder, aber
- **unterordnende Konjunktion:** weil, dass, nachdem

- **Präposition:** stellt eine Beziehung zwischen zwei Satzgliedern her, verlangt von den nachfolgenden Begriffen einen Fall: mit, gegen, auf

- **Adverb:** bestimmt Umstände näher
- **Adverb des Ortes (wo?):** hier, dort, vorn, rechts
- **Adverb der Zeit (wann?):** heute, abends, immer
- **Adverb der Art und Weise (wie?):** sehr, besonders, auch, nicht
- **Adverb des Grundes (warum?):** deshalb, meinetwegen
- **Interjektion:** au!, oh!, zack!

Übungen Wortarten

Grundstufe

1. Unterstreichen und bestimmen Sie im folgenden Text die fünf Wortarten: Verb (**blau**), Nomen (**braun**), Adjektiv (**gelb**), Pronomen (**orange**), Partikeln (**grün**).

Am Tag, als Alex Weber die Minute erfunden hatte, war der Teufel los. Die ganze Welt schien nur auf diesen einen Augenblick gewartet zu haben; denn als Weber mitteilte, dass ihm die Unterteilung der Zeit geglückt war, liefen die Telefone in den Nachrichtenredaktionen heiss. Alle wollten von ihm wissen, wie es ihm gelungen war, die grössere Einheit in viele kleinere aufzulösen.
Alex Weber selbst konnte dazu keine näheren Angaben machen. Der Gedanke sei ihm wohl im Schlaf aufgegangen. Jedenfalls habe er eines Morgens gewusst, dass die vorgeschlagene Lösung die einzig vernünftige sei. Das Erwachen war mühsam gewesen, beinahe unmöglich, denn die Zeit sei plötzlich davongeeilt. Aus einem langen Gleiten in den Tag hinein war ein beinahe atemloses Rütteln an den überlieferten Massstäben geworden.
Auf die Frage, ob er mit seiner Erfindung zufrieden sei, konnte Weber keine Auskunft mehr geben, da die Minute, welche er zur Verfügung gestellt hatte, schon vorbei war. So stahl er sich aus der Verantwortung für seine Erfindung davon, indem er sozusagen in ihr selber verschwand. Heute spricht denn auch niemand mehr vom Beginn der fortlaufenden Zerkleinerung der Zeit. Oder haben Sie schon jemals etwas von Alex Weber gehört?

Paul Ott: «Die Erfindung der Minute»

Wer sich sicher genug fühlt, kann versuchen, die Übungen zur Aufbaustufe zu lösen. Nach Bearbeitung des Kapitels sollte es in jedem Fall möglich sein.

Aufbaustufe

2. Unterstreichen und bestimmen Sie im folgenden Text alle Wortarten: Verb (**blau**), Nomen (**braun**), Adjektiv (**gelb**), Pronomen (**orange**), Partikeln (**grün**). Unterscheiden Sie auch die Pronomen, Partikeln und Adverbien genau.

Am Nebentisch sitzt ein junges Paar, das sich angeregt unterhält. Ich sehe den Mann von hinten, in einem grünen, ärmellosen Pullover. Er trägt ein weisses Hemd und etwas ungepflegte, strähnige Haare. Sein Fischgrätenkittel hängt am Stuhl. Aber offensichtlich macht er seine äussere Erscheinung wett durch die angenehme Art des Erzählens. Seine tiefe Stimme füllt den Raum in einem unverständlichen Dialekt. Er begleitet seine Sätze mit ausufernden Gesten, mit Schnalzlauten und Wahrheitsbeteuerungen. Aus jedem Wort dringt die Freude am täglichen Leben.
Ihm gegenüber lacht eine Frau zu seinen Gesten, die sie damit unterstützt und zugleich in Frage stellt. Sie trägt einen lachsfarbenen Pullover, die Haare fallen ihr als Fransen in die Stirn. Die ungeschminkten Lippen dehnen sich zu stummen Überraschungslauten. Das ganze Gesicht, jetzt in die linke Hand gestützt, drückt Aufmerksamkeit und Zweifel zugleich aus. Zu gerne hätte ich sie gefragt, ob die Geschichten denn wahr seien. Aber ich habe darauf verzichtet, damit alles so bleibt, wie es ist.

Paul Ott: «Der Erzähler»

3. Welche Unterschiede in der Wortwahl stellen Sie zwischen den beiden Texten fest? Gibt es Gründe dafür (Textsorten)?

Das Verb (Tätigkeitswort)

Was wird behandelt?

- Stammformen (regelmässige und unregelmässige Verben)
- Konjugation
- Vollverben, Hilfsverben und Modalverben
- Zeiten
- Indikativ, Konjunktiv, Imperativ
- Aktiv und Passiv
- Zusammenhang von Verb und Fall

Was ist ein Verb?

Das Verb ist die entscheidende Wortart. Die meisten Teile des Satzes beziehen sich auf das Verb, sei es in Person und Zahl oder in Bezug auf den verlangten Fall.
Mit dem Verb kann Folgendes ausgedrückt werden:

- Handlungen — rennen, sprechen, tragen
- Vorgänge — werden, vergehen, geschehen
- Zustände — sein, haben

Wie erkenne ich ein Verb?

Das Verb besteht aus einem **Stamm** und einer **Endung**. Im Infinitiv (Grundform) lautet die Endung bei allen Verben -n/-en, z. B. sei-n, segel-n, komm-en, seh-en, sag-en
Es gibt keine Ausnahmen.[1]

Stammformen

> Übungen 1, 2 S. 133

Vom Stamm leiten sich die Stammformen ab. Aus diesen Formen bildet man alle Formen des betreffenden Verbs (in den zusammengesetzten Zeiten zusammen mit den Hilfsverben). Deshalb ist es so wichtig, sie zu kennen.[2]

Regelmässige Bildung der Stammform

Regelmässig (schwache Konjugation) bedeutet, dass das Verb sich wenig verändert. Der **Stamm** und der **Stammvokal** bleiben gleich, im Präteritum hat das Verb die Endung -te, im Partizip II -t.

Infinitiv	Präteritum	Partizip II
sag-en	**sag**-te	ge-**sag**-t
reis-en	**reis**-te	ge-**reis**-t

1 Im Vergleich dazu haben die wichtigsten Fremdsprachen Verbgruppen mit unterschiedlichen Endungen (Französisch: -er, -ir, -re, -oir; Italienisch: -are, -ire, -ere; das Englische ist noch uneinheitlicher).

2 Vergleichen Sie die englischen Stammformen, die den deutschen sehr ähnlich sind:

come	came	come
see	saw	seen
say	said	said

Unregelmässige Bildung der Stammform

Unregelmässig (starke Konjugation) bedeutet, dass das Verb sich stark verändert. Der Stammvokal wechselt, im Präteritum kennt das Verb keine Endung, im Partizip II die Endung -en.

Infinitiv	Präteritum	Partizip II
komm-en	**kam**-	ge-**komm**-en
seh-en	**sah**-	ge-**seh**-en

Daneben gibt es noch einige Verben, welche die beiden Formen verbinden (gemischte Konjugation).

Infinitiv	Präteritum	Partizip II
kenn-en	**kann**-te	ge-**kann**-t
mög-en	**moch**-te	ge-**moch**-t

Mischformen

Manche Verben werden sowohl regelmässig als auch unregelmässig konjugiert. Sie haben dann jeweils eine andere Bedeutung.

senden	sendete	gesendet	eine Sendung im Radio
senden	sandte	gesandt	ein Brief wird durch die Post befördert

Einige weniger häufig verwendete Verben werden nur noch selten in ihrer unregelmässigen (starken) Form gebraucht. Meistens verwendet man heute die regelmässige (schwache) Form, doch bestehen manchmal beide nebeneinander, was zu Mischformen führen kann, z. B. beim Verb sieden.

das Verb sieden

neue Stammformen: sieden – siedete – gesiedet
alte Stammformen: sieden – sott – gesotten

Man sagt meist Das Wasser siedete, aber selten Das Wasser sott.
Jedoch heisst es gesottene Kartoffeln, und nicht gesiedete Kartoffeln.

Hier entscheidet das Sprachgefühl über die Verwendung.

backen, klimmen, melken, saugen, schnauben, triefen

Hinweis Ausserdem gibt es einige ähnlich tönende Verben, die man auseinanderhalten muss. Sie haben eine unterschiedliche Bedeutung.
beten – bitten, stehen – stellen, legen – liegen, setzen – sitzen, fällen – fallen, flehen – fliehen, wägen – wiegen

Konjugation

> **Übungen 3–6** S. 133–135

Konjugierte (veränderbare) Verbform

Unter einer konjugierten Verbform verstehen wir, dass ein Verb in einer bestimmten Person und in einer bestimmten Zeit steht. Diese Form wird auch bezeichnet als: Personalform, finite Form, veränderbare Form.
Im Deutschen gibt es je drei Personen im Singular (Einzahl) und im Plural (Mehrzahl): ich, du, er/sie/es; wir, ihr, sie (die dritte Person Einzahl weist drei Geschlechter auf).
Im Deutschen gibt es sechs Zeiten.

	Person	Pronomen	Endungen im Präsens beim schwachen Verb	Endungen im Präteritum beim schwachen Verb	Endungen im Präsens beim starken Verb	Endungen im Präteritum beim starken Verb
Singular	1. Person	ich	sag-e	sag-te	komm-e	kam
	2. Person	du	sag-st	sag-test	komm-st	kam-st
	3. Person	er, sie, es	sag-t	sag-te	komm-t	kam
Plural	1. Person	wir	sag-en	sag-ten	komm-en	kam-en
	2. Person	ihr	sag-t	sag-tet	komm-t	kam-t
	3. Person	sie	sag-en	sag-ten	komm-en	kam-en

Bis auf wenige Ausnahmen gelten diese Endungen für alle Verben (die Ausnahmen finden Sie in der Verbenliste bei den Verzeichnissen, S. 221).

Nicht konjugierte Verbformen

Neben den konjugierten Verbformen verwenden wir auch nicht konjugierte, also nicht veränderbare Verbformen: den Infinitiv und die Partizipien. Man bezeichnet sie auch als infinite Formen.[3]

Infinitiv	**kommen**	Wir werden kommen.
Partizip I (Partizip Präsens)	**kommend**	Von der Arbeit kommend(,) kaufte er etwas zum Essen ein.
Partizip II (Partizip Perfekt)	**gekommen**	Sie sind zu spät gekommen.

Hinweise

> Adjektiv, S. 150

– Das Partizip I endet immer auf -d.
– Die Partizipien benutzt man häufig als Adjektive (daher die Bezeichnung «Mittelwort»). Dann werden sie wie die andern Adjektive dekliniert, das heisst in einen bestimmten Fall gesetzt.

3 Im Gegensatz dazu kennt das Französische bis zu vier Endungen (veränderliche Verben, mit être konjugiert): il est venu (männlich, Einzahl), elle est venue (weiblich, Einzahl), ils sont venus (männlich, Mehrzahl), elles sont venues (weiblich, Mehrzahl). Aber: il a pris (unveränderliche Verben, mit avoir konjugiert).

Vollverben, Hilfsverben und Modalverben

> **Übung 7** S. 135

Vollverben

> Satzglieder, S. 182

Die Vollverben tragen für sich selber eine Bedeutung und können das Prädikat alleine bilden.

Ich **komme** zu spät nach Hause.
Er **segelt** auf dem Thunersee.

Es gibt Vollverben **mit untrennbaren Vorsilben**.
Diese Verben bleiben in allen Formen zusammen, im Partizip II fällt das ge- weg.

beginnen	Ich **beginne** jetzt. Ich **habe** soeben **begonnen**.
ergreifen	Sie **ergreift** die Gelegenheit. Sie **hat** die Gelegenheit **ergriffen**.

Es gibt Vollverben **mit Verbzusatz**, und zwar trennbare und untrennbare.

– Bei **trennbaren Verben** können das Verb und sein Zusatz getrennt werden, beim Partizip II steht das **-ge-** in der Mitte.

mithelfen	Ich **helfe** bei dieser Arbeit gerne **mit**. Ich **habe mitgeholfen**.
anfangen	Ich **fange** jetzt **an**. Ich habe soeben **angefangen**.

– Bei **untrennbaren Verben** bleiben Verb und Verbzusatz zusammen, beim Partizip II steht das **ge-** am Anfang.

handhaben	Er **handhabt** dieses Gerät problemlos. Er hat es problemlos **gehandhabt**.
liebäugeln	Sie **liebäugelt** mit diesem Gedanken. Sie hat mit diesem Gedanken **geliebäugelt**.

Hilfsverben

> Verbtabelle, S. 133

Die Hilfsverben bilden zusammen mit den nicht konjugierbaren (nicht veränderbaren) Formen der Vollverben die zusammengesetzten Zeiten.

sein	Wir **sind** nach Hause **gegangen**.
haben	Sie **hat** ein Buch **gekauft**.
werden	Ich **werde** morgen **anrufen**.

Die Konjugation der Hilfsverben im Präsens und Präteritum:

Infinitiv			sein	haben	werden	sein	haben	werden
Zeit			**Präsens**	**Präsens**	**Präsens**	**Präteritum**	**Präteritum**	**Präteritum**
Singular	1. Person	ich	bin	habe	werde	war	hatte	wurde
	2. Person	du	bist	hast	wirst	warst	hattest	wurdest
	3. Person	er/sie/es	ist	hat	wird	war	hatte	wurde
Plural	1. Person	wir	sind	haben	werden	waren	hatten	wurden
	2. Person	ihr	seid	habt	werdet	wart	hattet	wurdet
	3. Person	sie	sind	haben	werden	waren	hatten	wurden

Die Hilfsverben können auch als Vollverben gebraucht werden.
Ich **werde** dieses Jahr 16. Sie **ist** reich. Er **hat** kein Geld.

Modalverben

Die Modalverben drücken einen Umstand aus, unter dem etwas geschieht. Es gibt sechs Modalverben. Normalerweise werden sie von einem zweiten Verb begleitet, das im Infinitiv steht.

Verb	Umstand	Beispiel
müssen	Zwang	Er **muss** lange arbeiten.
dürfen	Erlaubnis	Sie **darf** heute später nach Hause kommen.
sollen	Verpflichtung	Wir **sollten** die Aufgaben bis morgen machen.
wollen	Absicht	Ihr **wollt** doch nicht die Letzten sein?
können	Fähigkeit	Du **kannst** gut schwimmen!
	Möglichkeit	Es **kann** heute abend spät werden.
	Erlaubnis	**Kann** ich heute ins Kino gehen?
mögen	Vorliebe	Ich **mag** keinen Apfel essen.

Es ist auch möglich, Modalverben als Vollverben zu benutzen.
Ich **kann** bereits Englisch. Ich **mag** Katzen.

Zusammengesetzte Zeiten der Modalverben bildet man mit einem doppelten Infinitiv.
Er **hat** es kaum **glauben können**. Sie **hatte** es nicht **sagen wollen**.

Auch beim Passiv (S. 131) bilden Modalverben eine Ausnahme. Sie bleiben in der aktiven Form: Diese Teigwaren **müssen** lange **gekocht werden**.

Zeiten

> **Übungen 8–12** S. 135–137

Zeitformen

Das Deutsche kennt sechs Zeitformen. Sie werden auch als Tempora (Einzahl: Tempus) des Verbs bezeichnet.

- Plusquamperfekt (Vorvergangenheit)
- Präteritum oder Imperfekt (Vergangenheit)
- Perfekt (Vorgegenwart)
- Präsens (Gegenwart)
- Futur I (Zukunft)
- Futur II (Vorzukunft)

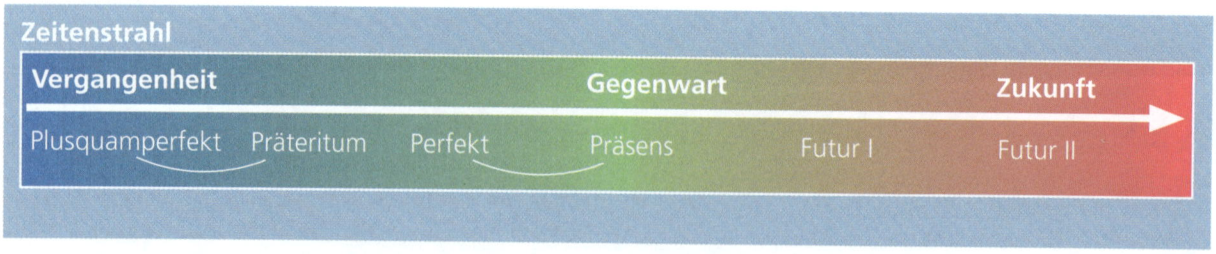

Der Indikativ Aktiv in der 3. Person Singular

Plusquamperfekt	Präteritum/ Imperfekt	Perfekt	Präsens	Futur I	Futur II
hatte gesehen	sah	hat gesehen	sieht	wird sehen	wird gesehen haben
hatte gesagt	sagte	hat gesagt	sagt	wird sagen	wird gesagt haben
war gekommen	kam	ist gekommen	kommt	wird kommen	wird gekommen sein
Hilfsverb Präteritum und Partizip II	Verbstamm Präteritum (und Endung)	Hilfsverb Präsens und Partizip II	Verbstamm Präsens und Endung	Hilfsverb Präsens und Infinitiv	Hilfsverb Futur I und Partizip II

Gebrauch der Zeiten

> Textsorten, S. 6

Der Gebrauch der Zeiten entspricht nicht immer der Reihenfolge des Zeitenstrahls.

- **Die einfachen Zeiten Präsens und Präteritum** (sie bestehen in der aktiven Form aus nur einem Wort) werden meist verwendet, wenn man etwas beschreibt, erzählt usw.
- **Die zusammengesetzten Zeiten Perfekt und Plusquamperfekt** (sie werden mit den Hilfsverben **sein** oder **haben** und dem Partizip II gebildet) werden für die sogenannte Vorzeitigkeit verwendet.
  Wenn wir im Präsens etwas feststellen, fragen, beschreiben oder vermuten und etwas erwähnen, was früher geschehen ist, benutzen wir das Perfekt: Ich **gehe** (Präsens) nochmals schnell nach Hause, weil ich etwas **vergessen habe** (Perfekt).
  Wenn wir im Präteritum erzählen und etwas früher geschehen ist, benutzen wir das Plusquamperfekt: Sie **traf** (Präteritum) gestern den Jungen, dem sie vor einem Jahr **begegnet war** (Plusquamperfekt).
- **Das Futur I** brauchen wir relativ selten für Zukünftiges: Ich werde nach Zürich fahren. Oft ersetzen wir es durch das Präsens und eine Zeitbestimmung: Morgen fahre ich nach Zürich. Es wird aber häufig für Vermutungen verwendet: Er wird krank sein.
- Das **Futur II** brauchen wir seltener im Sinne einer abgeschlossenen Handlung in der Zukunft, aber als Ausdruck einer Vermutung: Er wird die Aufgaben nicht gemacht haben.

Indikativ, Konjunktiv, Imperativ

> **Übungen 13–16** S. 137–138

Das Verb steht in einer bestimmten Ausdrucksweise (einem Modus), je nachdem, ob man etwas aussagt, wünscht oder befiehlt.

Indikativ

Der Indikativ ist die sogenannte Wirklichkeitsform, also die «Normalform». So werden die Verben am häufigsten verwendet.
Ich komme heute Abend etwas später nach Hause.

Konjunktiv

Der Konjunktiv ist die sogenannte Möglichkeitsform. Wir brauchen ihn, wenn wir eine Möglichkeit, eine Unsicherheit, einen Wunsch ausdrücken oder wenn wir höflich sein wollen.

Hinweis

Er wird ebenfalls in der **indirekten Rede** verwendet, also wenn jemand etwas erzählt, das eine andere Person gesagt hat.
Direkte Rede: Sie sagt: «Ich komme heute Abend etwas später.»
Indirekte Rede: Sie sagte, sie komme heute Abend etwas später. (Die Anführungszeichen fallen weg. Das Pronomen steht meist in der dritten Person Einzahl oder Mehrzahl.)

Der Konjunktiv Aktiv in der 3. Person Singular

Plusquamperfekt	Präteritum/Imperfekt	Perfekt	Präsens	Futur I	Futur II
hätte gesehen	sähe	habe gesehen	sehe	werde sehen	werde gesehen haben
hätte gesagt	sagte	habe gesagt	sage	werde sagen	werde gesagt haben
wäre gekommen	käme	sei gekommen	komme	werde kommen	werde gekommen sein

Den **Konjunktiv I** verwenden wir in der indirekten Rede (1), bei Vergleichssätzen (2) oder in Aufforderungen (3).

1) Sie sagte, sie **bringe** Blumen mit.
2) Er tut, als ob er kein Geld **habe**.
3) Man **nehme** eine Prise Salz.

Der Konjunktiv I wird meist in der dritten Person gebraucht, weil er sich da deutlich vom Indikativ unterscheidet. Dabei wird an den Stamm des Verbes ein -e angehängt.

Die Formen der 1. und 3. Person Mehrzahl lauten meistens gleich wie im Infinitiv. Um eine Verwechslung auszuschliessen, ersetzt man in diesen Fällen den Konjunktiv I durch den Konjunktiv II.
- Sie taten, als ob sie kein Geld hätten. (Unklar wäre: Sie taten, als ob sie kein Geld haben.)
- Sie sagten, sie kämen später. (Unklar wäre: Sie sagten, sie kommen später.)

In der indirekten Rede verwendet man für die Vergangenheitsformen den Konjunktiv I im Perfekt:
- Er erzählte: «Ich sah das Auto zu spät.» – Er erzählte, er habe das Auto zu spät gesehen.

Den **Konjunktiv II** verwenden wir bei Wünschen (1), in Bedingungssätzen (2) und für Höflichkeitsformen (3).
1) Ach, **bliebe** es nur immer Sommer!
2) Wenn ich viel Geld **hätte**, **würde** ich ein Boot **kaufen**.
3) Ich **möchte** zwei Stück Kuchen.

Der Konjunktiv II ist bei regelmässigen (schwachen) Verben identisch mit dem Präteritum. Um einen Unterschied zum Indikativ deutlich zu machen, verwendet man stattdessen die umschreibende Form mit würde (also die Konjunktiv II – Form des Hilfsverbs werden).
- sagte würde sagen
- lachte würde lachen

Bei unregelmässigen (starken) Verben wird aus dem Stammvokal des Präteritums ein Umlaut.

Konjunktiv I und II am Beispiel des starken Verbes kommen.

		Indikativ Präsens	**Konjunktiv I**	**Indikativ Präteritum**	**Konjunktiv II**
Singular	ich	komme	komme	kam	käme
	du	kommst	komm(e)st	kamst	käm(e)st
	er/sie/es	kommt	komme	kam	käme
Plural	wir	kommen	kommen	kamen	kämen
	ihr	kommt	komm(e)t	kamt	käm(e)t
	sie	kommen	kommen	kamen	kämen

Gewisse Konjunktiv II-Formen starker Verben sind heute nicht mehr geläufig. Auch in diesen Fällen wird die würde-Form verwendet.
- genösse würde geniessen
- brächte würde bringen

Imperativ

Der Imperativ ist die Befehlsform. Er wird im Allgemeinen wie folgt gebildet:
- In der Einzahl verwenden wir den Stamm, manchmal mit einem angehängten **-e**: Komm! Steh auf! Lerne!
- In der Mehrzahl verwenden wir die zweite Person Plural: Lasst mich in Ruhe! Geht! Steht auf!
- In Sätzen mit der Höflichkeitsform **Sie** benutzen wir den Konjunktiv I der 3. Person Plural: Kommen Sie bitte! Seien Sie pünktlich!

Aktiv und Passiv

> **Übungen 17–20** S. 139–140

Die aktiven und passiven Formen werden auch als Genus des Verbs bezeichnet. Das Aktiv nennt man «Tatform», das Passiv «Leideform».

- Die **aktive Form** ist die «Normalform»: Die Frau **trägt** einen Koffer.
- Das **Vorgangspassiv** bilden wir mit dem Hilfsverb **werden** und dem Partizip II: Ein Koffer **wird getragen**.
- Das **Zustandspassiv** bilden wir aus dem Hilfsverb **sein** und dem Partizip II: Die Tür **ist geschlossen**.

Der Indikativ Passiv in der 3. Person Singular

Plusquamperfekt	Präteritum/ Imperfekt	Perfekt	Präsens	Futur I	Futur II
war gesehen worden	wurde gesehen	ist gesehen worden	wird gesehen	wird gesehen werden	wird gesehen worden sein
war gesagt worden	wurde gesagt	ist gesagt worden	wird gesagt	wird gesagt werden	wird gesagt worden sein

Von der aktiven zur passiven Form findet folgende Verwandlung statt:

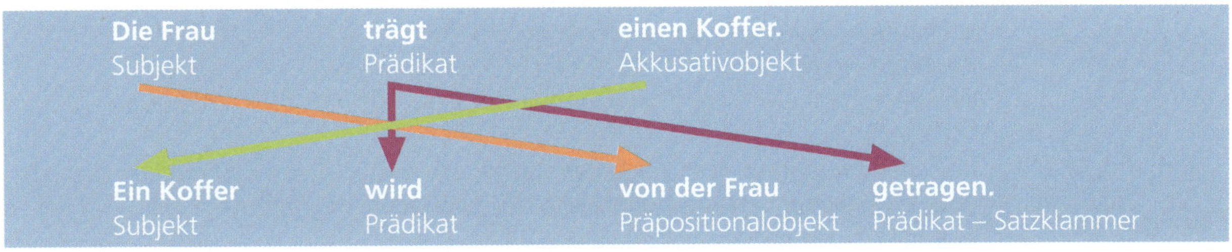

> Satzgliedertabelle, S. 184

- Aus dem Akkusativobjekt im aktiven Satz (dem «Objekt») wird im passiven Satz das Subjekt (der/die «Verursacher/in»). Deshalb können nur diejenigen Verben ein Passiv bilden, die einen Akkusativ verlangen. Sie werden auch als transitive Verben bezeichnet.
- Aus dem Verb im aktiven Satz wird im passiven Satz eine Kombination von **werden** und dem **Partizip II**. Wenn wir die Zeiten ändern, ändern wir nur das Hilfsverb, das Partizip II bleibt gleich. Hinweis: Wir haben deshalb immer einen Verbbestandteil mehr als in der aktiven Form.
- Aus dem Subjekt im aktiven Satz (dem/der «Verursacher/in») wird im passiven Satz ein Präpositionalobjekt («von-...»). Dieses Objekt wird oft weggelassen. (Beispiel: Ich wurde am 10. Oktober geboren.). Beim Umformulieren in einen aktiven Satz muss es deshalb in diesen Fällen ergänzt werden. Entweder leitet man aus dem Satzzusammenhang eine/n «Verursacher/in» ab, oder man verwendet ein neutrales **man**: Ich wurde gebeten. Man bat mich.

Zeit	Aktiv	Passiv
Präsens	Der Hund **beisst** den Postboten.	Der Postbote **wird** vom Hund **gebissen.**
Perfekt	Der Hund **hat** den Postboten **gebissen.**	Der Postbote **ist** vom Hund **gebissen worden.**
Präteritum	Der Hund **biss** den Postboten.	Der Postbote **wurde** vom Hund **gebissen.**
Plusquamperfekt	Der Hund **hatte** den Postboten **gebissen.**	Der Postbote **war** vom Hund **gebissen worden.**
Futur I	Der Hund **wird** den Postboten **beissen.**	Der Postbote **wird** vom Hund **gebissen werden.**
Futur II	Der Hund **wird** den Postboten **gebissen haben.**	Der Postbote **wird** vom Hund **gebissen worden sein.**

Man kann das Passiv auch im Konjunktiv bilden: Der Dieb **wäre** schneller **gefasst worden**, wenn die Polizei sofort gehandelt hätte.

Der Konjunktiv Passiv

Plusquamperfekt	Präteritum/ Imperfekt	Perfekt	Präsens	Futur I	Futur II
wäre gesehen worden	würde gesehen	sei gesehen worden	werde gesehen	werde gesehen werden	werde gesehen worden sein
wäre gesagt worden	würde gesagt	sei gesagt worden	werde gesagt	werde gesagt werden	werde gesagt worden sein

Zusammenhang von Verb und Fall

> **Übung 21** S. 141

Vom Verb aus können wir die vier Fälle erfragen.
Ich kaufe meiner Schwester ein Buch.

Wer oder was kauft?	Ich kaufe.	Nominativ
Ich kaufe wessen?	(nicht möglich)	Genitiv
Ich kaufe wem?	Ich kaufe meiner Schwester.	Dativ
Ich kaufe wen oder was?	Ich kaufe ein Buch.	Akkusativ

> Verbliste, S. 222
> Satzglieder, S. 182

Bei jedem Verb kann man nach dem Nominativ fragen. Dazu kommen meistens ein oder zwei weitere Fälle. Es gibt allerdings kein Verb, bei dem nach allen vier Fällen gefragt werden kann.

Wortbildung

Das Verb ist die wichtigste Wortart für die Wortbildung. Von ihm können viele andere Wortarten abgeleitet werden (Nomen, Verben, Adjektive). Die Wortbildung wird im Kapitel Wortschatz (S. 63) eingehender behandelt.

Verbtabelle

Für die Verbtabelle haben wir drei Verben ausgewählt:

kommen	unregelmässig (stark) konjugiert, Hilfsverb sein, kein Passiv
sehen	unregelmässig (stark) konjugiert, Hilfsverb haben, Passiv
sagen	regelmässig (schwach) konjugiert, Hilfsverb haben, Passiv

Die Verben stehen in der 3. Person Singular. Beachten Sie, dass sich in den zusammengesetzten Zeiten nur die Hilfsverben ändern. Besonders deutlich wird dies im Passiv.

Indikativ und Konjunktiv in der 3. Person Singular im Überblick

Plusquamperfekt	Präteritum/ Imperfekt	Perfekt	Präsens	Futur I	Futur II
Indikativ Aktiv					
war gekommen	kam	ist gekommen	kommt	wird kommen	wird gekommen sein
hatte gesehen	sah	hat gesehen	sieht	wird sehen	wird gesehen haben
hatte gesagt	sagte	hat gesagt	sagt	wird sagen	wird gesagt haben
Konjunktiv Aktiv					
wäre gekommen	käme	sei gekommen	komme	werde kommen	werde gekommen sein
hätte gesehen	sähe	habe gesehen	sehe	werde sehen	werde gesehen haben
hätte gesagt	sagte	habe gesagt	sage	werde sagen	werde gesagt haben
Indikativ Passiv					
war gesehen worden	wurde gesehen	ist gesehen worden	wird gesehen	wird gesehen werden	wird gesehen worden sein
war gesagt worden	wurde gesagt	ist gesagt worden	wird gesagt	wird gesagt werden	wird gesagt worden sein
Konjunktiv Passiv					
wäre gesehen worden	würde gesehen	sei gesehen worden	werde gesehen	werde gesehen werden	werde gesehen worden sein
wäre gesagt worden	würde gesagt	sei gesagt worden	werde gesagt	werde gesagt werden	werde gesagt worden sein

Übungen

Übung 1 **Stammformen**

Schreiben Sie von den folgenden Verben die drei Stammformen auf und bestimmen Sie, ob es sich um regelmässig oder unregelmässig konjugierte Verben handelt.
reisen, beissen, gehen, dünken, schneiden, geniessen, werben, messen, stecken, trinken, beginnen, weinen, schreien, schwimmen, giessen, kämmen, schreiten, greifen, lesen, sprechen

Übung 2 **Stammformen**

Schreiben Sie für die folgenden Verben die verschiedenen Stammformen auf und erklären Sie den Bedeutungsunterschied. Nehmen Sie, falls nötig, ein Wörterbuch zu Hilfe.
wenden, wiegen, schaffen, hängen, wachsen, erschrecken

Übung 3 **Konjugation**

Bilden Sie mit den folgenden Verben je einen Satz:
- im Präsens: winken, helfen, werfen, rufen, springen, schminken, pfeifen, steigen
- im Präteritum: pflegen, finden, bieten, brechen, gelingen, behandeln, schieben, laufen
- im Perfekt: nagen, befehlen, verderben, fangen, stechen, befragen, fliessen, schlagen
- im Futur I: schimpfen, waschen, fliegen, streiten, geschehen, untersuchen, stehlen, stossen

Schreiben | Lesen und Verstehen | Sprechen | Grammatik | Verzeichnisse

Übung 4 **Konjugation**

Bilden Sie die konjugierte Form der folgenden Verben.

Beispiel: pfeifen *1. Person Plural, Präteritum* *wir pfiffen*

1.	sparen	3. Person Singular, weiblich, Präsens	______
2.	lesen	3. Person Plural, Präteritum	______
3.	singen	3. Person Plural, Perfekt	______
4.	kommen	1. Person Plural, Plusquamperfekt	______
5.	werfen	2. Person Singular, Präsens	______
6.	kochen	1. Person Plural, Futur I	______
7.	tragen	3. Person Singular, männlich, Präteritum	______
8.	rufen	1. Person Plural, Plusquamperfekt	______
9.	schneiden	2. Person Singular, Futur I	______
10.	vergessen	1. Person Singular, Futur II	______
11.	kaufen	3. Person Singular, weiblich, Perfekt	______
12.	sehen	2. Person Plural, Präteritum	______

Im Zweifelsfall schlagen Sie in der Verbtabelle am Schluss des Theorieteils nach (> S. 133).

Übung 5 **Konjugation**

Verwenden Sie in den folgenden Beispielen das Partizip I als Adjektiv.

Beispiel:

lesen – die Schülerin *die lesende Schülerin*

1.	bewegen – ein Ereignis	______
2.	geniessen – ein Mensch	______
3.	beten – die Gläubige	______
4.	winken – Kinder	______
5.	schmelzen – das Eis	______
6.	helfen – die Ärztin	______
7.	singen – der Schüler	______
8.	sinken – jenes Schiff	______
9.	stechen – Schmerzen	______
10.	ergreifen – das Ereignis	______

Übung 6 Konjugation

Verwenden Sie in den folgenden Beispielen das Partizip II als Adjektiv.
Beispiel:
schlagen – eine Mannschaft *eine geschlagene Mannschaft*

1. leihen – ein Video ____________________
2. trinken – der Tee ____________________
3. vergessen – diese Tasche ____________________
4. werfen – ein Stein ____________________
5. erzwingen – ein Geständnis ____________________
6. fangen – die Schlange ____________________
7. können – Präsentationen ____________________
8. brennen – der Zucker ____________________
9. brechen – das Eis ____________________
10. essen – ein Brot ____________________
11. schliessen – Türen ____________________
12. pflegen – diese Einrichtung ____________________

Übung 7 Vollverben, Hilfsverben und Modalverben

- Unterstreichen Sie im folgenden Text alle Verben.
- Unterscheiden Sie Voll-, Hilfs- und Modalverben.
- Bestimmen Sie die Zeitformen der Verben.
- Welches ist die Zeit, die für die Erzählung verwendet wurde?

Es war ein schöner Tag im September. Gestern hatte es geregnet, aber heute schien die Sonne ein letztes Mal mit voller Kraft. An den Ästen hingen die Blätter noch in sattem Grün, so konnte ich den bevorstehenden Winter vergessen.
«Schön, dass du mich ins Pub begleitest», sagte ich zu meiner Kollegin, die ich vor einer Woche das letzte Mal getroffen hatte. «Wir können uns dort drüben an den Tisch setzen und das warme Wetter geniessen.» Sie willigte sofort ein, und wir tranken zusammen eine Cola.

Übung 8 Zeiten

Unterstreichen Sie in den folgenden Sätzen die Verben und bestimmen Sie die Zeit.
Beispiel:
Ich habe gestern meine Freunde erst spät am Abend getroffen. *Perfekt*

1. Der Übersetzer fand nicht alle Begriffe im Lexikon. ____________
2. Sie wird die Aufgaben nicht gemacht haben. ____________
3. Die Versammlung hat vorgestern stattgefunden. ____________
4. Er kauft sich ein neues Hemd. ____________
5. Die Schriftstellerin hat einen Preis gewonnen. ____________

6. Petra wird in diesem Jahr noch umziehen. ________________

7. Liegt es in seinem Ermessen? ________________

8. Wir atmeten tief durch, nachdem sie das Fenster geöffnet hatte. ________________

9. Sie betrachtete sein runzliges Gesicht. ________________

10. Die Menschen haben schon immer zu viel übers Geld gesprochen. ________________

Übung 9 **Zeiten**

Werden die Verben in den Sätzen von Übung 8 regelmässig (schwach) oder unregelmässig (stark) konjugiert?

Beispiel:

habe getroffen *treffen – traf – getroffen* *unregelmässig*

Übung 10 **Zeiten**

Der folgende Text steht in der Gegenwart. Bei Vorzeitigkeit muss das Perfekt gebraucht werden.

- Unterstreichen Sie alle Verben.
- Schreiben Sie den Text so um, dass er in der Vergangenheit steht. Hinweis: Die direkte Rede wird nicht verändert.

Draussen scheint die Sonne. Hier drin ist es angenehm kühl. Deshalb habe ich mich nach dem langen Arbeitstag etwas hingelegt und bin für einen Moment eingeschlafen. Bald jedoch erwache ich wieder. Im Halbschlaf vernehme ich seltsame Geräusche im Treppenhaus. Beunruhigt setze ich mich auf. «Ich bin doch allein im Haus», denke ich, nachdem ich Schritte gehört habe.

Ich schleiche zur Tür und merke, wie draussen ein Mann flüstert. Eine Frau antwortet, nachdem sie etwas Schweres abgestellt hat. Dann läutet die Türglocke. Ohne zu überlegen, öffne ich. Draussen stehen meine Eltern und sagen wie aus einem Mund: «Herzliche Gratulation!» Ich habe doch glatt vergessen, dass heute mein Geburtstag ist.

Übung 11 **Zeiten**

Bilden Sie die richtige Zeitreihenfolge.

Beispiel: Sie brachte das Buch in die Bibliothek, nachdem sie es ____________ *(lesen).* ***gelesen hatte***

1. Kaum ________________ (haben) er seine Freundin bemerkt, winkte er ihr.

2. Wir hoffen auf eine schnelle Lösung, da das Problem nicht sehr kompliziert ________________ (sein).

3. Weil er zu spät nach Hause ________________ (kommen), darf er nicht ins Kino gehen.

4. Während er sie ________________ (umarmen), kamen ihr die Tränen.

5. Ich glaube nicht, dass du damals so etwas ________________ (sagen).

6. Heute gilt vieles nicht mehr, was unsere Eltern noch ________________ ________________ (lernen).

7. Sie machten grosse Augen, da sie so etwas noch nie ________________ ________________ (sehen).

8. Kaum ________________ (sein) sie zu Hause angekommen, musste sie auch schon wieder weg.

9. Die Schüler schreiben eine Arbeit, während draussen die Sonne ________________ (scheinen).

10. Dieses Jahr ________________ (suchen) sie einen neuen Ferienort, weil es ihr im letzten Jahr am Meer nicht mehr gefallen hatte.

Übung 12 Zeiten

Verwenden Sie die richtige Zeitform. Achten Sie auf die Kommas.

- Durchgang 1: Präsens.
  Beispiel: Nachdem – sie – Aufgabe lösen – Kaffee trinken
  Sie **trinkt** (Präsens) einen Kaffee, nachdem sie die Aufgabe **gelöst hat** (Perfekt).
  Oder: Nachdem sie die Aufgabe **gelöst hat** (Perfekt), **trinkt** (Präsens) sie einen Kaffee.
- Durchgang 2: Präteritum.
  Beispiel: Nachdem – wir – Aufgabe lösen – Kaffee trinken
  Wir **tranken** (Präteritum) einen Kaffee, nachdem wir die Aufgabe **gelöst hatten** (Plusquamperfekt). Oder: Nachdem wir die Aufgabe **gelöst hatten** (Plusquamperfekt), **tranken** (Präteritum) wir einen Kaffee.

1. Weil – sie – zu spät ins Bett gehen – übermüdet aussehen
2. Nachdem – wir – ihn sehen – auf ihn zugehen
3. Kaum – ihr – fertig essen – Rechnung bezahlen
4. Da – Fussballer schlecht spielen – nicht zum Sieg reichen
5. Kaum – Lehrer hinausgehen – Schüler Lärm machen
6. Wasser auf den Boden tropfen – da – ich – Blumen nicht einpacken
7. Wir – Ferien in den Alpen verbringen – wo – schon im letzten Jahr sein
8. Ball unter das Auto rollen – weil – sie – nicht aufpassen
9. Nachdem – ich – Tür schliessen – Treppe hinuntergehen
10. Seine Haare – nass sein – da – im Regen aufhalten

Übung 13 Modus: Indikativ, Konjunktiv und Imperativ

- Unterstreichen Sie im folgenden Text alle Konjunktivformen.
- Unterscheiden Sie den Konjunktiv I vom Konjunktiv II.

Er sei zu spät zum Unterricht erschienen, erklärte der Kollege, weil der Bus nicht auf ihn gewartet habe. Aber die Lehrerin habe seine Entschuldigung nicht akzeptiert.
Ich lachte und sagte: «Ich hätte mir eine bessere Ausrede einfallen lassen.»
Er antwortete, er komme nächstes Mal nicht mehr mit uns. Wenn wir nicht so lange gefeiert hätten, wäre er nicht so müde gewesen. Dann sähe der Morgen ganz anders aus.

Schreiben
Lesen und Verstehen
Sprechen
Grammatik
Verzeichnisse

Übung 14 **Modus: Indikativ, Konjunktiv und Imperativ**

Formen Sie die folgenden Sätze direkter Rede in indirekte Rede um. Verwenden Sie dabei die passende Konjunktivform.

Beispiele:
Sie sagt: «Ich bin gestern zwanzig Jahre alt geworden.»
Sie hat gesagt, sie sei gestern zwanzig Jahre alt geworden.
Er dachte: «Wir haben die besseren Karten.»
Er dachte, sie hätten die besseren Karten.

1. Sie hat geantwortet: «Das ist das schönste Kleid, das ich je gekauft habe.»
2. Er bemerkte: «Ich kann noch nicht so gut deutsch sprechen.»
3. Sie klagten: «Die Geschäftsergebnisse sind schlechter als im letzten Jahr. Wir müssen uns mehr anstrengen.»
4. «Lange war dies kein Problem», meinte sie, «aber heute wird die Lage immer schwieriger.»
5. Er erklärte ihr: «Du hast nichts zu befürchten.»
6. Die Polizisten bestätigten: «Wir haben den Verbrecher gefasst.»
7. Er gab zu: «Ich bin durch dieses Fenster gestiegen.»
8. «Ich brauche keine Hilfe», sagte sie, «ich löse die Aufgaben lieber selber!»
9. «Das wirkt auf mich nicht neu», beteuerte er.
10. Mein Bruder sagt zu mir: «Ich gehe heute Abend ins Kino, wenn du mir etwas Geld leihst. Ich gebe es dir morgen zurück.»
11. Sie erzählte: «Ich denke immer daran, wie wir uns zum ersten Mal getroffen haben. Ich erinnere mich gerne an diesen Augenblick.»
12. In seinem Brief schrieb er: «Ich habe es hier sehr gemütlich. Ich stehe spät auf, gehe am Strand spazieren und esse nachher eine Pizza. Leider lerne ich aber nur wenige Leute kennen.»

Übung 15 **Modus: Indikativ, Konjunktiv und Imperativ**

Schreiben Sie den folgenden Text in indirekter Rede.

Der Anruf des Kommissars Schmidt erstaunte den Fahnder Spring.
«Was kann ich für Sie tun?», fragte er eher reserviert.
Schmidt räusperte sich. «Ich habe eine etwas delikate Angelegenheit, für die ich Sie um Hilfe bitten möchte. Es geht um eine Vermisstenanzeige.»
Spring wunderte sich: «Da bin ich doch wohl die falsche Adresse.»
«Ich hoffe nicht», erwiderte Schmidt, «oder eigentlich hoffe ich schon, aber … Es geht um Folgendes: Eine ehemalige Kollegin ist offensichtlich verschwunden.»
Schmidt wirkte in diesem Moment sehr professionell. «Ariane Beer ist seit einer Woche nicht mehr in ihrer Wohnung gesehen worden. Die Nachbarn wurden darauf aufmerksam, weil sich Arianes Katze völlig ausgehungert bei ihnen einquartierte.»
Spring sagte: «Vielleicht ist Ihre Bekannte in den Ferien.»
«Die Leute im Büro wissen nichts davon. Ariane kam ohne Abmeldung nicht mehr zum Dienst.»
Spring fragte: «Entspricht dies ihrem üblichen Verhalten?»
«Ich kenne sie ziemlich gut», antwortete Schmidt. «Sie ist eher sprunghaft, aber eigentlich sehr zuverlässig, und ich denke, wenn sie länger wegfahren wollte, hätte sie jemanden informiert.»

Übung 16 **Modus: Indikativ, Konjunktiv und Imperativ**

In Bedingungs-, Vergleichs- und Wunschsätzen brauchen wir den Konjunktiv II. Suchen Sie die richtigen Formen, verwenden Sie die würde-Form nur, wenn der Satz dadurch nicht zu schwerfällig wird.

Beispiel: Wenn ich Geld ______________ *(haben),* ______________ *ich in die Ferien* ______________ *(fahren). Wenn ich Geld* ***hätte, würde*** *ich in die Ferien* ***fahren****.*

1. Wenn die Menschen besser aufpassen würden (aufpassen), gäbe (geben) es weniger Unfälle.

2. Wenn die Frau sich sicher genug fühlte (fühlen), hätte (haben) sie weniger Angst.

3. Was dachtest du (denken), wenn sie jetzt neben dir stände (stehen)?

4. Ich tat, als ob ich nichts davon wüsste (wissen).

5. Sie taten, als ob sie schliefen (schlafen).

6. Ich hätte (haben) gerne ein Bauernbrot.

7. Ich möge (mögen) mich für die Verspätung entschuldigen.

8. Wenn es doch nur schon Abend wäre (sein).

9. Er strahlte, als ob er den Wettkampf gewänne (gewinnen).

10. Ich glaube nicht, dass ich so viel Geduld hätte (haben) wie du.

11. Wir wären (sein) froh, wenn Sie uns die bestellten Getränke schon morgen früh bringen könnten (können).

12. Wenn die Kinder länger schliefen (schlafen), würden sie sich besser erholen (erholen).

Übung 17 Aktiv und Passiv

Die Rettung des unvorsichtigen Schlumpfes

Schreiben Sie einen zur Bildgeschichte passenden Text. Verwenden Sie dabei aktive und passive Sätze und entscheiden Sie, welche Form sich jeweils besser eignet.

Schreiben
Lesen und Verstehen
Sprechen
Grammatik
Verzeichnisse

Übung 18 **Aktiv und Passiv**

Formen Sie die folgenden passiven Sätze in aktive um. Verwenden Sie dieselbe Zeit. Ergänzen Sie, wenn nötig, den Verursacher/die Verursacherin.

Beispiel:

Die Ausstellung ist gestern (vom Direktor) eröffnet worden.

Der Direktor hat gestern die Ausstellung eröffnet.

1. Menschen werden nur selten von Schlangen angegriffen.
2. Im Märchen der Gebrüder Grimm wird die Grossmutter vom Wolf gefressen.
3. Im Emmental wird viel Käse hergestellt.
4. Die Setzlinge wurden von der Gärtnerin eingepflanzt.
5. Den Besuchern waren von den Verantwortlichen grosse Versprechungen gemacht worden.
6. Diese Teigwaren dürfen nur kurz gekocht werden.
7. Dieser Brief ist von meiner Schwester geschrieben worden.
8. Der Fussgänger wurde vom Auto angefahren.
9. Die Dokumente sind im Lauf der Zeit völlig vergessen worden.
10. Dieses Buch wird heute nicht mehr gelesen.
11. Die Schüler wurden von der Lehrerin genau beobachtet.
12. Der Wald war nach den Unwettern von den Förstern gesperrt worden.
13. Milch wird auch in Zukunft getrunken werden.
14. Sie ist gestern zur Präsidentin des Vereins gewählt worden.
15. Früher wurden die Trauben noch von Hand gepresst.
16. Du wirst von der Lehrerin gelobt werden.

Übung 19 **Aktiv und Passiv**

Formen Sie die folgenden aktiven Sätze in passive um. In einigen Sätzen können Sie den Verursacher/die Verursacherin weglassen. Achten Sie auf die richtige Zeit.

Beispiel:

Die junge Frau trägt einen langen Mantel.

Ein langer Mantel wird (von der jungen Frau) getragen.

1. Der Stein traf ihn zum Glück nicht.
2. Sie haben den Brand knapp verhindert.
3. Die Krankenschwester betreute die Patientin.
4. Die Wärter haben die entlaufenen Tiere wieder eingefangen.
5. Kolumbus hat Amerika entdeckt.
6. Die Menschheit wird die grossen Künstler nicht vergessen.
7. Wir müssen die Wand unbedingt neu streichen.
8. Leonardo da Vinci hat dieses Bild gemalt.
9. Meine Eltern bezahlten das Schulgeld.
10. Die Katze hatte eine Maus gejagt.

Übung 20 **Alle Verbformen**

Bestimmen Sie die folgenden Verben nach Person, Zahl, Zeit, Modus, Genus.

Beispiel:

ihr könntet	*2. Person Plural, Konjunktiv II, aktiv*
ich/er wurde gesehen	*1. und 3. Person Singular, Präteritum, Indikativ, passiv*

1. es war geschehen ____________________
2. du solltest ____________________
3. ich beriete ____________________
4. es wird bezahlt ____________________

5. ihr geht ______________________
6. sie wird gelernt haben ______________________
7. ihr wart gekommen ______________________
8. er hätte gelebt ______________________
9. ihr dürftet ______________________
10. wir seien ______________________
11. es ist geschrieben worden ______________________
12. sie hatte gesehen ______________________

Übung 21 Zusammenhang von Verb und Fall

Schreiben Sie zu den folgenden Verben alle Fälle auf, die Sie erfragen können.

Beispiel: kaufen

Nominativ: Wer kauft?	*Die Mutter kauft.*
Dativ: Die Mutter kauft wem?	*Die Mutter kauft dem Sohn …*
Akkusativ: Die Mutter kauft dem Sohn wen oder was?	*… kauft dem Sohn ein Geschenk.*

Beim Verb «kaufen» finden wir also die Fälle: Nominativ, Dativ, Akkusativ.

1. backen ______________________
2. betrügen ______________________
3. bringen ______________________
4. essen ______________________
5. geben ______________________
6. lassen ______________________
7. reisen ______________________
8. schreiben ______________________
9. sich erfreuen ______________________
10. springen ______________________

Das Nomen (Substantiv, Namenwort)

Was wird behandelt?

- Geschlecht und Zahl
- Pluralbildung
- Verbindung von Pronomen und Nomen
- Deklination

Was ist ein Nomen?

Ein **konkretes Nomen** bezeichnet ein Lebewesen (der Hund, der Mensch), ein Ding (die Tasche, das Pult), einen Eigennamen (Franz, Anna).
Ein **abstraktes Nomen** bezeichnet etwas nicht Greifbares oder etwas Gedachtes (der Tod, der Gedanke).

Wie erkenne ich ein Nomen?

- Nomen werden grossgeschrieben: der **M**ann, die **F**rau, das **S**pielen.
- Nomen haben häufig bestimmte Endungen

-ung	(die Richtung)
-heit	(die Klarheit)
-keit	(die Eitelkeit)
-tät	(die Pubertät)
-tum	(das Altertum)
-schaft	(die Feindschaft)

- Vor jedes Nomen kann man einen Artikel (Begleiter) setzen. So kann man auch prüfen, ob man ein Wort grossschreiben muss.

Geschlecht und Zahl

> Übungen 1, 2 S. 145

Man unterscheidet im Deutschen drei grammatische Geschlechter (Genus).

maskulin	(männlich)	der Hund, der Mann, der Baum
feminin	(weiblich)	die Katze, die Frau, die Zeit
neutrum	(sächlich)	das Boot, das Kind, das Bad

Nomen können im Singular oder im Plural stehen. Man bezeichnet dies als Numerus.

Singular (Einzahl)	**Plural (Mehrzahl)**
der Hund, der Mann, der Baum	die Hunde, die Männer, die Bäume
die Katze, die Frau, die Zeit	die Katzen, die Frauen, die Zeiten
das Boot, das Haus, das Bad	die Boote, die Häuser, die Bäder

Pluralbildung

> Übungen 3, 4 S. 146

Wenn Nomen in den Plural gesetzt werden, lautet der bestimmte Artikel immer **die**. Ausserdem gibt es in der Regel Veränderungen am Nomen selbst.

Endung:	die Katze	> die Katze**n**
Umlaut:	die Tochter	> die T**ö**chter

Auch mehrere Änderungen sind möglich:

- Endung und Umlaut: der Hut > die **Hüte**
- Konsonantenverdoppelung und Endung: das Ereignis > die Ereigni**sse**

Bei einigen Nomen verändert sich nichts: der Koffer > die Koffer

Verbindung von Pronomen und Nomen

Die Artikel (Begleiter des Nomens) können durch gewisse Pronomen ersetzt werden.

Fälle	**Singular**			**Plural**		
Nominativ	das	dieses	mein Haus	die	diese	meine Häuser
Genitiv	des	dieses	meines Hauses	der	dieser	meiner Häuser
Dativ	dem	diesem	meinem Haus(e)	den	diesen	meinen Häusern
Akkusativ	das	dieses	mein Haus	die	diese	meine Häuser

Deklination

> Übungen 5–8 S. 147–149

Nomen können dekliniert, das heisst in die 4 Fälle (Kasus) gesetzt werden. Mit dem richtigen Fragewort findet man den passenden Fall.

Fall (Kasus)	Frage	**maskulin** (männlich)	**feminin** (weiblich)	Frage	**neutrum** (sächlich)
Nominativ (Wer-Fall)	**Wer oder was** sitzt am Tisch?	**Der Vater** sitzt am Tisch.	**Die Mutter** sitzt am Tisch.	**Wer oder was** liegt hier?	**Das Buch** liegt hier.
Genitiv (Wes-Fall)	**Wessen** Schlüssel ist das?	Das ist der Schlüssel **des Vaters**.	Das ist der Schlüssel **der Mutter**.	**Wessen** Farbe ist rot?	Die Farbe **des Autos** ist rot.
Dativ (Wem-Fall)	**Wem** gehört das Velo?	Das Velo gehört **dem Sohn**.	Das Velo gehört **der Tochter**.	**Wem** fallen die Blätter ab?	**Dem Baum** fallen die Blätter ab.
Akkusativ (Wen-Fall)	**Wen oder was** sehen sie?	Sie sehen **den Nachbarn**.	Sie sehen **die Nachbarin**.	**Wen oder was** sehen sie?	Sie sehen **das Millionen-Quiz**.

Es gibt drei Deklinationen, d.h. drei verschiedene Möglichkeiten, wie sich ein Nomen verändert, wenn man es in die vier Fälle setzt.

Die drei Deklinationen im Singular

Fälle	**Die schwache Deklination** (die n-Deklination)	**Die starke Deklination** (die s-Deklination)	**Die gemischte Deklination** (die Null-Deklination)
Nominativ	der Mensch	das Haus der Tisch	die Linie die Mutter
Genitiv	des Mensch-**en**	des Haus-**es** des Tisch-**(e)s**	der Linie der Mutter
Dativ	dem Mensch-**en**	dem Haus-**(e)** dem Tisch-**(e)**	der Linie der Mutter
Akkusativ	den Mensch-**en**	das Haus den Tisch	die Linie die Mutter
Hinweise	Alle Endungen auf -n/-en Dazu gehören einige männliche Nomen (mit -n/-en im Plural).	Im Genitiv Singular lautet die Endung -(e)s. Alle neutralen und die meisten maskulinen Nomen gehören dazu.	Im Singular keine Endungen. Alle femininen Nomen gehören dazu.

Die drei Deklinationen im Plural

Fälle	**Die schwache Deklination** (die n-Deklination)	**Die starke Deklination** (die s-Deklination)	**Die gemischte Deklination** (die Null-Deklination)
Nominativ	die Mensch-**en**	die Häus-**er** die Tisch-**e**	die Linie-**n** die Mütter
Genitiv	der Mensch-**en**	der Häus-**er** der Tisch-**e**	der Linie-**n** der Mütter
Dativ	den Mensch-**en**	den Häus-**ern** den Tisch-**en**	den Linie-**n** den Mütter-**n**
Akkusativ	die Mensch-**en**	die Häus-**er** die Tisch-**e**	die Linie-**n** die Mütter
Allgemeine Hinweise	Im Dativ Plural lautet die Endung immer -(e)n. Im Plural lauten die Artikel in allen drei Deklinationen gleich: die, der, den, die.		
Ausnahmen	Nicht alle Fremdwörter unterliegen diesen drei Deklinationsformen (Beispiel: das Büro – die Büros).		

Übungen

Übung 1 **Geschlecht und Zahl**

Bestimmen Sie das Genus, indem Sie den bestimmten Artikel setzen.

______ Käfig	______ Zigarette	______ Fahrrad	______ Wurf
______ Bleistift	______ Wachs	______ Abteil	______ Ball
______ Butter	______ Dessert	______ Giraffe	______ Kaffee
______ Kino	______ Bahn	______ Ecke	______ Spitze
______ Koffer	______ Spital	______ Socke	______ Lineal
______ Kamin	______ Null	______ Prozent	______ Taxi

Übung 2 **Geschlecht und Zahl**

Einige Nomen ändern mit dem Geschlecht ihre Bedeutung. Man spricht dabei von Homonymen. *Beispiel: Der Hut = eine Kopfbedeckung, die Hut = die Vorsicht*
Setzen Sie den entsprechenden Artikel (Begleiter) vor die Nomen.

1. der Tau ist eine Art Niederschlag.
   das Tau wird zum Anbinden von Schiffen verwendet.
2. der Service ist die Bedienung in einem Restaurant.
   das Service ist das Gedeck für den Tisch.
3. der Verdienst ist der Lohn.
   das Verdienst ist der Anspruch auf Dank und Anerkennung.
4. der Kiefer ist ein Teil des Schädels.
   die Kiefer ist ein Nadelbaum.
5. der See ist ein Binnengewässer.
   die See ist ein anderer Ausdruck für das Meer.
6. der Leiter ist der Vorsteher, z. B. einer Schule.
   die Leiter ist ein Steiggerät.
7. der Kunde ist ein möglicher Käufer.
   die Kunde ist eine Nachricht.
8. die Steuer ist eine Abgabe.
   das Steuer ist eine Lenkvorrichtung.
9. der Erbe ist der Empfänger der Hinterlassenschaft.
   das Erbe ist das Erbgut.

10. das Tor ist ein grosser Eingang.
der Tor ist ein dummer Kerl.

11. der Mast ist ein Bootsbaum.
die Mast ist die Aufzucht von Tieren.

12. der Schild ist eine Schutzwaffe.
das Schild ist ein Hinweiszeichen.

13. das Tessin ist ein Kanton.
der Tessin ist ein Fluss.

Übung 3 **Pluralbildung**

Schreiben Sie die Pluralformen von folgenden Wörtern auf und erklären Sie, was sich geändert hat.

Beispiel:	*Plural*	*Was verändert sich am Nomen?*
der Kurs	*die Kurse*	*Endung*
1. der Fluss	die Flüsse	End. / Umlaut
2. der Berg	die Berge	Endung
3. die Wolke	Wolken	Endung
4. das Haus	Häuser	End / Umlaut
5. der Hebel	Hebel	bleibt
6. die Verkäuferin	Verkäuferinnen	End.
7. der Gast	Gäste	Ende / Umlaut
8. der Teller	Teller	bleib
9. der Bogen	Bögen	Umlaut
10. das Zeugnis	Zeugnisse	Endung

Übung 4 **Pluralbildung**

Schreiben Sie die Pluralformen auf.
Hinweis: Fremdwörter bilden oft spezielle Pluralformen, manchmal sind mehrere Formen möglich.

1. das Büro Büros
2. der Charakter Charakteren
3. das Datum Daten
4. der Doktor Dokoren
5. das Komma Kommas

6. das Konto konten
7. das Lexikon lexika
8. das Risiko Risiken
9. das Prinzip Prinzipien
10. der Rhythmus Rythmen
11. das Solo Solen
12. das Tempo tempos
13. das Thema Themen
14. der Typ typen
15. das Verb verben
16. der Zirkus die ~~Zirken~~ Zirkuse

Übung 5 Fragen Sie bei den fett gedruckten Wörtern nach dem Fall. Lassen Sie die entsprechenden Wörter weg und stellen Sie die Fallfrage.

1. Wir betrachten **einen Film** auf der Grossleinwand. Akk
2. **Das Buch** liegt auf dem Tisch. Nom
3. Diese Tasche gehört **jener Frau**. Dat
4. Wir erfreuen uns **des Lebens**. Gen.
5. **Dieses Lied** habe ich noch nie gehört. Akk
6. **Einem Freund** sollte man vertrauen können. ~~Akk~~ / Dativ
7. Erinnere dich **deines schönsten Tages**. Gen.
8. Den gegnerischen Angriff hat **die Verteidigung** abgeblockt. Nom

Übung 6 **Fälle**

Bestimmen Sie die Fälle der **fett** gedruckten Nomen, indem Sie den entsprechenden Buchstaben für den Fall einsetzen.
(N = Nominativ, G = Genitiv, D = Dativ, A = Akkusativ)

Dank einer vom Bürgermeister verhängten Ausgangssperre **für Männer** (A) haben **die Frauen** (N) **der** kolumbianischen **Hauptstadt** (G) Bogota die Nacht **zum Samstag** (D) für sich erobert. Mehr als **eine** halbe **Million** (A) Frauen strömten **in das Zentrum** (A) **der Metropole** (G), während **die Männer** (N) sich bemühten, rechtzeitig zum Beginn der Sperrzeit um 19 Uhr zu Hause zu sein. Nur Männer **mit einem** vom Bürgermeisteramt ausgestellten **Passierschein** (D) durften sich in der Öffentlichkeit aufhalten. Sie wurden von den Frauen ausgepfiffen, verspottet, **mit Mehl** (D) beworfen oder **in den Po** (A) gezwickt.

Der Bürgermeister (N) hatte die «Nacht der Frauen» angeordnet, um zum Nachdenken über «häusliche Gewalt» anzuregen. Bogota gilt als besonders gewalttätig. **Laut** amtlichen **Angaben** (D) starben in den letzten fünf Jahren 21 284 **Menschen** (N) **eines** gewaltsamen **Todes** (G); 40 Prozent **der Frauen** (G) wurden im Jahr 2000 **von ihren Ehemännern** (D) oder Gefährten geschlagen.

«Der Bund», 12.03.2001

Übung 7 **Fälle**

Setzen Sie die Begriffe in Klammern in den richtigen Fall.

Es ist die Zeit ______________ (das Zwielicht). Die Wohnhäuser, die ______________ (der Marktplatz) begrenzen, schneiden eckige ______________ (Konturen) in ______________ (der Himmel), durch die Baumkronen ______________ (der Park) schweben die Leuchtstoffröhren wie bleiche Fische. Tina hebt ein Bonbonpapierchen auf, streicht es an ______________ (ihre Jacke) glatt, hält es knapp vor ______________ (der Mund) und bläst es fort.

Der Vater wechselt die Einkaufstasche von ______________ (die) linken zur rechten ______________ (Hand) und schreitet rascher aus. Tina wartet vergeblich auf ______________ (sein Blick), sie wartet vergeblich auf ______________ (ein Satz), sie wartet darauf, vom Vater beachtet zu werden.

Die Baracken ______________ (die Grossverteiler) sind längst geschlossen, eine verlassene Stadt, die hinter ______________ (Scherengitter) ______________ (Schätze) verbirgt, ______________ (der Duft) von ______________ (Südfrüchte) und ______________ (Dachpappe) und das Huschen ______________ (die) grauen ______________ (Mäuse).

Hastig treten Vater und Tochter in ______________ (der Supermarkt), um ______________ (der Wochenendeinkauf) zu erledigen. Vater ist immer noch beleidigt wegen ______________ (die Geschichte) mit ______________ (der Nachbar), dem sie beim letzten Zusammentreffen im Treppenhaus «Saukerl» und andere, weit schlimmere Schimpfwörter ausgeteilt hat. Wieso auch musste dieser «Gruftie», der zugleich Hausmeister ______________ (der Wohnblock) war, auch gleich ______________ (die Polizei) rufen, nur weil sie mit ______________ (ihre Kolleginnen) Svens neues Moped auf ______________ (sein) heiligen ______________ (Rasen) ausprobiert hatte? ______________ (Die Woche) Hausarrest hätte sie noch verschmerzen können, aber dass ihr Vater seitdem kaum mehr ein Wort mit ______________ (seine Tochter) spricht, wurmt sie.

Übung 8 **Geschlecht, Zahl und Fall**

Bestimmen Sie die **fett** gedruckten Nomen nach Genus, Numerus und Kasus.

Gerissene Schafe im Turtmanntal

Der **Wolf** (1) im Walliser Turtmanntal darf geschossen werden. Das Bundesamt für Umwelt, Wald und Landschaft (BUWAL) hat eine **Abschussbewilligung** (2) erteilt, nachdem erwiesen ist, dass der **Räuber** (3) tatsächlich ein Wolf ist und dass es nicht dasselbe **Tier** (4) ist, das im Val d'Hérens sein **Unwesen** (5) treibt.

Der Wolf darf aber erst geschossen werden, wenn er 50 **Schafe** (6) getötet hat. Bis am 14. August hat der Wolf im Turtmanntal mindestens 48 Schafe gerissen. Gehen die Raubzüge in der gleichen **Intensität** (7) weiter, werde er in den nächsten **Tagen**-(8) die **Grenze** (9) von 50 Schafen erreichen, schreibt das BUWAL in einem Communiqué.

Um unnötige **Verzögerungen** (10) zu vermeiden, sei die Abschussbewilligung im Voraus erteilt worden. Der in internationalen Abkommen geschützte Wolf darf nur geschossen werden, wenn er «untragbare Schäden» anrichtet. Im **Entwurf** (11) des **«Wolf-Konzepts»** (12) definiert das BUWAL diesen Schaden mit 50 gerissenen Schafen.

«Berner Zeitung», 17.08.2000

		Genus	Numerus	Kasus
1.	Wolf	maskulin	einzahl	Nomin
2.	Abschuss-bewilligung			
3.	Räuber			
4.	Tier			
5.	Unwesen			
6.	Schafe			
7.	Intensität			
8.	Tagen			
9.	Grenze			
10.	Verzögerungen			
11.	Entwurf			
12.	«Wolfs-Konzepts»			

Das Adjektiv (Eigenschaftswort)

Was wird behandelt?

- Deklination
- Vergleichsformen
- Adjektivbildung

Was ist ein Adjektiv?

Adjektive beschreiben, **wie etwas ist** oder **wie man etwas macht.**
Der Berg ist **hoch**. Sie laufen **schnell**.

Sie können in der Regel dekliniert und gesteigert werden.
Adjektive können bei den vier anderen Wortarten stehen:

- bei einem Nomen
  Der **grosse Mann** zwängte sich durch die Türe.
  Sie ging als **stolze Siegerin** aus dem Wettbewerb.
  Die **Katze** ist **anschmiegsam**.
  Der **Wein** ist schon zu **alt**.

- bei einem Verb
  Sie **kochte liebevoll** ein Abendessen.
  Er **rannte rücksichtslos** davon.

- bei einem Adjektiv
  Die **typisch englische** Burg war geschlossen.
  Das Buch verkauft sich **ungewöhnlich gut**.

- bei einer Partikel
  Hoch oben rauschte das Flugzeug vorbei.
  Kurz danach ging die Sirene los.

Wie erkenne ich ein Adjektiv?

> Übung 1 S. 152

Adjektive sind veränderbar. Sie lassen sich deklinieren und in Vergleichsformen setzen (steigern). Am einfachsten erkennt man ein Adjektiv daran, dass man es zwischen Artikel/Pronomen und Nomen setzen kann.
das **neue** Handy, die **guten** Noten

Deklination

> Übungen 2, 3 S. 152

Deklination im Singular, mit dem bestimmten Artikel

Fälle	**maskulin** (männlich)	**feminin** (weiblich)	**neutrum** (sächlich)
Nominativ	der alte Mann	die nette Frau	das liebe Kind
Genitiv	des alte-**n** Mannes	der nette-**n** Frau	des liebe-**n** Kindes
Dativ	dem alte-**n** Mann(e)	der nette-**n** Frau	dem liebe-**n** Kind(e)
Akkusativ	den alte-**n** Mann	die nette Frau	das liebe Kind

Hinweis: Nur im Akkusativ weicht der Singular maskulin von den beiden anderen Formen ab.

Deklination im Plural, mit dem bestimmten Artikel

Fälle	maskulin (männlich)	feminin (weiblich)	neutrum (sächlich)
Nominativ	die alte-**n** Männer	die nette-**n** Frauen	die liebe-**n** Kinder
Genitiv	der alte-**n** Männer	der nette-**n** Frauen	der liebe-**n** Kinder
Dativ	den alte-**n** Männern	den nette-**n** Frauen	den liebe-**n** Kindern
Akkusativ	die alte-**n** Männer	die nette-**n** Frauen	die liebe-**n** Kinder
Hinweis	Das Adjektiv verändert sich im Plural nicht.		

Deklination im Singular, mit dem unbestimmten Artikel

Fälle	maskulin (männlich)	feminin (weiblich)	neutrum (sächlich)
Nominativ	ein alte-**r** Mann	eine nette Frau	ein liebe-**s** Kind
Genitiv	eines alte-**n** Mannes	einer nette-**n** Frau	eines liebe-**n** Kindes
Dativ	einem alte-**n** Mann(e)	einer nette-**n** Frau	einem liebe-**n** Kind(e)
Akkusativ	einen alte-**n** Mann	eine nette Frau	ein liebe-**s** Kind
Hinweis	Mit dem unbestimmten Artikel existieren keine Pluralformen.		

Deklination im Singular, ohne Artikel

Fälle	maskulin (männlich)	feminin (weiblich)	neutrum (sächlich)
Nominativ	alte-**r** Mann	nette Frau	liebe-**s** Kind
Genitiv	alte-**n** Mannes	nette-**r** Frau	liebe-**n** Kindes
Dativ	alte-**m** Mann(e)	nette-**r** Frau	liebe-**m** Kind(e)
Akkusativ	alte-**n** Mann	nette Frau	liebe-**s** Kind

Deklination im Plural, ohne Artikel

Fälle	maskulin (männlich)	feminin (weiblich)	neutrum (sächlich)
Nominativ	alte Männer	nette Frauen	liebe Kinder
Genitiv	alte-**r** Männer	nette-**r** Frauen	liebe-**r** Kinder
Dativ	alte-**n** Männern	nette-**n** Frauen	liebe-**n** Kindern
Akkusativ	alte Männer	nette Frauen	liebe Kinder
Hinweis	Im Plural verhält sich das Adjektiv bei allen Nomen gleich. Es ändert sich aber von Fall zu Fall.		

Vergleichsformen

> **Übungen 4, 5** S. 154–155

Adjektive können gesteigert werden. Die Steigerungsformen lauten:

Positiv (Grundform)	**Komparativ** (Vergleichsform)	**Superlativ** (Höchstform)
klein	kleiner	am kleinsten
sicher	sicherer	am sichersten

Einige Vergleichsformen bildet man mit Umlaut (ä,ö,ü) im Komparativ und Superlativ.

nah	näher	am nächsten
hoch	höher	am höchsten

Schreiben | Lesen und Verstehen | Sprechen | Grammatik | Verzeichnisse

Adjektivbildung

> **Übungen 6, 7** S. 155

– Adjektive können aus Nomen und Adjektiven gebildet werden.
das Haus – hoch > **haushoch**
der Stein – hart > **steinhart**

– Adjektive können von Nomen abgeleitet werden.
der König ein **königliches** Vergnügen
der Riese ein **riesiges** Bauwerk

> Wortschatz, S. 66

– Adjektive können auch von Verben abgeleitet werden.
trauern die **trauernde** Witwe (Partizip I)
platzen der **geplatzte** Ballon (Partizip II)

Übungen

Übung 1 **Wie erkenne ich ein Adjektiv?**
Unterstreichen Sie im folgenden Text die Adjektive.

Michael Schumacher – Autorennfahrer
Michael Schumacher hat viele Facetten: Mann der tausend Gesichter und doch gradliniger Typ, mal Teufelskerl, mal netter Junge von nebenan, mal mit Charisma, mal ohne Ausstrahlung, mal berechnend, dann wieder emotional. Er ist vorbildlich, aber kein Musterknabe; er ist unbeherrscht, aber kein Choleriker.
Der Deutsche ist Einzelgänger mit Teamgeist. Er gibt sich volksnah, ist aber öffentlichkeitsscheu, trotzdem medienwirksam und redegewandt. «Schumi» ist kein Volksheld zum Anfassen, wie er immer wieder vorgibt. Er scheut das Bad in der Menge, bricht – in die Enge getrieben – schnell mal aus der Bahn aus. Wer ihm in die Quere kommt, muss mit einem Seitenhieb rechnen.
In Bedrängnis kann er zum Tier werden. Die Lippen werden schmal, das Kinn noch spitzer. Dann gilt es, in Deckung zu gehen. Dass ihn auch «weiche» emotionale Schübe übermannen können, bewies die letzte Saison. Unter Tränen brach er an der Pressekonferenz in Monza zusammen. Diese Szene brachte zumindest eine eindeutige Erkenntnis und die letzten Zweifler zum Verstummen: Schumacher ist kein Roboter.
«Der Bund», 02.03.2001

Übung 2 **Deklination von Adjektiven**
– Deklinieren Sie folgende Begriffe im Singular: eine saure Zitrone, ein schwieriger Fall, ein gelbes Halstuch, eine fromme Person.
– Deklinieren Sie folgende Begriffe im Singular und Plural: die fette Ente, der schmale Weg, das weisse Boot, die unglückliche Freundin.

Übung 3 **Deklination von Adjektiven**
Vervollständigen Sie in den folgenden Texten die Adjektivendungen.

Machen Sie Ferien in unserem ungewöhnlich_______ Ferienort in der alpin_______ Bergwelt. Es erwarten Sie atemberaubend_______ Abfahrtspisten, herrlich_______ Schlittelwege, grossartig_______ Wanderungen in verschneit_______ Wäldern und zahlreich_______ andere Attraktionen.

Unseren ideal gelegen____ Ferienort erreichen Sie einfach per Bahn oder mit dem Auto. Es stehen zahlreiche gedeckt____ Autoabstellplätze zur Verfügung, aber eigentlich ist die Anfahrt mit der Bahn viel eindrucksvoll____.

Bei schlecht____, garstig____ Wetter können Sie sich in unserem modern____ Hallenbad erholen, wo Sie auch ein umfangreich____ Angebot an Fitnessgeräten vorfinden.

Aber keine Angst, trotz neblig____ Tagen und ergiebig____ Regenfällen sind wir eine vom Wettergott bevorzugt____ Region.

Auch das Fehlen künstlich____ Beschneiungsanlagen stellt für uns kein Problem dar, liegt unser Ferienort doch in einem vor Wind und Wetter geschützt____ Talkessel. Trotzdem haben wir häufig____ Sonnentage und warm____ Temperaturen.

Suchen Sie ein gut____ Restaurant? Kein Problem, denn auch in diesem Bereich können wir gross____ auftrumpfen. Im neu____ errichteten Zentrumshaus finden Sie neben einem chinesisch____ Restaurant, dessen experimentierfreudig____ Besitzer auch ein ländlich____ «Beizchen» oberhalb des Dorfeingangs führen, ein echt mexikanisch____ Lokal.

Eine einmalig____ lebendig____ Atmosphäre erwartet Sie auf den erstklassig____ Pisten und romantisch____ Wanderwegen. Von ganz besonders ausgefallen____ Art sind dabei die vielen kunstvoll____ geschnitzt____ Bänke und Stühle, die von einem renommiert____ ausländisch____ Künstler für die heimisch____ Bergwelt geschaffen worden und die entlang der markiert____ Wege angebracht sind. Gönnen Sie sich Erholung im best____ Ferienort der Welt.

Freundlich____, einfühlsam____ Partnerin wird phlegmatisch____ Traummann präsentiert:

Kräftig____, schnauzbärtig____ Mann (Mitte 20) mit ausgesprochen____ unsportlich____ Körperbau sucht lieb____ Frau von einfühlsam____, zärtlich____ Wesen.

Hast du Lust auf kulturell____ Anlässe und fein____ Essen in gediegen____ Restaurants?

Ziehst du ruhig______ Sonntage bei ausgedehnt______ Frühstück und ausgiebig______ Zeitungslesen den sportlich______ Höchstleistungen an kalt______, windig______ Ferientagen vor? Sprechen dich geistig______ Bildung und vergnüglich______ Kinoabende mehr an als körperlich______ anstrengend______ Abenteuer in rau______ Wildnis, Fahrten in reissen______ Flüssen und Sprünge an Gummiseilen aus Schwindel erregend______ Höhe? Schön______ Wohnen und modern______ Einrichtungen sind für mich ebenfalls sehr wichtig. Du siehst, lebenslustig______ und überschäumend______ Temperament sollte bei dir nicht im Übermass vorhanden sein. Fühlst du dich angesprochen und hast du auch genug vom ewig______ Suchen und Warten auf den perfekt______ Traumpartner?

Schreiben Sie eine solche Kontaktanzeige für sich selber oder jemanden, den Sie gut kennen.

Übung 4 **Vergleichsformen**

Setzen Sie folgende Adjektive in die Vergleichsformen.

Beispiel:

tiefe Zinsen	*tiefere Zinsen*	*die tiefsten Zinsen*
1. brave Kinder		
2. salzige Nüsse		
3. weiche Pflaumen	weichere K.	weichsten Röcke
4. weite Röcke		
5. schöne Bilder	schönere B	schönstes
6. heisse Maroni	heissere Maronis	heissesten M.
7. leise Diebe	leisere Diebe	leisesten Diebe
8. morsche Äste		
9. fade Teigwaren		
10. schlaue Betrüger	~~to~~ schlauere B	schlausten B
11. viele Geschäfte	mehrere Geschäfte	die meisten
12. saubere Westen	saubere G.	saubersten

Übung 5 **Vergleichsformen**

Setzen Sie folgende Adjektive in die Vergleichsformen.

Beispiel:

alte Filme	*ältere Filme*	*die ältesten Filme*
1. dunkle Ecken	dünklere	dunkler
2. heikle Transporte	heiklere	heiklesten
3. üble Gerüche	üblere	ubelst
4. teure Uhren	teueren	teuersten
5. saure Gurken	sauere	sauersten
6. gute Weine	bessere	besten
7. fitte Sportler	fittere	fittesten
8. edle Autos	edlere	dedelsten
9. nahe Verwandte	nähere	nähster
10. hohe Türme	höhere	höchsten
11. dumme Leute	dümmere	dümmere
12. grobe Körner	grobere	grobersten

Übung 6 **Adjektivbildung**

Bilden Sie mit den folgenden Begriffen zusammengesetzte Adjektive:

Beispiel: weit – Meile > meilenweit

Team, Tau, Tod, Pech, Pfeil, Kern, Abgrund, Meter, Blüte, Welt, Gift, Wiesel, Meer, Stein, Rand, Feder

schwarz, weiss, schnell, grün, gesund, reich, voll, tief, hoch, fähig, leicht, frisch, flink, berühmt, unglücklich, blau

Übung 7 **Adjektivbildung**

Bilden Sie aus den folgenden Begriffen Adjektive auf -lich, -bar, -sam, -haft, -ig:

Beispiel: Ehre > ehrlich, ehrenhaft, ehrbar

Gewalt, Sonne, Kummer, Zwerg, Erstaunen, Sicht, Mühe, Ansehen, Meister, Angst

machen, trinken, danken, teilen, lachen, erfreuen, ruhen, mögen, geizen, glauben

schwach, rot, zart, sauer, rund

Das Pronomen (Fürwort)

Was wird behandelt?

- Deklination
- Pronomenarten
- Relativpronomen/Relativsätze

Was ist ein Pronomen?

Pronomen sind Stellvertreter oder Begleiter eines Nomens. Das heisst, sie stehen vor einem Nomen (Begleiter) oder ersetzen es (Stellvertreter). Deshalb richten sich Genus (Geschlecht), Numerus (Zahl) und – beim Begleiter – auch der Kasus (Fall) des Pronomens nach dem des Nomens.

Begleiter: **Das** Haus an der Ecke gehört **meinem** Bruder.
(**Das** ist der Begleiter vom Nomen **Haus** und **meinem** begleitet das Nomen **Bruder**.)

Stellvertreter: **Er** hat **es** selber erbaut.
(**Er** steht anstelle von **mein Bruder**, **es** anstelle von **Haus**.)

Wie erkenne ich ein Pronomen?

> **Übung 1** S. 159

Man kann die meisten Pronomen deklinieren. Im Satz erkennt man ein Pronomen am einfachsten nach dem Ausschlussverfahren: Wenn eine deklinierbare Wortart weder ein Nomen noch ein Adjektiv ist, handelt es sich um ein Pronomen.

Deklination

> **Übungen 2, 3** S. 159–160

> Deklination von Adjektiven, S. 150

Die Endung der meisten Pronomen richtet sich nach dem Fall (Kasus) des begleiteten Nomens.

Nominativ	**Meine/diese** Brieftasche ist weg.
Genitiv	Die Farbe **meiner/dieser** Brieftasche ist braun.
Dativ	Es ist viel Geld in **meiner/dieser** Brieftasche.
Akkusativ	Mein Bruder hat mir **meine/diese** Brieftasche geschenkt.

Pronomenarten

> **Übung 4** S. 160

Personalpronomen	persönliches Fürwort	**Ich** gehe in den Wald. Haben **Sie ihn** gesehen?
Reflexivpronomen	rückbezügliches Fürwort	Er kämmt **sich** die Haare. Ihr wascht **euch** sofort!
Possessivpronomen	besitzanzeigendes Fürwort	Dies ist **mein** Auto. **Ihre** Kleider gefallen mir.
Bestimmter Artikel	bestimmtes Geschlechtswort	**Das** Haus brennt. Ich kenne **den** Weg.
Unbestimmter Artikel	unbestimmtes Geschlechtswort	Das gibt **eine** Katastrophe. Ich möchte **ein** Gespräch mit Ihnen.

Demonstrativ-pronomen	hinweisendes Fürwort	**Dieses** Buch will ich haben. **Das** ist die beste Lösung. **Jenen** Film haben wir gesehen.
Relativpronomen	bezügliches Fürwort	Der Mann, **welcher** hier wohnt, heisst Meier. Es ist nicht die Frau, **die** ich meine.
Interrogativ-pronomen	fragendes Fürwort	**Welche** Farbe magst du? **Wessen** Heft ist das?
Indefinitpronomen	unbestimmtes Fürwort	**Niemand** kennt die Lösung. Ist hier **keiner**?

Relativpronomen/Relativsätze

> **Übungen 5, 6** S. 161–162

Mittels Relativpronomen können zwei Einzelsätze miteinander verbunden werden. Dies ermöglicht einen flüssigeren Schreibstil.

- Einfacher Relativsatz:
  Er kauft einen **Schokoriegel. Den Schokoriegel** teilt er mit seiner Freundin.
  Er kauft einen **Schokoriegel, den** er mit seiner Freundin teilt.

- Eingeschobener Relativsatz:
  Eine **junge Frau** ist nebenan eingezogen. Ich kenne **sie** aus meiner Schulzeit.
  Eine **junge Frau, die** ich aus meiner Schulzeit kenne, ist nebenan eingezogen.

- Unterschied der Relativpronomen was/das:
  Was bezieht sich auf ein Indefinitpronomen, auf einen sächlichen Superlativ oder den vorausgehenden Satz:
  Es ist **etwas, was** ich nicht beschreiben kann. (Indefinitpronomen)
  Dies ist **das Dümmste, was** ihm passieren konnte. (Superlativ)
  Er hat ein neues Auto gekauft, was ich nicht verstehe. (vorausgehender Satz)

  Das bezieht sich auf ein sächliches Nomen:
  Er hat **ein neues Auto** gekauft, **das** mir gefällt.

Besonderheiten

Bedeutung von Pronomen

- Je nach Gebrauch kann ein Pronomen unterschiedliche Bedeutungen haben:
  Der hat mir gerade noch gefehlt! (Demonstrativpronomen)
  Dies ist ein Vorfall, **der** mir nicht gefällt. (Relativpronomen)
  Der Vorfall ereignete sich vor zehn Tagen. (bestimmter Artikel)
- Einige Pronomen können Begleiter oder Stellvertreter sein:
  Diejenigen Menschen, die sich nicht wehren, kommen zu kurz. (Begleiter)
  Diejenigen, die sich nicht wehren, kommen zu kurz. (Stellvertreter)

Undeklinierbare Pronomen

Einige Indefinitpronomen können nicht dekliniert werden, z. B. etwas, ein wenig, ein paar.

Grossschreibung nach Indefinitpronomen

Nach Indefinitpronomen werden Adjektive grossgeschrieben.

etwas Grosses, **viel** Neues, **wenig** Berauschendes

Zusammenfassung von bestimmtem Artikel und Präposition

Eine Präposition kann mit einem Artikel verschmelzen.

Das Messer lag **im (= in dem)** Gras.
Die Kinder spielten **am (= an dem)** Fluss.

Anredepronomen

Anredepronomen schreibt man in allen Texten gross, wenn die angesprochenen Personen gesiezt werden (Höflichkeitsform).

Lieber Herr Moser
Ich danke **Ihnen** herzlich für das Paket und bitte **Sie**, mir auch weiterhin von **Ihrem** köstlichen Wein zu schicken.

aber:
Lieber Paul
Ich möchte **dich** und **deine** Eltern am Wochenende besuchen kommen. Seid **ihr** zu Hause?
In Briefen können Andredepronomen auch grossgeschrieben werden.

Alle Pronomenarten auf einen Blick

Einige Pronomen können mehrere Bedeutungen haben, z. B. der, die, das, wer, was.

Bestimmter Artikel	der, die, das	
Unbestimmter Artikel	ein, eine	
Personalpronomen	ich, mir, mich du, dir, dich er, ihm, ihn sie, ihr es, ihm Der Genitiv wurde weggelassen, weil er beim Personalpronomen in der deutschen Sprache kaum gebraucht wird.	wir, uns ihr, euch sie, ihnen
Reflexivpronomen	mir, mich dir, dich sich	uns euch sich
Possessivpronomen	mein, dein, sein/ihr, unser, euer, ihr	
Demonstrativpronomen	der, die, das	dieser, jener, derselbe, derjenige, solche selber, selbst
Relativpronomen	der, die, das wer, was	welcher, welche, welches
Interrogativpronomen	wer?, was? welcher?, welche?, welches?	was für ein?
Indefinitpronomen	etwas, jemand, einige, ein paar, etliche, mehrere, manche, sämtliche, ein wenig, ein bisschen, genug, alle, allerlei, allerhand, jedermann, man, kein, nichts, niemand, irgendwer, irgendjemand, irgendetwas, irgendwelche	

Übungen

Übung 1 **Wie erkenne ich ein Pronomen?**

Unterstreichen Sie im folgenden Text alle Pronomen.

Das Schloss an unserer Garage muss dringend ausgewechselt werden. Gestern ist nämlich jemand bei uns eingebrochen und hat das Velo, das ich mir vor zwei Wochen gekauft habe, geklaut. Dieses Gefährt ist einzigartig, da es sich um eine Einzelanfertigung handelt, die mein Velohändler zusammengestellt hat. Jener freche Dieb, der nun mein Velo besitzt, kann sich damit aber in der Stadt nicht sehen lassen, weil viele Leute mein Bike sofort erkennen würden. Ich habe jedenfalls alle Kollegen und Kolleginnen gebeten, in den nächsten Tagen die Augen offen zu halten. Wer der dreiste Dieb wohl sein mag?

Übung 2 **Fälle**

Bestimmen Sie die Fälle der **fett** gedruckten Pronomen, indem Sie den entsprechenden Buchstaben für den Fall einsetzen.
(N = Nominativ, G = Genitiv, D = Dativ, A = Akkusativ).

Im Zweifel nie – was heisst das? Gering, mässig, erheblich, gross, sehr gross – die verschiedenen Stufen der Lawinengefahr heissen überall gleich.

Der fünfte Tipp ist unmissverständlich: «Im Zweifel nie! Traut nicht bereits vorhandenen Spuren, **sie** (...) sind keine Garantie für Lawinensicherheit.» So mahnt das eidgenössische Institut für Schnee- und Lawinenforschung in Davos speziell **die** (...) «Freerider» – neudeutsch **jene** (...) Skifahrer und Snowboarder, **welche** (...) **den** (...) ultimativen Kick ausserhalb **aller** (...) Skipisten suchen. Das tägliche Lawinenbulletin ist da schon nüchterner gehalten. Doch die einzelnen Stufen für **die** (...) Lawinengefahr sind genau definierte Begriffe; darauf haben sich 1993 die Lawinenwarndienste der Alpenländer geeinigt. Das ist nicht ganz selbstverständlich, kannte doch etwa die Schweiz vorher **eine** (...) 7-stufige Skala; in **unserem** (...) westlichen Nachbarland, Frankreich, waren **es** (...) sogar acht Stufen.

1 Gering
Extrem steile Hänge einzeln befahren. Meiden sollte **man** (...) frische Triebschnee-Ansammlungen in **den** (...) extremsten Hangpartien. Absturzgefahr beachten.

2 Mässig
Alle extrem steilen Hänge **der** (...) im Lawinenbulletin erwähnten Expositionen und Höhenlagen sowie frische Triebschneeansammlungen meiden. **Alle** (...) über 35-Grad steilen Hänge vorsichtig und einzeln befahren.

3 Erheblich
Wer (...) nichts über Lawinenbeurteilung weiss, soll auf der markierten Piste bleiben – oder sich einer professionell geführten Gruppe anschliessen.

4 Gross
Tiefschnee-Abfahrten sind nur für sehr Erfahrene möglich und beschränken sich auf mässig steiles Gelände **im** (...) Pistenbereich.

5 Sehr gross
Weg von allen Hängen ausserhalb **der** (...) markierten Pisten. Die Schneedecke ist dermassen instabil, dass **sich** (...) Lawinen spontan lösen können.

«Berner Zeitung», 17.02.2001

Übung 3 **Fälle**

Setzen Sie passende Pronomen im richtigen Fall ein.

Eine Ampel in ____ namenlosen Stadt springt auf Grün. Ein Auto bleibt dennoch stehen. ____ Fahrer ist urplötzlich erblindet. ____ freundlichen Helfer, ____ den Erblindeten nach Hause bringt und ____ anschliessend ____ Autos bemächtigt, ereilt ____ gleiche Schicksal. Wie eine Epidemie greift die Blindheit um ____. Der Staat reagiert brutal. ____ Erblindeten werden in ____ leer stehenden Irrenhaus interniert, wo ____ sich selbst überlassen werden. Doch ____ gibt eine Sehende unter ____, ____ die Krankheit nur vorgetäuscht hat, um bei ____ Mann zu bleiben. Mit ____ Hilfe könnte ____ Ausbruch gelingen.

«Neue Zürcher Zeitung»
über den Roman «Die Stadt der Blinden» von José Saramago

Übung 4 **Pronomenarten**

Bestimmen Sie im folgenden Text die **fett** gedruckten Pronomen.

«Ja, Sonja.»
«Du hörst **mir** (1) überhaupt nicht zu.»
«Doch.»
«Also gut. Wann sehen **wir** (2) **uns** (3) wieder?»
«Ich fahre morgen früh nach Marburg.»
«Hast du ein Zimmer dort?»
«Nein. Aber ich übernachte manchmal, wenn es länger an **der** (4) Uni dauert oder wenn wir **irgendetwas** (5) gemeinsam machen, bei Freunden.»
«**Wer** (6) wir?»
«Ich arbeite in verschiedenen Gruppen mit.»
«**Was für** (7) Gruppen?»
«Da ist die Theatergruppe. Dann gibt **es** (8) **eine** (9) Gruppe von Studenten, **die** (10) Schularbeiten von Gastarbeiterkindern überwacht. Und eine Sondergruppe.»
«Und **die** (11) hast du **alle** (12) in so kurzer Zeit kennen gelernt?»
«Ja. Boll… Bollerer hat mich auch mit Leuten bekannt gemacht.»
«Sag **diesen** (13) Namen nicht mehr. Ich will **ihn** (14) nicht mehr hören.»

Sonjas Gesicht taucht wütend unter. Sonja zeigt Ekel.
So habe ich **mich** (15) noch nicht einmal vor mir selbst geekelt. Aber ich halte **meinen** (16) Mund. Und ich höre Sonja zu. Und Sonja sagt, dass sie weiss, **was** (17) sie sagt.
Ihre (18) Stimme ändert nicht einmal die Lautstärke oder **die** (19) Tonlage, und ich soll wissen, dass sie **mich** (20) liebt.

Wolfgang Gabel: «Fix und fertig»

1. ______________________

2. ______________________

3. ______________________

4. ______________________

5. ______________________

6. ______________________

7. ______________________

8. ______________________

9. ______________________

10. ______________________

11. ______________________

12. ______________________

13. ______________________

14. ______________________

15. ______________________

16. ______________________

17. ______________________

18. ______________________

19. ______________________

20. ______________________

Übung 5 **Relativpronomen/Relativsätze**

Setzen Sie die passenden Relativpronomen ein.

1. Er sah die Frau nicht, ______________ hinter ihm stand, und stolperte beinahe über sie hinweg.
2. Der Jugendliche, ______________ Tasche durch den Sturz beschädigt worden war, regte sich fürchterlich auf.
3. Ein Fisch, ______________ man nicht frisch auf den Tisch bringt, riecht schnell unangenehm.
4. Das Bild, ______________ du mir geschickt hast, gefällt mir sehr.
5. Endlich standen wir vor den Häusern, ______________ Lichter wir schon von weitem gesehen hatten.
6. Ein älterer Mann, ______________ Namen ich vergessen habe, gab mir diesen Zettel für dich.
7. In diesem Haus verbrachte er zahlreiche Stunden, ______________ in ihm fast nur schöne Erinnerungen hervorriefen.
8. Hier sind die Comics, von ______________ ich gestern geschwärmt habe.
9. Das ist die Frau, ______________ mein Bruder einen Gefallen schuldet.
10. Dies ist die Frau, ______________ meinem Bruder einen Gefallen schuldet.

Sprechen

Grammatik

Verzeichnisse

Übung 6 **Relativpronomen/Relativsätze**

Bilden Sie Relativsätze.

Beispiel:
Meine Nachbarin fährt einen Roller. Sie hat ihn für Kurzstrecken gekauft.
Meine Nachbarin fährt einen Roller, den sie für Kurzstrecken gekauft hat.

Die Zigaretten sind stark. Ich rauche sie manchmal.
Die Zigaretten, die ich manchmal rauche, sind stark.

Das Haus am Dorfrand ist schon ziemlich alt. Wir wohnen schon eine Weile darin.
Das Haus am Dorfrand, in dem wir schon eine Weile wohnen, ist ziemlich alt.

1. Ich kenne den Mann. Er ist eben an dir vorbeigegangen.
2. Wo ist mein Handy? Ich habe es hier vergessen.
3. Dieser Club ist neu eröffnet worden. Wir besuchen ihn am Samstag.
4. Sie wandern in ein anderes Land aus. Sie lieben dieses Land sehr.
5. Er beabsichtigte, mit seiner Freundin ins Kino zu gehen. Das hätte ihm grosse Freude bereitet.
6. Mein Grossvater war ein bekannter Sänger. Ich kann mich kaum noch an ihn erinnern.
7. Ihre Grosstante ist vor zwei Jahren gestorben. Sie hat ihr Erbe der Caritas vermacht.
8. Das ist das neue Motorrad von Suzuki. Es gefällt mir seit einiger Zeit.
9. Diego läuft in ganz neuen Kleidern herum. Er hat sie in der Boutique «Trend» gekauft.
10. Das ist eine der beliebtesten Boygroups. Sie spielt nächste Woche im Hallenstadion in Zürich.
11. Das neue Snowboard ist richtig gut. Meine Schwester hat lange dafür gespart.
12. Die Volleyballnacht war ein grosser Erfolg. Es kamen viele Leute.
13. Mein Computer startet nicht mehr auf. Ich habe ihn erst vor zwei Monaten gekauft.
14. Claudia geht neuerdings mit Sven in die Disco. Sie hat ihn in Griechenland kennen gelernt.

1. Ich kenne den Mann, der eben an dir vorbei-gegangen ist.
2. Wo ist mein Handy, das ich hier vergessen habe.
3. Dieser Club ist neu eröffnet worden, ~~welcher~~ den wir am Samstag besuchen
4. Sie wandern in ein anderes Land aus, das sie sehr lieben.
5. Er beabsichtigte, mit seiner Freundin ins Kino zu gehen, den das hätte ihm grosse Freude bereitet.
6. Mein Grossvater, ich kann mich kaum noch an ihn erinnern, der war ein bekannter Sänger

Die Partikeln – Konjunktion, Präposition, Adverb, Interjektion

Was wird behandelt?

Die Konjunktion	– Konjunktionen und ihre Funktionen
Die Präposition	– Präpositionen und ihre Fälle
	– Konjunktion und Präposition im Vergleich
Das Adverb	– Arten von Adverbien
	– Steigerung von Adverbien
Die Interjektion	

Die Konjunktion (Bindewort)

Was ist eine Konjunktion?

> **Übungen 1, 2** S. 167

Eine Konjunktion leistet die **Verbindung** von Sätzen, Satzgliedern und auch einzelnen Wörtern. Sie beschreibt das Gedankenverhältnis, d.h. den logischen Zusammenhang verbundener Wörter und Sätze. Es gibt zwei Arten von Konjunktionen, je nachdem, was sie verbinden.

– **Beiordnende Konjunktionen** verbinden grammatisch gleichwertige (gleichrangige) Teile.

Verbindung von zwei Sätzen:	Peter wäscht das Auto**(,) und** Hans kocht Kaffee.
Verbindung von zwei Satzgliedern:	Peter repariert das Auto **und** den Rasenmäher.
Verbindung von zwei Wörtern:	Peter **und** Christian spielen Fussball.

> Satzlehre, S. 177

– **Unterordnende Konjunktionen** verbinden einen Nebensatz mit einem Hauptsatz. Dabei hängt der Nebensatz vom Hauptsatz ab.

Peter repariert das Auto, **weil** er damit in die Ferien fahren möchte.

Wie erkenne ich eine Konjunktion?

> **Übungen 3, 4** S. 167–168

Die Konjunktion zählt wie die Präposition, das Adverb und die Interjektion zu den unveränderlichen Wortarten. Wegen ihrer Aufgabe, Sätze, Satzglieder oder Wörter zu verbinden, stehen Konjunktionen häufig nach einem Komma oder sie leiten einen Satz ein.
Martina packt die Koffer, **während** Peter das Auto repariert.
Um in die Ferien fahren **zu** können, muss Peter das Auto reparieren.

Funktion

Der Gebrauch einer Konjunktion hängt von deren Funktion bzw. von der Art der Verbindung der Sätze, Satzglieder oder Wörter ab.

Funktion	**Konjunktion** (Beispiele)
– Anreihung	und, auch, sowie, zudem, ausserdem, sowohl – als auch
– Ausschluss, Gegensatz	sonst, oder, allenfalls, während, aber, doch, entweder – oder
– Art und Weise, Vergleich	als, wie, also, ebenso, umso, desto, als ob, wenn
– Grund, Folge, Zweck, Bedingung	denn, nämlich, doch, weil, da, dass, sodass, wenn
– Begründung	denn, weil
– Zeit	während, indem, wenn, nun, solange, sobald, nachdem

Schreiben

Lesen und Verstehen

Sprechen

Grammatik

Verzeichnisse

Die Präposition (Vorwort)

Was ist eine Präposition?

> **Übungen 5, 6** S. 168–169

Eine Präposition stellt die Beziehung zwischen Dingen und/oder Personen her.

Beziehung zwischen zwei Menschen	Herr Müller erschien **mit** seiner Frau.
Beziehung zwischen Mensch und Ding	Der Lehrer kommt **in** das Schulzimmer.
Beziehung zwischen Ding und Ding	Das Bild hängt **an** der Wand.

Wie erkenne ich eine Präposition?

Auch eine Präposition ist eine unveränderbare Wortart. Sie bestimmt (regiert) den Fall der folgenden Nomen, Adjektive oder Pronomen. Sie kann nicht alleine stehen.

mit dem Kind(e) (Dativ)
gegen den Wind (Akkusativ)

Meist stehen Präpositionen deshalb vor, manchmal nach den von ihnen regierten Wörtern, manchmal umklammern sie diese sogar.

Präposition vor dem Bezugswort:	**Jenseits** der Berge liegt ein altes Dorf.
Präposition nach dem Bezugswort:	Ihrer Krankheit **wegen** erschien sie nicht.
Umklammernde Präposition:	**Um** des lieben Friedens **willen** sagte er zu.

Die häufigsten Präpositionen und ihre Fälle

> **Übungen 7–9** S. 169–170

Verlangter Fall	Präposition	Beispiel
Genitiv	anstelle, ausserhalb, diesseits, infolge, innerhalb, jenseits, längs, mangels, namens, oberhalb, unterhalb, zugunsten, zulasten, *trotz, dank, während, wegen, aufgrund*	**ausserhalb** des Spielfeldes **längs** des Weges
Dativ	aus, ausser, bei, gegenüber, gemäss, mit, nach, seit, statt, von, zu, *trotz, während, wegen, dank, aufgrund*	**nach** der Schule **mit** dir
Akkusativ	bis, durch, für, gegen, ohne, um, wider	**durch** die Tür **ohne/für** dich
Akkusativ (wohin?) oder Dativ (wo?)	an, auf, hinter, in, neben, über, unter, vor, zwischen	**über** den Zaun (wohin? = Akkusativ) **über** der Stadt (wo? = Dativ)

Hinweis Die *kursiv* gedruckten Präpositionen werden im Standarddeutschen (Hochdeutschen) im Allgemeinen mit dem Genitiv gebraucht. In der Schweiz ist laut Duden auch der Dativ möglich. Schlagen Sie im Zweifelsfall nach.

Besonderheiten: Verschmelzen von Präposition und bestimmtem Artikel

> Pronomen, S. 156

- Präposition + dem — am, vom, beim, zum, im
- Präposition + das — ans, aufs, durchs, fürs, ins, übers, ums, vors

Gewisse Wendungen oder Wörter verlangen eine bestimmte Präposition

Verben
Sie **bewirbt** sich **um** eine Lehrstelle.

Nomen
Wir haben das **Recht auf** Arbeit.
Uns verbindet die **Liebe zur** Natur.
Sie hat **Vertrauen in** euch.

Adjektive
Wir sind **froh über** deine Hilfe.
Sie ist **stolz auf** ihre Leistung.
Seid ihr **mit** dem Essen **zufrieden**?

Konjunktion und Präposition

> **Übung 10** S. 171

Im Gegensatz zur Konjunktion, mit deren Hilfe Verbindungen von Wörtern und Sätzen geleistet werden, stellt die Präposition eine Beziehung zwischen zwei Dingen her.

Wir bleiben **bis** um 12.00 Uhr in der Stadt. (Präposition)
Wir bleiben so lange in der Stadt, **bis** wir alle Einkäufe erledigt haben. (Konjunktion)

Das Adverb (Umstandswort)

Was ist ein Adverb?

> **Übungen 11, 12** S. 171

Ein Adverb bestimmt meistens die Umstände eines Geschehens näher. Es gibt also an, wo, wann, wie und warum etwas geschieht. Adverbien heissen deshalb Umstandswörter.

Von **unten** ertönt lautes Geschrei.
Der Sommer kommt **bald**.
Ich lese **gern**.
Sabine hat **deshalb** einen Arzt aufgesucht.

Wie erkenne ich ein Adverb?

> **Übungen 13** S. 171

Ein Adverb ist unveränderbar. Lässt sich ein Wort innerhalb eines Satzes durch **immer, nie, oben** oder **unten** ersetzen, d.h. bleibt der Satz, auch wenn die Aussage sich ändert, grammatikalisch korrekt, so handelt es sich meistens um ein Adverb.

Beispiel	**Probe durch Ersetzen**
Das kommt **oft** vor.	Das kommt **immer** vor.
Vorne im Zug befindet sich der Speisewagen.	**Oben** im Zug befindet sich der Speisewagen.
Wir gehen **hier** entlang.	Wir gehen **unten** entlang.

Adverbien stehen manchmal näher beim Verb: Witwe Bolte **isst gerne** Sauerkohl.
Manchmal gehören sie zum ganzen Satz: **Jetzt** geht es los.
Schliesslich können sie auch zum Adjektiv oder zu einem anderen Adverb gehören: Sie stand **sehr früh** (Adjektiv) auf. Sie stand **sehr gern** (Adverb) spät auf.

Arten von Adverbien > **Übung 14** S. 172

- Adverb des Ortes (wo?, wohin?, woher?) — hier, oben, unten
- Adverb der Zeit (wann?, wie lange?, wie oft?) — gestern, jetzt, bald, immer
- Adverb der Art und Weise (wie?) — sehr, so, gern
- Adverb des Grundes (warum?) — krankheitshalber, meinetwegen
- Frageadverb (Fragen nach Ort, Zeit, Art, Grund) — woher?, wann?, wie oft?

Zur Rechtschreibung

Bei Bezeichnungen von Tageszeiten muss man unterscheiden, ob es sich um Nomen (Grossschreibung) oder um Adverbien (Kleinschreibung) handelt: Am **Morgen** frühstücke ich in der Mensa, **abends** esse ich zu Hause.

Nomen	Adverb
am Morgen, am Nachmittag, am Abend, am Montag des Morgens, des Nachmittags, des Abends in der Nacht, diese Nacht, am Dienstagabend bei Tage, von Tag zu Tag	morgens, nachmittags, abends, nachts, montags, heute Morgen, morgen Nachmittag, gestern Abend, gestern Nacht, tags, tags zuvor, tagelang, tagsüber

Steigerung (Komparation) von Adverbien

Adverbien sind zwar grundsätzlich unveränderlich, aber einige wenige lassen sich steigern.

oft	öfter	am öftesten, am häufigsten
gern	lieber	am liebsten
bald	eher	am ehesten

Adjektiv oder Adverb? > **Übung 15** S. 172

> Das Adjektiv, S. 150

Immer wieder werden Adjektive adverbial gebraucht, um Umstände eines Geschehens näher zu beschreiben.[1] Im Unterschied zum Adjektiv lässt sich das Adverb nicht verändern.

Hier geht es **abwärts**.	Adverb
Er rennt **langsam**.	Adjektiv (Probe: der langsame Läufer)

Die Interjektion (Ausrufewort)

Im Deutschen gibt es eine Anzahl von Wörtern, die besonders beim Sprechen als Ausrufe gebraucht werden. Meist drückt man damit Empfindungen aus, z. B. Au!, Oh!, Ha!, Pfui!, Oha!

1 Vergleichen Sie dazu den Gebrauch des Adverbs, das mit unveränderbarer Endung ausgestattet ist, in den wichtigsten Fremdsprachen: Französisch: -ment; Englisch: -ly; Italienisch -mente.
- Il court lente<u>ment</u>.
- He runs slow<u>ly</u>.
- Corre lentamen<u>te</u>.

Übungen

Übung 1 **Was ist eine Konjunktion?**

Was verbindet die **fett** gedruckte Konjunktion – Sätze (Hauptsätze, Nebensätze), Satzglieder oder einzelne Wörter?

1. Dick **und** Doof, Peter **und** Paul, Batman **und** Robin. ____________
2. Ich bleibe hier, **und** du gehst fort. ____________
3. Sie weiss nicht, **ob** sie das verantworten kann. ____________
4. Am Montagmorgen **sowie** am Dienstagnachmittag habe ich frei. ____________
5. Ich habe die Prüfung nicht bestanden. **Doch** das Leben geht weiter. ____________

Übung 2 **Was ist eine Konjunktion?**

Das Fussballspiel

Die beiden Freunde Philipp und Matthias spielen seit einigen Jahren Fussball in einem Verein. Zu Beginn der Saison ist noch nicht klar, wie die Mannschaftsaufstellung für die ersten Spiele aussehen wird. Der Trainer gibt in der Mannschaftssitzung folgende Anweisungen für die ersten vier Spiele:
Im ersten Spiel spielen Philipp und Matthias.
Im zweiten Spiel spielt Philipp oder Matthias.
Im dritten Spiel spielen weder Philipp noch Matthias.
Im vierten Spiel spielt Philipp, wenn Matthias spielt.

- Unterstreichen Sie in jedem Satz das Wort, welches den Sinn des Satzes verändert.
- Zeichnen Sie die Aufstellung der beiden Spieler in die unten stehenden Kästen.

Möglichkeiten	1. Spiel	2. Spiel	3. Spiel	4. Spiel	5. Spiel	6. Spiel	7. Spiel	8. Spiel	9. Spiel	10. Spiel
1.	P + M	P								
2.		M								

- Bearbeiten Sie die folgenden Sätze nach gleichem Schema.

Fünftes Spiel: Da Phillipp nicht spielen kann, wird auch Matthias nicht spielen.
Sechstes Spiel: Während Phillipp spielt, sitzt Matthias auf der Bank.
Siebtes Spiel: Phillipp und seine Kameraden spielen, allein Matthias sitzt auf der Bank.
Achtes Spiel: Wenn Phillipp spielt, wird auch Matthias spielen.
Neuntes Spiel: Phillipp spielt, denn Matthias ist verletzt.
Zehntes Spiel: Nicht nur Phillipp kann spielen, sondern auch Matthias ist für einen Einsatz bereit.

Übung 3 **Wie erkenne ich eine Konjunktion?**

Unterstreichen Sie die Konjunktionen.

1. Erika wartet, bis Doris die Arbeit erledigt hat.
2. Vater und Mutter gratulierten mir zur bestandenen Prüfung.
3. Du musst antworten, bevor es zu spät ist.
4. In der Küche ist es behaglich warm, während es draussen stürmt und schneit.
5. Als ich den Koffer geschlossen hatte, bemerkte ich, dass ich die Socken noch einpacken musste.

6. Petra fährt nicht weg, sondern sie bleibt bei ihrer Mutter.
7. Du kannst zu uns kommen, aber du kannst hier nicht übernachten.
8. Ich weiss nicht, ob es ihm wichtig ist.
9. Er ist finanziell am Ende, denn er hat beim Glücksspiel verloren.
10. Peter ist jünger als ich.

Übung 4 **Wie erkenne ich eine Konjunktion?**
Setzen Sie die richtige Konjunktion ein.

1. Man lobte Peter __________ Paul, __________ sie ihre Aufgaben so schnell erledigt hatten.
2. __________ er heimkam, stand die Tür offen.
3. __________ Vater __________ Mutter konnten ihn von seinen Ideen abbringen.
4. Einer von beiden, Hans __________ Klaus, muss es getan haben.
5. Du musst sofort nach Hause, __________ du Ärger bekommst.
6. Wieder versuchte er, schnell zu reagieren, __________ es gelang ihm nicht.
7. Onkel Erich hustet, __________ er wieder eine Zigarre raucht.
8. So schnell __________ heute waren wir noch nie fertig.
9. Er hatte zu seiner Feier __________ die Verwandtschaft __________ seine Kollegen eingeladen.
10. Seine Erfindung brachte ihm Erfolg __________ unendlichen Reichtum.
11. Jeder wusste es, __________ er selbst.
12. __________ das Wetter gut ist, machen wir einen Ausflug.
13. Peter ist so schwer __________ Robert.
14. Ich denke nicht, __________ sie das wirklich tun wird.
15. Klaus sucht seine Brille, __________ er sie zum Lesen braucht.

Übung 5 **Was ist eine Präposition?**
Entscheiden Sie sich für die richtige Präposition.

Neulich sah ich __________ der Strasse einen Mann, der mir bekannt vorkam. Zunächst war es nur eine unbestimmte Vermutung.	hinter, bei, auf, gegenüber
Nicht durch den Ausdruck, der __________ seinem Gesicht	an, auf, jenseits, in
stand, auch nicht __________ seine Kleidung	durch, dank, neben, statt
wurde ich aufmerksam. Nein, __________	bei, wegen, an, vor
seines auffälligen Ganges kam mir __________ den Sinn, wo ich ihn schon einmal gesehen hatte.	anstelle, aus, auf, in

Es war damals, ___________	während, wegen, trotz, durch
der langen Sommerferien, die ich ___________	ausser, mit, anstelle, wegen
meiner Familie ___________ dem Land verbrachte.	über, vor, hinter, auf
Wir wohnten ___________ des Dorfes ___________	ausserhalb, zu auf, über
einem abgelegenen Bauernhof.	

Übung 6 **Was ist eine Präposition?**

Unterstreichen Sie im folgenden Text alle Präpositionen.

Während Uli, solange der Wein in ihm war, sich über den Meister geärgert hatte, kam ihm nun, als der Wein aus ihm war, der Ärger über sich selbst. Er ärgerte sich nicht mehr über den Meister, sondern über sich, dass er gehudelt. Es kamen ihm dreiundzwanzig Batzen in den Sinn, die er an einem Abend durchgebracht, an denen er nun fast vierzehn Tage arbeiten musste, eher er sie wieder hatte. Er ärgerte sich über die Arbeit, die er deshalb tun musste, über den Wein, den er getrunken, den Wirt, der ihn gebracht usw. Er dachte an das, was ihm der Meister von Gnägglers Anne Lisi gesagt; es ergriff ihn immer mehr die Angst, die ihm Schweiss auf die Stirne trieb. Jetzt kam ihm manches an diesem Meitschi verdächtig vor; und musste er es wohl heiraten? Er musste ohne Unterlass daran sinnen, sich das Für und Wider denken, und wenn er es im Schweisse seines Angesichtes dahin gebracht hatte, sich zu überreden, dass alles nichts sei, keine Gefahr vorhanden, oder wenn er sich ein untrüglich Mittel ausgedacht hatte, wie er sich bei vorhandener Gefahr, und wenn Anne Lisi ihn aussuche, herausleugnen wolle und er sah auf tausend Schritte ein Weibervolk gegen das Haus kommen, so fielen alle seine Pläne und Tröstungen zusammen wie ein Haufen Stroh, in den das Feuer kommt, die Beine schlotterten ihm vor Angst, und er floh in den Stall oder auf die Bühne.

Jeremias Gotthelf: «Wie Uli der Knecht glücklich wird»

Übung 7 **Die häufigsten Präpositionen und ihre Fälle**

Setzen Sie die richtige Präposition ein.

1. Sie hat Angst ___________ Spinnen.
2. Die Eltern sind sehr aufgebracht ___________ das Verhalten ihrer Tochter.
3. Wer wird einmal ___________ seine Eltern sorgen?
4. Dieser Entscheid beruht ___________ einem Irrtum.
5. Die Tiere leiden ___________ dieser Hitze.
6. Sie bereitet sich ___________ eine Prüfung vor.
7. Er ist auf der Suche ___________ einer Lehrstelle.
8. Wir haben uns ___________ Sicherheit gewiegt.
9. Die Parteien sind sich ___________ diesem Punkt einig.
10. Ich bewerbe mich ___________ eine Lehrstelle.

Übung 8 **Die häufigsten Präpositionen und ihre Fälle**

Setzen Sie die folgenden Nomen in den richtigen Fall.

1. durch: der grüne Wald _______________
2. wider: mein Wille _______________
3. infolge: verspätete Abreise _______________
4. für: der arme Mann _______________
5. aus: das Haus _______________
6. mit: bester Dank _______________
7. statt: eine Überraschung _______________
8. ausserhalb: dieses Land _______________
9. seit: die letzte Woche _______________
10. während: viele freie Stunden _______________

Übung 9 **Die häufigsten Präpositionen und ihre Fälle**

Setzen Sie die richtige Präposition ein und bestimmen Sie die Fälle.
Nominativ = N, Genitiv = G, Dativ = D, Akkusativ = A

Es war jener Tag _________ ( ) September, an dem die Sonne noch einmal _________ ( ) voller Kraft den Tag erhellte, die Luft wärmte, das Meer _________ ( ) seinen prächtigsten Farben leuchten liess und die Leute _________ ( ) ausgelassener Heiterkeit _________ ( ) den Strand trieb. Jeder wusste, dass es einer der letzten warmen Tage _________ ( ) diesem Jahr sein würde, dass der Herbst _________ ( ) kühleren Temperaturen unaufhaltsam näher rückte.

Ich stand _________ ( ) dem Balkon meiner toskanischen Villa, blickte _________ ( ) den kleinen Pinienhain hinweg _________ ( ) Meer und beobachtete das dortige rege Treiben. Kinder spielten _________ ( ) dem Ball oder übten sich in der Architektur des Bauens _________ ( ) Sandburgen. Erwachsene räkelten sich _________ ( ) der Sonne, spazierten den Strand entlang oder kühlten die bereits _________ ( ) dieser Stunde erhitzten Körper _________ ( ) den sanften Wellen des Mittelmeeres. In den Strandbars neigte sich das Leben dem Ende der Sommersaison entgegen. Sonnenschirme und Liegestühle wurden gereinigt und versorgt, der Servicebetrieb war bereits _________ ( ) das Minimum reduziert.

Übung 10 Konjunktion und Präposition

Entscheiden Sie sich: Konjunktion (K) oder Präposition (P).

1. Er befahl der Frau, **vom** Tisch aufzustehen und das Lokal zu verlassen. K P
2. Das ist nicht meine Angelegenheit, **sondern** deine. K
3. **Bevor** ich gehe, muss ich dir noch etwas erzählen. K
4. Der Hund liegt **unter** dem Tisch. +
5. Peter schaut fern, **während** er seine Wäsche bügelt. K
6. Das Schiff ist mit Mann **und** Maus gesunken. K
7. Ich bin krank, **deswegen** kann ich nicht kommen. K
8. Sie fürchtet sich vor Kühen, **obwohl** sie auf dem Land aufgewachsen ist. K
9. Klaus bewirbt sich **um** die Stelle des Marketing-Chefs. P
10. **Entweder** fahren wir nach Spanien **oder** nach Italien. K
11. **Falls** du damit einverstanden bist, beginnen wir morgen mit dem Projekt. A
12. Ich frage mich, **ob** das Wetter in der Nacht wechselt. K
13. **Im** Juli wird das Schuljahr beendet sein. P
14. **Während** Klaus das Geschäft verliess, schrie jemand: «Haltet den Dieb!» K
15. Er schaute sie noch einmal an, **nachdem** er sich verabschiedet hatte. K

Übung 11 Was ist ein Adverb?

Suchen Sie die Adverbien in den folgenden Sätzen und unterstreichen Sie sie.

1. Sie sieht ihn bald.
2. Paul arbeitet nachts.
3. Dein Fahrrad steht da hinten.
4. Die Stimmung war sehr ungewöhnlich.
5. Einstein hatte ein besonders gutes Gedächtnis.
6. Ein Schrecken ist ihr deswegen widerfahren.
7. Ein alter Mann fragte mich neulich nach dem Weg.
8. Das tut mir nicht gut.
9. Die Nachricht von gestern hat mich gefreut.
10. Rechts von mir sass wieder der Mann, der stets auf einem Kaugummi herumbiss.
11. Die Jugend von heute wird in einer multimedialen Welt gross.
12. Die Zeile oben enthält einen Druckfehler.
13. Horch, was kommt von draussen herein.
14. Sie hat demnächst Geburtstag.
15. Man trug den Fussballspieler eilends vom Platz.
16. Der Zug ist bereits abgefahren.
17. Daniel hat schon drei Tage die Schule nicht besucht.
18. Monika hat trotzdem geheiratet.
19. Wir sind an der Kreuzung links abgebogen.

Übung 12 Was ist ein Adverb?

Bilden Sie mit den folgenden Adverbien vollständige Sätze.
heute, soeben, morgen, wieder, oft, sehr, vielleicht, möglicherweise, trotzdem, dort, rückwärts, unten

Übung 13 Wie erkenne ich ein Adverb?

Setzen Sie ein korrektes Adverb ein. Vermeiden Sie Mehrfachnennungen.

1. Ich denke, wir laufen links entlang.
2. ______ kannst du dich besonders freuen?

3. Er steht morgens um 7 Uhr auf.
4. Die nächste Probe schreiben wir morgen.
5. Sie haben die Prüfung möglicherw. bestanden.
6. Er hat ihm gestern kein Geld geliehen.
7. Ich habe mich sehr gefreut.
8. Das neue Auto fährt sehr schnell.
9. Sie hat die Schule ~~ke~~ trotzdem bis zum 10. Schuljahr besucht.
10. Es war ein sehr spannender Film.
11. Das Auto oben gefällt mir nicht.
12. Brigitta singt trotzdem schön!
13. Zum Fest erschienen sehr viele Gäste.
14. Sie war krank, sie kam gestern nicht zur Schule.

Übung 14 **Arten von Adverbien**

Suchen Sie die Adverbien und bestimmen Sie ihre Art.

1. Wo liegt Schönried?
2. Dieser Name hat auch meiner Frau gefallen.
3. Unser Sohn wird vielleicht einmal Pilot.
4. Wie heisst die Erzählung von Dürrenmatt?
5. Wann kommst du nach Hause?
6. Er wurde deshalb zum Klassenchef ernannt.
7. Sie kommt oft zu spät.
8. Nachts sind alle Katzen grau.
9. Der Chef steht jederzeit für Gespräche zur Verfügung.
10. Ich war noch nie in Italien.
11. Hier oben liegt um diese Jahreszeit sonst kein Schnee.

Übung 15 **Adjektiv oder Adverb?**

Entscheiden Sie sich – Adverb oder Adjektiv?

1. Das Wetter ist **schön**. ____________
2. Die Schulreise fand **gestern** statt. ____________
3. Sie hat sich **sehr** verändert. ____________
4. Der Regen trieft **unermüdlich**. ____________
5. Dein Fahrrad steht **dort**. ____________
6. Sein **häufiges** Fehlen stört mich. ____________
7. Die **jetzigen** Mieter werden nächsten Monat ausziehen. ____________
8. Eine alte Frau wurde **nachts** überfallen. ____________
9. **Damals** regierte ein König das Land. ____________
10. Ich hoffe dich **bald** wieder zu sehen. ____________
11. **Heute** geht es mir gut. ____________
12. Denke **daran**! ____________
13. Ich habe **fortan** kein Auge mehr zugemacht. ____________
14. Klaus ist sehr **klug**. ____________
15. Mein Grossvater gehört noch nicht zum **alten** Eisen. ____________
16. Hier kaufen Sie die **schönsten** Birnen in der Stadt. ____________

Frageweg Wortarten

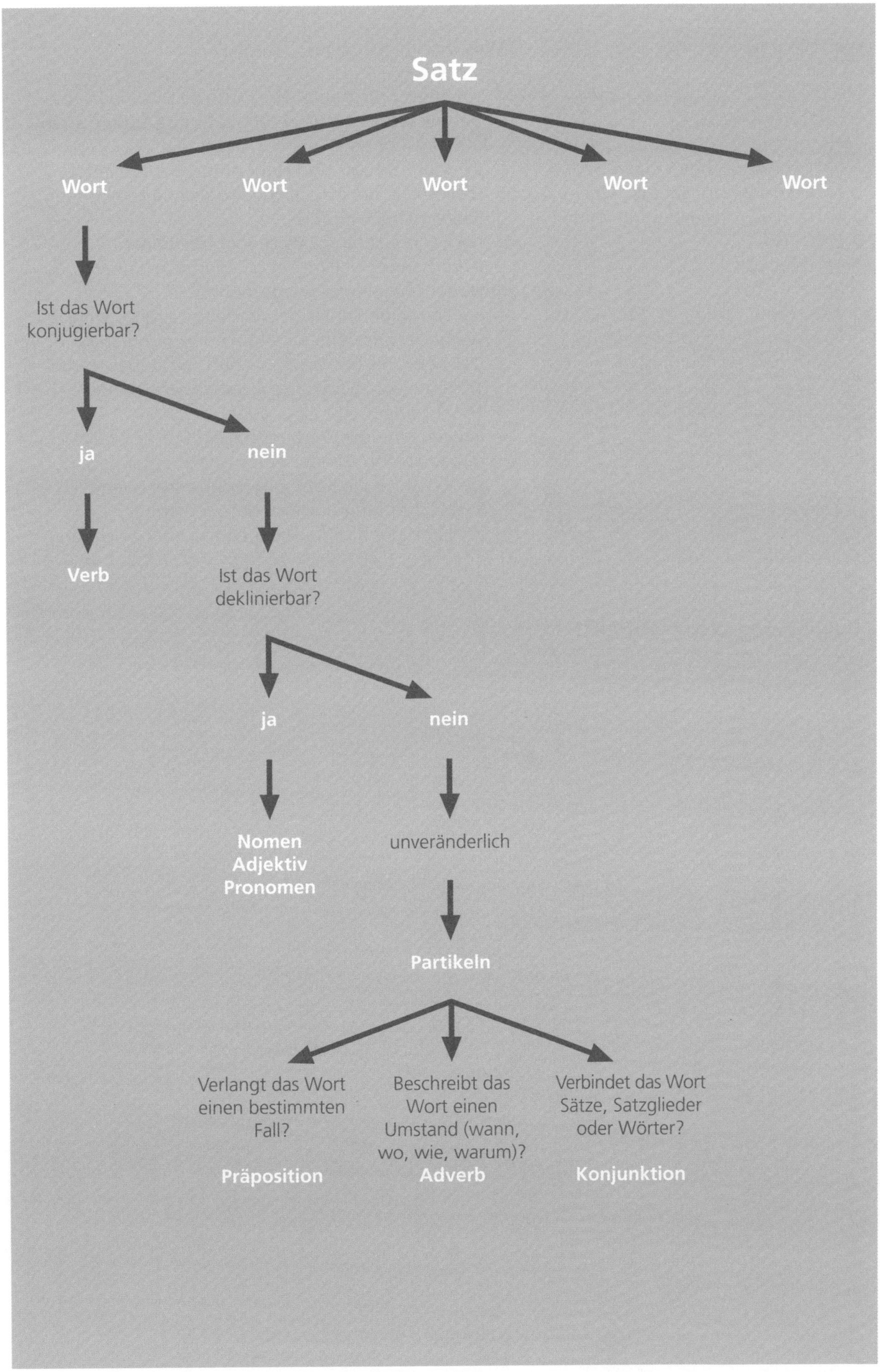

Satzbau

Was wird behandelt?

- Satzarten (Aussagesatz, Fragesatz, Ausrufesatz)
- Haupt- und Nebensatz
- Satzverknüpfungen (Satzreihe, Satzverbindung, Satzgefüge)
- Satzglieder (Prädikat, Subjekt, Objekte)
- Satzstellung
- Satzklammer
- Satzzeichen (Komma, Punkt, Fragezeichen, Ausrufezeichen, Anführungszeichen usw.)

Was bringt mir das?

- Ich kann zwischen einem Ausrufe-, Wunsch- und Befehlssatz unterscheiden und diese Satzarten in meinen Texten sinnvoller einsetzen.
- Ich kann Haupt- und Nebensätze unterscheiden.
- Ich lerne unterschiedliche Möglichkeiten kennen, Sätze zu verknüpfen.
- Ich kann einzelne Satzglieder bestimmen.
- Ich erkenne, welche Satzglieder durch einen Nebensatz ersetzt werden können.
- Ich vermeide Fehler bei der Satzstellung, wenn ich weiss, welche Teile eines Satzes zusammengehören.
- Die Kenntnis des Satzbaus hilft mir dabei, meine Texte besser aufzubauen und abwechslungsreicher zu schreiben.
- Ich verstehe die Zeichensetzung besser, wenn ich die einzelnen Glieder eines Satzes erkenne.
- Ich verstehe die Kommaregeln besser, wenn ich Satzverbindung und Satzgefüge kenne.
- Ich kann die direkte Rede richtig kennzeichnen.

Frageweg Satzglieder

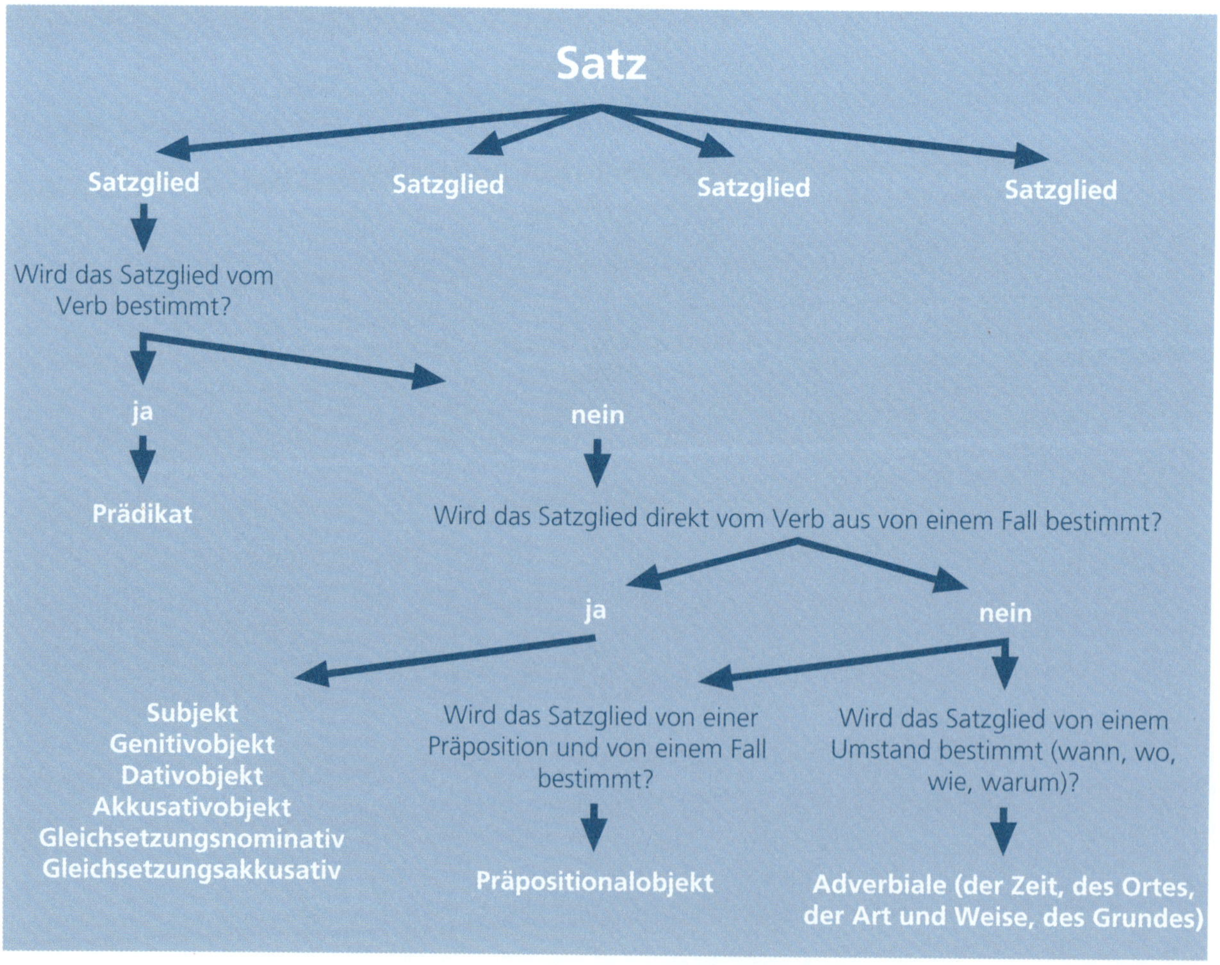

Satzarten

Was wird behandelt?

- Aussagesatz
- Fragesatz
- Ausrufesatz

Was ist ein Satz?

Mit Sätzen kann man etwas fragen, auf etwas antworten, etwas aussagen, etwas mitteilen, sich entschuldigen, jemanden auffordern, befehlen, bitten, beleidigen, etwas erklären, berichten usw.

Ein Satz ist eine sprachliche Einheit, in der Wörter nach bestimmten Regeln miteinander verknüpft sind.

Folgende Merkmale kennzeichnen den Satz:

- Beim Sprechen verdeutlichen Betonung und Pausen die Verknüpfung von einzelnen Wörtern zu einem Satz.
- Satzzeichen markieren die Abgeschlossenheit eines Satzes als sprachliche Einheit.

Die verschiedenen Satzarten

> **Übungen 1–4** S. 176–177

Aussagesatz

Der Aussagesatz ist die geläufigste Satzart. Mit einem Aussagesatz wird etwas ausgesagt, festgestellt oder mitgeteilt. Beim Schreiben wird der Aussagesatz mit einem Punkt abgeschlossen, beim Sprechen senkt man gegen das Satzende hin die Stimme. In einem Aussagesatz steht das **konjugierte Verb** in der Regel an zweiter Stelle.

Der Chef **begrüsst** seinen neuen Mitarbeiter.
Überraschend **kam** ihre Reaktion für uns nicht.

Fragesatz

Mit einem Fragesatz will man zusätzliche Informationen erhalten (Ergänzungsfrage), oder man verlangt eine Entscheidung, d.h. eine Antwort, die ja oder nein lautet (Entscheidungsfrage).

Was hast du in den Sommerferien unternommen?	(Ergänzungsfrage)
Kommst du heute Abend auch in die Disco?	(Entscheidungsfrage)

Der Fragesatz wird beim Schreiben mit einem Fragezeichen abgeschlossen, beim Sprechen steigt die Stimme gegen das Satzende hin an. Der Fragesatz kann unterschiedlich eingeleitet werden.

- Einleitung durch ein **konjugiertes Verb:**
  Lieben Sie Brahms?
  Fahren Sie gern Fahrrad?
  Darf ich Sie etwas fragen?

- Einleitung durch ein Interrogativpronomen (fragendes Fürwort):
  Wer hat das gesagt?
  Wen suchst du?
  Wessen Schwester soll das sein?

- Einleitung durch ein **Frageadverb** (wann?, wie?, wo?, warum?, wofür?, worauf?, weshalb? usw.):
  Warum hast du etwas gegen ihn?
  Weshalb antwortest du nicht?
  Worauf freust du dich?

Ausrufesatz

Der Ausrufesatz umfasst Ausrufe, Aufforderungen, Wünsche und Befehle. Diese Satzart wird beim Schreiben mit einem Ausrufezeichen abgeschlossen. Beim Sprechen wird spürbar, dass eine Äusserung mit Nachdruck erfolgt. In Aufforderungs- oder Befehlssätzen steht das Verb im Imperativ (Befehlsform) und an erster Stelle im Satz. In der 2. Person Singular und Plural wird das Subjekt im Verb mitgedacht.

> Verb, S. 130

Bleiben Sie hier!
Reich(e) mir bitte das Brot!

Bei Wunschsätzen wird das Verb im Konjunktiv (Möglichkeitsform) eingesetzt.

Kämen sie doch bald zurück!
Hätte ich doch mehr Zeit für mein Hobby!
Wenn das Schuljahr doch schon zu Ende **wäre**!

Oft sind Ausrufesätze auch als Satzfragmente ohne Verb gestaltet.

Wie schön!
Frisches Gemüse, heute zum Sonderpreis!

Übungen

Übung 1 **Die verschiedenen Satzarten**

Setzen Sie das richtige Satzendzeichen ein.

1. Das darf doch wohl nicht wahr sein
2. Was ist denn jetzt schon wieder los
3. Peter ist zu spät nach Hause gekommen
4. Bei schlechtem Wetter gehen wir auch
5. Jetzt hör(e) mir mal genau zu
6. Was ist das wieder für ein Lärm

Übung 2 **Die verschiedenen Satzarten**

Kennzeichnen Sie: Ausrufesatz, Aufforderungssatz oder Wunschsatz.

1. Wenn sich das Wetter doch ändern würde!
2. Hol mir bitte einen Kaffee!
3. Schluss jetzt!
4. Lawinengefahr in den Alpen!
5. Bitte alle mal herhören!
6. Das muss gelingen!
7. Wenn ich mich doch besser vorbereitet hätte!
8. Du sollst herkommen!
9. Hoffentlich gibt es kein Glatteis!
10. Wie schön ist doch der Blick auf die Altstadt!

Übung 3 **Die verschiedenen Satzarten**

Formulieren Sie jeden der folgenden Aussagesätze um:
- als Entscheidungsfrage
- als Ergänzungsfrage mit Fragewort
- als Aufforderungssatz

1. Peter fährt das Auto in die Garage.
2. Sie hat wütend das Zimmer verlassen.

3. Plötzlich ergriff sie das Glas mit beiden Händen.
4. Opa liest Zeitung.
5. Mein Dienst beginnt um 18.00 Uhr.
6. Alle rannten ins Haus.

Übung 4 **Die verschiedenen Satzarten**

Formulieren Sie die folgenden SMS zu vollständigen Sätzen um.

1. heute 18.00 Uhr Kino?
2. ich :(
3. Schule langweilig
4. mein C tut W
5. du Idiot
6. Kuss für dich
7. Schlaf gut
8. Gruss, hab dich gern
9. Du bist :)
10. Schönes Wochenende gehabt(?)

Satzlehre

Was wird behandelt?

- Hauptsatz und Nebensatz
- Satzverknüpfungen (Satzreihe, Satzverbindung, Satzgefüge)

Was ist Satzlehre?

Die Satzlehre (oder Syntax) beschreibt, wie Sätze strukturiert sind. Sie können sehr einfach aufgebaut oder aber auch verschachtelte Gebilde, bestehend aus mehreren Teilsätzen, sein. Je einfacher Sätze gestaltet sind, umso eher sind sie in der Regel für andere verständlich.

- Einfache Sätze mit nur einem konjugierten Verb:
  Er **wünscht** sich zum Geburtstag ein neues Handy.
  Gestern **ist** Schnee bis in die Niederungen **gefallen**.
  Schon bald **haben** wir Ferien.

- Zusammengesetzter Satz, aus drei Teilsätzen bestehend:
  Ich freue mich, dass du zu meiner Party gekommen bist, obwohl du viel zu tun hast.

Hauptsatz und Nebensatz

> **Übung 1–4** S. 180

Bei einem zusammengesetzten Satz lassen sich zwei verschiedene Verhältnisse unterscheiden:
- Die Teilsätze sind beigeordnet. Der einzelne Satz kann für sich alleine stehen.
- Ein Teilsatz ist einem anderen Satz über- oder untergeordnet. Der übergeordnete Satz könnte alleine stehen, es ist ein **Hauptsatz (HS)**. Der untergeordnete Satz dagegen ist unselbstständig, d.h. er ist vom Hauptsatz abhängig und heisst daher **Nebensatz (NS)**.

Merkmale eines Hauptsatzes

- Ein Hauptsatz trägt das Satzganze. Die Nebensätze sind ihm grammatisch untergeordnet, auch wenn sie dem Sinne nach oft wichtiger sind als der Hauptsatz selber.
  Ich gehe in die Ferien (HS), sobald ich genügend Geld gespart habe (NS).

- Ein Hauptsatz ist selbstständig und kann in der Regel für sich allein gelassen werden, obgleich dies nicht immer den vollständigen Sinn ergibt.
  Frau Dreyfuss ist eine Politikerin (HS), die sich durch politisches Geschick, Weitsicht und Menschlichkeit ausgezeichnet hat (NS).

> Satzglieder, S. 182

- Das konjugierte Verb steht im Hauptsatz üblicherweise an zweiter Stelle (als zweites Satzglied).
  Petra **lernt** Bergsteigen.

Ausnahme

Im Befehlssatz und im nicht eingeleiteten Fragesatz steht das Verb an erster Stelle.
Gib mir bitte eine Portion Reis!
Glaubst du, dass es regnen wird?

Diese Regel gilt auch, wenn der Nebensatz vorangestellt wird, er steht dann als Ganzes an erster Stelle, das Verb im Hauptsatz folgt nach dem Komma (also an zweiter Stelle).
Wenn das Wetter **umschlägt** (NS)**, gehen** wir nicht in die Berge (HS).

Merkmale eines Nebensatzes

Ein Nebensatz ist abhängig von einem Hauptsatz oder von einem übergeordneten Nebensatz. Er kann nicht für sich alleine stehen. Das konjugierte Verb steht normalerweise am Schluss (häufige Ausnahme: indirekte Rede).
Ich denke an meine Freundin, die mir **geholfen hat**.
Ich denke an meine Freundin, die mir **geholfen hat**, als es mir schlecht **ging**.

Der Nebensatz hat keine bestimmte Stellung im Satz. Er kann als Vordersatz oder als Nachsatz auftreten oder als Zwischensatz dem übergeordneten Satz eingeschoben sein.

Da der Fussweg vereist war, benutzten sie die Fahrstrasse.	(Vordersatz)
Sie benutzten die Fahrstrasse, **da der Fussweg vereist war.**	(Nachsatz)
Sie benutzten, **da der Fussweg vereist war**, die Fahrstrasse.	(Zwischensatz)

Einteilung der Nebensätze nach ihrer Form

> Konjunktionen, S. 163

Der **Konjunktionalsatz** ist besonders häufig und wird durch eine unterordnende Konjunktion mit dem Hauptsatz verbunden. Er steht oft als Vordersatz.
Ob er es wirklich getan hat, ist immer noch fraglich.
Sie tanzten, **bis die Beine schmerzten**.

> Relativpronomen, S. 157

Der **Relativsatz** wird durch ein Relativpronomen mit dem übergeordneten Satz verbunden; dieses steht meistens direkt nach dem Komma.
Ein Mensch, **dem man nicht vertrauen kann**, hat keine Freunde.
Dies ist das Grundstück, **auf dem wir bauen**.

Der **indirekte Fragesatz** beginnt mit einem Interrogativpronomen (wer?, was?, welcher?) oder mit einem Frageadverb (wo?, wohin?, warum?, weshalb? usw.).
Er fragte, **wer sie sei**.
Ich weiss nicht, **wann er sie zum letzten Mal gesehen hat**.
Er fragte, **warum er nicht arbeite**.

Der **uneingeleitete Nebensatz** (häufig indirekte Rede) hat oft dieselbe Wortfolge wie der Hauptsatz, steht jedoch meistens im Konjunktiv.

Er behauptete, **er habe die Wahrheit gesagt.**
Sie habe ihn angerufen, erklärte sie ihrer Freundin.

Die **satzwertige Infinitivgruppe (oder Infinitivsatz)** hat kein eigenes Subjekt, das Verb steht im Infinitiv. Ein allein stehender Infinitiv gilt nicht als Satz, sondern gehört zum Prädikat.
Es ist besser(,) **nicht zu lange damit zu warten.**
Sie hoffte darauf, **pünktlich nach Hause zu kommen.**

Die **satzwertige Partizipialgruppe (oder Partizipialsatz)** hat ebenfalls kein eigenes Subjekt, das Verb steht in einer nicht konjugierten Form (Partizip Präsens oder Perfekt). Ein allein stehendes Partizip gilt nicht als Satz, sondern als Satzglied.
Ein Lied singend(,) überquerte sie die Strasse.
Dann verliess er(,) **von allen gemieden**(,) die Stadt.

Verknüpfung von Sätzen

> **Übung 5–7** S. 181

Als **Satzreihe** bezeichnet man eine Reihung von zwei oder mehreren Hauptsätzen.

Anita kommt heute nicht in die Schule (HS). Sie ist krank (HS).

Als **Satzverbindung** bezeichnet man einen zusammengesetzten Satz, der aus mehreren beigeordneten, selbstständigen Hauptsätzen besteht.

Anita kommt heute nicht in die Schule, sie ist nämlich krank.
(HS, HS) (ohne Konjunktion)
Anita kommt heute nicht in die Schule, **denn** sie ist krank.
(HS, HS) (mit **Konjunktion**)

Als **Satzgefüge** bezeichnet man einen zusammengesetzten Satz, der aus mindestens einem Haupt- und Nebensatz besteht, also über- und untergeordnete Teilsätze aufweist. Hauptsatz und Nebensatz werden durch Kommas voneinander getrennt, unterordnende Konjunktionen können einen Nebensatz mit einem Hauptsatz verbinden.

Anita kommt heute nicht in die Schule (HS), weil sie krank ist (NS mit **Konjunktion**).

Eingeschobene Teilsätze

Manchmal ist ein Teilsatz nicht an einen anderen Teilsatz angehängt, sondern in diesen eingeschoben (Zwischensatz). Dies muss man mit zwei Kommas markieren, nämlich Komma vor und nach dem eingeschobenen Teilsatz.

Übungen

Übung 1 **Hauptsatz und Nebensatz**

Unterstreichen Sie die Hauptsätze.

1. Während seine Schwester Musik hört, macht Klaus seine Hausaufgaben.
2. Ich möchte wissen, ob du dich am neuen Wohnort schon gut eingelebt hast.
3. Glaubst du, wenn ich dich mal fragen darf, dass der SCB das nächste Spiel gewinnen wird?
4. Wenn du das Buch gelesen hast, wirst du mehr über das Thema wissen.
5. Er war krank, deshalb konnte er nicht zur Arbeit gehen.
6. Er läuft und läuft und läuft.
7. Klaus liest ein Buch, Susanne blättert in einer Zeitung.
8. Ich glaube, er kommt, wenn er Lust und Zeit hat.
9. Sie hat sicher schon geschrieben, aber der Brief ist noch nicht angekommen.

Übung 2 **Hauptsatz und Nebensatz**

Unterstreichen Sie die Hauptsätze grün und die Nebensätze blau.

Sie übergab Bernhard Spring die Haus- und Briefkastenschlüssel, aber sie wollte nicht mit hineinkommen, da sie keinen Auftrag von Frau Beer habe. Spring respektierte dies und dankte ihr, bevor er die Wohnungstür aufschloss. Er trat in den dunklen Flur und machte die Eingangstür hinter sich zu. Plötzlich überfiel ihn eine beängstigende Stille, eine Abwesenheit von Leben, die ihm Furcht einjagte. Vorsichtig betrat er Raum um Raum, ohne Spuren zu hinterlassen. Er guckte hinter jede Ecke und in jeden grösseren Schrank, immer in der Angst, eine unangenehme Entdeckung zu machen.

Vom Flur aus liess sich fast jedes Zimmer betreten. Links lag die Toilette mit einer eingebauten Dusche, daneben ein Schlafzimmer, die Bettdecke zurückgeschlagen, wie wenn gerade jemand aufgestanden wäre. Geradeaus gings in die geräumige, jedoch eher dunkle Küche, von der eine zweite Tür in ein kleines, mit Büchern und Ordnern vollgestopftes Büro führte. Aus ihm gelangte man durch eine weitere Tür in ein geräumiges Wohnzimmer.

Paul Lascaux: «Der Lückenbüsser»

Übung 3 **Hauptsatz und Nebensatz**

Suchen Sie für jeden Satz zwei Konjunktionen, die den jeweiligen Konjunktionalsatz einleiten.

1. Lache nur, ___wenn___ du willst.
2. Wir sollten gehen, ___weil___ es zu regnen beginnt.
3. ___Bis___ ich genug gespart habe, kaufe ich mir ein Auto.
4. Er begann zu erzählen, ___obwohl___ er lange nachgedacht hatte.
5. ___Wenn___ sie die Haare kürzer trägt, wirkt sie viel jünger.
6. Sie spielen Tennis, ___nachdem___ er einkaufen geht.

Übung 4 **Hauptsatz und Nebensatz**

Unterstreichen Sie die Nebensätze und bestimmen Sie die Form.

— NS

1. Wir wollen Salat pflanzen, wenn der Regen vorbei ist. konjunk.
2. Wir hoffen, dass wir Erfolg haben werden. konjunkt
3. Der Brief, den ich gerade schreibe, muss heute noch zur Post. Relativ

4. Sich auf das Wesentliche zu konzentrieren(,) ist sehr wichtig.
5. An meine Verabredung denkend(,) rannte ich über die Strasse.
6. Sie sangen, bis sie der Hals schmerzte.
7. Das ist die Arbeit, für die du bestimmt bist.
8. Es ist nicht einfach(,) das Problem zu lösen.
9. Sie fragte mich, wer ich sei.
10. Er verliess, von allen beobachtet, den Raum.

Übung 5 **Verknüpfung von Sätzen**

Konstruieren Sie mit je einem Element aus den drei Gruppen insgesamt sechs zusammengesetzte Sätze.

Beispiel:
Morgen fällt das Turnen aus. Natürlich werde ich ausschlafen.
Da morgen das Turnen ausfällt, werde ich natürlich ausschlafen.

Gruppe 1
- Wir müssen alles Gemüse kaufen.
- Es war schon stockdunkel.
- Mein Bruder geht oft spazieren.
- Er räumte sein Zimmer auf.
- Ich habe es vermutet.
- Sie spricht schlecht Englisch.

Gruppe 2
damit, seit, weil, obschon, dass, als

Gruppe 3
- Sie hat zwei Jahre in London gelebt.
- Wir haben einen Hund.
- Du hast keine Zeit für mich.
- Ich kam nach Hause.
- Wir haben keinen Garten.
- Endlich gab die Mutter Ruhe.

Übung 6 **Verknüpfung von Sätzen**

Die folgenden Sätze bestehen nicht aus eingeschobenen, sondern aus aneinandergereihten Teilsätzen. Schieben Sie den einen Teilsatz in den anderen hinein (Zwischensätze). Achten Sie dabei auf das zweite Komma.

1. Wir fahren erst morgen, falls du einverstanden bist.
2. Stell diesmal den Fernseher ab, bevor du die Wohnung verlässt.
3. Sie hat die Prüfung mit Erfolg bestanden, nehme ich an.
4. Er verlor völlig den Kopf, als er den Brand entdeckte.
5. Das ist mir ziemlich egal, wenn ich ehrlich sein soll.
6. Sie ist ganz schön sauer, obschon sie sich nichts anmerken lässt.

Übung 7 **Verknüpfung von Sätzen**

- Bezeichnen Sie die unten genannten Teilsätze als Hauptsatz (HS) oder Nebensatz (NS)
- Konstruieren Sie aus den acht Teilsätzen zwei Satzverbindungen (HS, HS)
- Konstruieren Sie ein Satzgefüge: (HS, NS)
- Konstruieren Sie ein Satzgefüge: (NS, HS)
- Konstruieren Sie zwei Satzgefüge: (HS, NS, NS)

1. Obschon andere Dinge wichtiger wären
2. Reto schreibt an seiner Geschichte
3. David bastelt an seinem Stromkreis
4. Aber er ist nicht richtig bei der Sache
5. Was ihm sehr viel Spass bereitet
6. Wütend verbessert Michael seinen Test
7. Weil er bis zur Pause damit fertig sein muss
8. Seit einer Stunde arbeitet Judith an ihrem Französischheft

Satzglieder

Was wird behandelt?

- Verschiebeprobe
- Subjekt, Prädikat, Objekt
- Attribut und Apposition
- Satzgliedertabelle
- Ersetzen eines Satzgliedes durch einen Nebensatz
- Stellung der Satzglieder

In den verschiedenen Grammatiken bestehen bei den Satzgliedern grosse Unterschiede. Sie finden im Folgenden eine vereinfachte, eher traditionelle Darstellung. Deshalb ist der Frageweg ähnlich wie bei den Wortarten. Falls Sie eine rein formale Satzgliedbestimmung vorziehen, finden Sie Unterlagen dazu (inklusive entsprechendem Frageweg) im Handbuch für Lehrerinnen und Lehrer.

Was ist ein Satzglied?

> Frageweg, S. 174

Satzglieder sind Einheiten innerhalb eines Satzes, die inhaltlich und grammatisch zusammengehören. Die meisten Satzglieder lassen sich direkt vom Verb aus erfragen.

Verschiebeprobe

> Übung 1 S. 186

Welche Wörter ein Satzglied bilden, lässt sich auch durch die Verschiebeprobe herausfinden. Man stellt dabei den ausgewählten Teil vor das konjugierte Verb an die Spitze des Satzes, wodurch er eine grössere inhaltliche Bedeutung erhält. Dabei entstehen verschiedene Varianten. Einige sind richtig, andere falsch bzw. sinnlos.

Die Schülerinnen **setzten** sich in der Pause auf eine Bank aus Holz.

Sich **setzten** die Schülerinnen in der Pause auf eine Bank aus Holz.	falsch/sinnlos
Setzten sich die Schülerinnen in der Pause auf eine Bank aus Holz?	nur als Frage
In der Pause **setzten** sich die Schülerinnen auf eine Bank aus Holz.	richtig
Auf eine Bank aus Holz **setzten** sich die Schülerinnen in der Pause.	richtig
Auf eine Bank **setzten** sich die Schülerinnen in der Pause aus Holz.	falsch/sinnlos
Aus Holz **setzten** sich die Schülerinnen in der Pause auf eine Bank.	falsch/sinnlos

Die Verschiebeprobe ergibt, dass der Satz 4 Satzglieder hat:
Die Schülerinnen – setzten sich – in der Pause – auf eine Bank aus Holz.

Bei der Verschiebeprobe stellt man auch fest, dass das konjugierte Verb seine Stellung nicht verändert. Es bleibt im Hauptsatz an zweiter Stelle.

Besonderheiten

Die **Verneinung** gehört zum Satzglied, das verneint wird.
Ich – habe – das – **nicht gekauft.** (zum Prädikat)
Nicht ich – habe – das – gekauft. (zum Subjekt)

Das **Reflexivpronomen** wird beim Prädikat belassen.
Die Schülerinnen **setzten sich** auf eine Bank.

Die **Konjunktionen** zwischen Sätzen oder Satzgliedern werden nicht bestimmt.
Er – sah – das Auto, **aber** (nicht bestimmt) – er – reagierte – zu spät.

Prädikat, Subjekt, Objekt

> **Übungen 2–6** S. 186–187

> Satzgliedertabelle, S.184

Die verbalen Teile eines Satzes werden als Prädikat des Satzes bezeichnet. Wenn man das Prädikat gefunden hat, kann man durch gezielte Fragen die Fälle der anderen Satzglieder bestimmen und damit das Subjekt und das Objekt bzw. die Objekte des Satzes ermitteln.

Der Gast gibt dem Kellner des Restaurants ein Trinkgeld.

Wer gibt ein Trinkgeld?	Der Gast (Subjekt)
Wen oder was gibt der Gast?	ein Trinkgeld (Akkusativobjekt)
Wem gibt der Gast ein Trinkgeld?	dem Kellner des Restaurants (Dativobjekt)

Hinweis

Oft wird ein Zusatz wie des Restaurants fälschlicherweise als Genitivobjekt bezeichnet. Hier ist dieser Zusatz aber Teil des Dativobjekts bzw. dessen Genitivattribut.

Im folgenden Satz dagegen ist deiner Hilfe ein Genitivobjekt, da man es direkt vom Prädikat aus erfragen kann.

Wir bedürfen deiner Hilfe. (Frage: Wessen bedürfen wir?)

Attribut und Apposition

> **Übung 16** S. 190

Ein Satzglied kann aus einem Wort bestehen.

Er | begrüsst | sie.

> Satzgliedertabelle, S. 184

Der sogenannte Satzgliedkern kann aber auch um beinahe beliebig viele Wörter ergänzt werden. Diese Erweiterungen sind keine selbstständigen Satzglieder, sondern nähere Beschreibungen, sogenannte Attribute und Appositionen. Sie bleiben bei der Verschiebeprobe beim Satzgliedkern.

Der **Bruder** | begrüsst | die **Schwester**.

Bruder und Schwester bilden jeweils den **Satzgliedkern**.

Der **ältere Bruder** | begrüsst | die **eben erst aus den Ferien zurückgekehrte** Schwester.

Hier wurden der Bruder und die Schwester durch **Attribute** erweitert. Zu den Attributen zählen auch die Artikel (der bzw. die), die man aber bei der Bestimmung weglässt.

Der Bruder, **Simon genannt**, | begrüsst | die Schwester.

Man kann ein Satzglied auch durch eine **Apposition** erweitern. Diese steht meistens nach dem Wort, auf das sie sich bezieht, und wird durch zwei Kommas vom Rest des Satzes abgetrennt.

Der ältere Bruder, Simon genannt, begrüsst die eben erst aus den Ferien zurückgekehrte Schwester.

Dieser Satz ist jetzt bedeutend länger, besteht aber nach wie vor aus drei Satzgliedern.

Satzgliedertabelle

> **Übungen 7–15** S. 187–190

Satzglied	Beispiel	Frage
Prädikat	Ich **kaufe** das Buch heute noch. Ich **habe** dir das Buch gestern **gekauft**.	
Subjekt	**Ich** habe dir das Buch gestern gekauft.	wer oder was?
Genitivobjekt	Wir bedürfen **deiner Hilfe**.	wessen?
Dativobjekt	Ich habe **dir** das Buch gestern gekauft.	wem?
Akkusativobjekt	Ich habe dir **das Buch** gestern gekauft.	wen oder was?
Präpositionalobjekt	Du hast es **von ihm** gelernt. **Für ihn** hat sie es getan.	von wem? für wen?
Adverbiale der Zeit	Ich habe dir das Buch **gestern** gekauft. **Eines Tages** werden wir uns treffen.	wann?
Adverbiale des Ortes	**Dort** steht eine Tanne. Wir treffen uns **im Bahnhof**.	wo?
Adverbiale der Art und Weise	**Eilenden Schrittes** geht sie über die Strasse. Dieses Buch gefällt mir **sehr**.	wie?
Adverbiale des Grundes	**Deshalb** ist es dir schwer gefallen. **Infolge Todesfalls** bleibt das Geschäft geschlossen.	warum?
Gleichsetzungs-nominativ	Walter ist **ein guter Handwerker**.	Walter (das Subjekt) ist wer oder was?
Gleichsetzungs-akkusativ	Er nennt ihn **einen Schelm**.	Er nennt ihn (das Akkusativobjekt) wen oder was?

Attribut und Apposition

Attribut im Genitiv	Hier liegt die Tasche **der Schwester**.	(zu Tasche)
Präpositionales Attribut	Dort steht eine Bank **aus Holz**.	(zu Bank)
Adjektivisches Attribut	Der **grosse** Tisch gefällt mir.	(zu Tisch)
Pronominales Attribut	Das ist **mein** Bett.	(zu Bett)
Adverbiales Attribut	Der Baum **dort** ist gross.	(zu Baum)
Vorangestellte Apposition	**Adolf** Ogi war lange Bundesrat.	(zu Ogi)
Nachgestellte Apposition	Herr Meier, **der Bäcker unseres Dorfes**, ist weitherum bekannt.	(zu Herr Meier)

Ersetzen eines Satzgliedes durch einen Nebensatz

Satzglieder können durch Nebensätze ersetzt werden.

Es (Subjekt) freut mich.
Dass (wird nicht bestimmt) ihr mich heute besuchen kommt, freut mich. (Der Nebensatz ersetzt das Subjekt: Subjektsatz.)
Ich kaufe das Buch (Akkusativobjekt).
Ich kaufe, was mir gefällt. (Der Nebensatz ersetzt das Akkusativobjekt: Objektsatz.)

Stellung der Satzglieder

> **Übungen 17–18** S. 191

Häufigste Satzstellung

Ein Hauptsatz hat gewöhnlich folgende Satzstellung:

Peter	schreibt	seiner Freundin	einen Brief.
Subjekt	Prädikat	Dativobjekt	Akkusativobjekt
S	P	D	A

> Verschiebeprobe, S. 182

Aus der Verschiebeprobe ergeben sich auch andere Möglichkeiten für einen sinnvollen Satz, die jeweils ein anderes Satzglied betonen.

Seiner Freundin	schreibt	Peter	einen Brief.
D	P	S	A
Einen Brief	schreibt	Peter	seiner Freundin.
A	P	S	D

Wird eines der Objekte vorangestellt, verschiebt sich das Subjekt immer hinter das an zweiter Stelle stehende Prädikat. Satzglieder können weiter nicht vertauscht werden.[1]

Satzklammer

> Verb, S. 124

Bei der Satzklammer (auch verbale Satzklammer oder Verbklammer genannt) treten Verbformen im Satz auseinander und bilden eine Klammer. Man unterscheidet drei Typen:

- Das konjugierte Verb besteht aus Hilfsverb und Vollverb (Partizip II).
  Monika **ist** mit guten Leistungen in der Schule **aufgefallen.**
- Das konjugierte Verb besteht aus Modalverb und Vollverb.
  Monika **will** mit guten Leistungen in der Schule **auffallen.**
- Das konjugierte Verb ist ein Verb mit trennbarem Verbzusatz.
  Monika **fällt** mit guten Leistungen in der Schule **auf**.

Reihenfolge von Adverbialien

Direkt nach dem Verb können verschiedene Umstandsbezeichnungen bzw. Adverbialien eingeschoben werden, die das Geschehen näher bestimmen.
Die Reihenfolge der anderen Satzteile ändert sich dabei nicht.

Peter	hat		seiner Freundin	einen Brief	geschrieben.
Peter	hat	gestern	seiner Freundin	einen Brief	geschrieben.
Peter	hat	in seinem Zimmer	seiner Freundin	einen Brief	geschrieben.
Peter	hat	aus Liebe	seiner Freundin	einen Brief	geschrieben.
Peter	hat	mit einem Bleistift	seiner Freundin	einen Brief	geschrieben.

1 Es besteht ein Unterschied zur Satzstellung im Französischen, Italienischen, Spanischen oder Englischen:

Pierre	écrit	une lettre	à son amie.
Pietro	scrive	una lettera	alla sua amica.
Peter	writes	a letter	to his girl-friend.
S	P	A	D

Wenn verschiedene Umstandsbezeichnungen aufeinandertreffen, folgen sie im Allgemeinen der Reihenfolge der Fragen: wann, wo, warum, wie?
Peter hat gestern (wann?) in seinem Zimmer (wo?) aus Liebe (warum?) mit einem Bleistift (wie?) seiner Freundin einen Brief geschrieben.

Übungen

Übung 1 **Verschiebeprobe**
Ermitteln Sie mit Hilfe der Verschiebeprobe die Satzglieder.

1. Der Schauspieler bittet den Regisseur vor jeder Szene um genaue Anweisungen zur Lautstärke.
2. Meiner Schwester gefällt es an ihrem neuen Arbeitsplatz sehr gut.
3. Mit grosser Freude las sie seinen mit sorgfältiger Schrift verfassten seitenlangen Liebesbrief.
4. Nach Feierabend unternimmt er gern mit seiner Frau einen Spaziergang durch den Wald.
5. Sie haben bestimmt keinen Grund zur Sorge.

Übung 2 **Prädikat, Subjekt, Objekt**
Bestimmen Sie das Subjekt, das zum unterstrichenen Prädikat gehört.

1. Alles ist nach der ersten Erfahrung einfacher.
2. Diese Aufgabe sollte man sorgfältig lösen.
3. Er wird zu spät aufgestanden sein.
4. Genfersee und Bodensee sind die grössten Gewässer der Schweiz.
5. Wann kommen die Nachbarn zu Besuch?

Übung 3 **Prädikat, Subjekt, Objekt**
Bestimmen Sie das Prädikat, das zum unterstrichenen Subjekt gehört.

1. Wir geniessen ein feines Abendessen.
2. Gestern lag das ganze Viertel im Dunkeln.
3. Hast du die Prüfung geschafft?
4. Hätte es dir gefallen, früher abzufahren?
5. Wer hat das Rennen gewonnen?

Übung 4 **Prädikat, Subjekt, Objekt**
Bestimmen Sie zuerst das Prädikat, dann das Subjekt des Satzes.

1. Diese Tasche gehört meiner Freundin.
2. Frauen haben die gleichen Rechte wie Männer.
3. Gestern hat es lange geregnet.
4. Warum sollten wir noch lange damit warten?
5. Wie lange dauert ein Flug nach Australien?
6. Erfolg im Sport erfordert grosse Anstrengungen.
7. Diesen Film habe ich nicht gern gesehen.
8. Der Schluss liegt nahe, sie habe sich zu wenig angestrengt.
9. Über der Stadt lag ein Nebelschleier.
10. Machen Sie bitte die Aufgaben sorgfältiger!

Anmerkung: Selbstverständlich können Sie bei dieser wie bei den folgenden Übungen auch die Satzglieder bestimmen, nach denen nicht ausdrücklich gefragt wird.

Übung 5 Prädikat, Subjekt, Objekt

Das Prädikat stimmt mit dem Subjekt in Einzahl oder Mehrzahl überein. Setzen Sie das Verb in die richtige Zahl.

1. Unsere Klasse geht (gehen) morgen auf die Schulreise.
2. Eine Gruppe von Leuten steht (stehen) unten an der Ecke.
3. Fichten und Tannen gehören (gehören) zu den Nadelbäumen.
4. Weder ihm noch mir ist (sein) es gelungen.
5. Die Hälfte der Bevölkerung [illegible] (stimmen – Perfekt) gegen die Vorlage.
6. Die ganze Klasse liebt (lieben) diese Fernsehsendung.

Übung 6 Prädikat, Subjekt, Objekt

Unterstreichen Sie im ersten Teil des Textes in allen Sätzen jeweils das Prädikat und das Subjekt.

Was unter 18-Jährige im Ausland tun dürfen und was nicht, ist oft schwierig zu sagen. Immerhin gibt es einige Regeln.

Viele Jugendliche absolvieren heute ein Austauschjahr oder Feriensprachkurse ausserhalb des Heimatlandes. Ein solcher Auslandaufenthalt ohne Eltern ist ein entscheidender Schritt in die Selbstständigkeit. Rechtlich gesehen ist ein junger Mensch bis zum Erreichen des Mündigkeitsalters allerdings nicht selbstständig. In der Schweiz tragen die Eltern für ihn bis zum 18. Geburtstag die Verantwortung. Theoretisch dürfen sie ihm bis dahin sagen, was er zu tun und zu unterlassen hat.

Die Einflussmöglichkeiten der Eltern sind begrenzt, wenn sich ihr Kind im Ausland aufhält. Dennoch stehen gerade Austauschschüler oft unter noch strengerer Aufsicht als zu Hause. Schüleraustausch und Sprachferien werden nämlich meistens von einem Veranstalter organisiert.

Dieser hat Betreuer, die sich vor Ort um die Jugendlichen kümmern. Weiter unterstellen sie die Teilnehmenden zum Teil strikten Verhaltensnormen. Ein 16-jähriger Schüler beispielsweise darf den Bundesstaat Kalifornien nicht ohne schriftliche Zustimmung seiner Eltern verlassen. Das Gleiche gilt, wenn er gefährliche Sportarten ausüben will. Die Regeln werden vor der Abreise schriftlich vereinbart. Wer sich nicht daran hält oder sich ungebührlich benimmt, kann nach Hause geschickt werden.

Fortsetzung folgt …

Übung 7 Satzgliedertabelle

Unterstreichen Sie im zweiten Teil des Textes in allen Sätzen jeweils das erste Satzglied (jenes, das vor dem Prädikat steht). Bestimmen Sie diese Satzglieder. Konjunktionen werden nicht bestimmt.

Was unter 18-Jährige im Ausland tun dürfen und was nicht, ist oft schwierig zu sagen. Immerhin gibt es einige Regeln. Fortsetzung …

Die Veranstalter übernehmen gegenüber den Eltern eine Verantwortung. Wegen einem Unglück könnten sie sogar schadenersatzpflichtig werden. Es gibt aber auch andere Probleme: Die Organisatoren eines Sprachkurses in Frankreich auferlegen den Jugendlichen ein Alkoholverbot. Ein 19-jähriger Kursteilnehmer spricht aber dem Wein zu. Vom Kursleiter soll der junge Mann nach Hause geschickt werden. Dieser wehrt sich dagegen. Er sagt, er sei volljährig, den Wein dürfe er trinken.

Das ist grundsätzlich richtig. Man kann aber argumentieren, bei der Anmeldung habe er sich freiwillig dem Alkoholverbot unterworfen. Aus diesem Grund könne man ihn nach einem Verstoss vom Kurs ausschliessen. Nach Hause schicken kann ihn der Kursleiter aber nicht, denn der Schüler ist ein erwachsener Mensch. Fortsetzung folgt …

Schreiben

Lesen und Verstehen

Sprechen

Grammatik

Verzeichnisse

Übung 8 **Satzgliedertabelle**

Unterstreichen Sie in den folgenden Sätzen den Gleichsetzungsnominativ.

1. Maja wird Floristin.
2. Er ist ein weltbekannter Fussballer.
3. Sie bleibt mit Abstand die beste Spielerin.
4. Markus Muster heisse ich.
5. Sie scheint keine gute Verliererin zu sein.

Übung 9 **Satzgliedertabelle**

Unterstreichen Sie alle fallbestimmten Objekte und geben Sie ihren Fall an.
(G = Genitiv, D = Dativ, A = Akkusativ)

1. Der Bruder kauft der Schwester eine CD zum Geburtstag.
2. Unserem Nachbarn hat man eine Busse aufgebrummt.
3. Der Präsident enthob den Minister seines Amtes.
4. Die Grossmutter bietet uns bei jedem Besuch Süssigkeiten an.
5. Er muss seine Aufgaben konzentrierter lösen.
6. Gestern hat sie der Kollegin das Geheimnis verraten.
7. Wann siehst du deinen Freund wieder?
8. Ich leihe ihr mein Fahrrad bis Weihnachten.
9. Man soll den Tag nicht vor dem Abend loben.
10. Alle erinnerten sich seiner mit Hochachtung.
11. Wir schenken euch das letzte Erfolgsbuch dieser Autorin.

Übung 10 **Satzgliedertabelle**

Unterstreichen und bestimmen Sie im dritten Teil des Textes alle Objekte. Verwenden Sie verschiedene Farben oder Linien.

Was unter 18-Jährige im Ausland tun dürfen und was nicht, ist oft schwierig zu sagen. Immerhin gibt es einige Regeln. Fortsetzung …

Eine andere Frage dreht sich um Geldangelegenheiten. Hier verfügen Minderjährige über begrenzte Kompetenzen. Ab welchem Alter sie eine Kreditkarte beziehen können, ist unterschiedlich. Bei UBS und Viseca zum Beispiel gibt es eine eigene Kreditkarte ab 18 Jahren.

Eine Alternative zur Kreditkarte sind Travellercheques, die Minderjährige grundsätzlich verwenden dürfen. Häufig können Eltern ausserdem ihrem Kind ein Konto im Gastland eröffnen, von welchem an Automaten Geld abgehoben werden kann. Mit dem Mündigkeitsalter fallen solche Probleme weg.

Fortsetzung folgt …

Übung 11 **Satzgliedertabelle**

Unterstreichen Sie alle Adverbialien und geben Sie ihre Art an.

1. Wir fahren im nächsten Jahr nach Italien.
2. Mit voller Kraft drückte er die Tür auf.
3. Vor lauter Aufregung hat sie die Tasche vergessen.
4. Die Länge der Mauer beträgt zehn Meter.
5. Wegen den Überschwemmungen ist die Strasse geschlossen.
6. Vor der Haustür stapeln sich die alten Zeitungen.
7. Gestern war sie in Zürich.
8. Dort drüben steht eine alte Tanne.
9. Trotz den Anstrengungen gelang ihnen die Besteigung des Gipfels nicht.
10. Eilenden Schrittes ging sie über die Strasse.
11. Dieser Film dauert zwei Stunden.
12. Der Dieb schleicht wie eine Katze ums Haus.

Übung 12 **Satzgliedertabelle**

Unterstreichen und bestimmen Sie im vierten Teil des Textes alle Adverbialien. Verwenden Sie verschiedene Farben oder Linien.

Was unter 18-Jährige im Ausland tun dürfen und was nicht, ist oft schwierig zu sagen. Immerhin gibt es einige Regeln. Fortsetzung ...

Für Schweizer Jugendliche gilt: Das Mündigkeitsalter richtet sich nach dem Wohnsitz. Es gibt aber Ausnahmen: Will ein 18-jähriger Schweizer in British Columbia eine grössere Anschaffung tätigen, wird er möglicherweise eine Unterschrift der Eltern vorweisen müssen.

Zusätzlich gibt es in den meisten Ländern Bestimmungen, denen junge Reisende unterstellt sind, auch wenn sie in ihrem Heimatland schon mündig sind. In vielen US-Bundesstaaten ist der Kauf von Alkohol erst ab 21 Jahren erlaubt. Man sollte dies beachten. Für die US-Justiz ist Jugendlichkeit kein Grund zur Nachsicht.

Wieder anders verhält es sich mit dem Führerschein. In Kalifornien beispielsweise kann man diesen ab 16 erwerben. Jonas könnte während seines Austauschjahres die Fahrprüfung ablegen. Er dürfte nach seiner Heimkehr hier aber nicht Auto fahren. Jonas müsste die Fahrprüfung jedoch nicht wiederholen, er könnte seinen amerikanischen Ausweis nach dem 18. Geburtstag prüfungsfrei gegen einen schweizerischen eintauschen. Nur eine Kontrollfahrt wäre nötig.

Text mit einigen Änderungen nach: Ruedi Spöndlin, «Tages-Anzeiger», 14.02.2001

Übung 13 **Satzgliedertabelle**

Unterstreichen Sie die Präpositionalobjekte.

1. Wir bedanken uns für das schöne Geschenk.
2. Von einer Weltreise träume ich schon seit Jahren.
3. Die Präsidentin spricht für die ganze Gesellschaft.
4. Die Katze zeigt kein Interesse für dieses Spielzeug.
5. Wir lassen uns nicht auf einen sinnlosen Streit ein.
6. Die Kinder haben mit den Eltern erholsame Ferien verbracht.
7. Die Mädchen schwatzen über einen netten Jungen aus ihrer Klasse.
8. Ich bewerbe mich nächste Woche um diese Stelle.
9. Auf seine Angaben kann man sich nicht verlassen.
10. Kümmere dich um deine eigenen Angelegenheiten!

Übung 14 **Satzgliedertabelle**

Unterscheiden Sie in den folgenden Sätzen Präpositionalobjekte und Adverbialien (und bestimmen Sie die Adverbialien nach ihrer Art).

1. Er fragte den Kollegen nach dem Weg.
2. Diese Tasche ist mit grosser Handfertigkeit gearbeitet.
3. Sie erholt sich von den Anstrengungen der letzten Tage.
4. Die Schülerinnen und Schüler arbeiten gern an diesem Auftrag.
5. Wir treffen uns auf dem Gipfel.
6. Unser Kater hat Angst vor dem Hund des Nachbarn.
7. Hier duftet es nach frischen Brötchen.
8. In einem Jahr haben wir die Lehre beendet.
9. Er hat seine Freundin aus Eifersucht verlassen.
10. Wir haben uns für dieses Hotel entschieden.

Übung 15 **Satzgliedertabelle**

Trennen Sie die Satzglieder voneinander und bestimmen Sie sie.

1. Peter wird im nächsten Herbst eine neue Stelle antreten.
2. Wir sind in den vergangenen Jahren ein erfolgreicher Fussballverein geworden.
3. Meinem Freund ist am letzten Sonntag ein schreckliches Unglück zugestossen.
4. Jedenfalls wird er morgen dem neuen Arzt noch nicht alle Beschwerden aufzählen.
5. Der Junge betrachtete während längerer Zeit die giftigen Schlangen in den Terrarien.
6. Die Stadt Bern beherbergt in der Altstadt einen wunderschönen Markt.
7. Der Trainer zweifelt am Siegeswillen der Mannschaft.
8. Er schuldet mir seit einem halben Jahr zwanzig Franken.
9. Im nächsten Winter brauchen wir besonders schönes Wetter für unsere Skitage.
10. Silvia verliess mit einer unheimlichen Wut die Party ihrer Arbeitskollegin.

Übung 16 **Attribut und Apposition**

Unterstreichen Sie in den folgenden Sätzen alle Attribute und Appositionen und verbinden Sie sie durch einen Pfeil mit dem Satzgliedkern.

1. Die beiden Mädchen setzten sich auf eine Bank aus Holz.
2. Der Garten meines Onkels liegt direkt an der Strasse nach Bern.
3. Viele neue Gesetze dienen der Abwehr der Computerkriminalität.
4. In unserer Klasse sitzen achtzehn Schülerinnen und Schüler.
5. Am letzten Fest haben die meisten Teilnehmer etwas Besonderes geboten.
6. Frau Widmer, die Präsidentin unseres Vereins, leitet die interessanten Sitzungen.
7. Gelbe und rote Rosen sind sehr beliebt.

8. Dutzende von Unfällen ereignen sich wegen Übermüdung des Fahrers.

9. Die Wirtschaft zum Kreuz steht in der Mitte des Dorfes.

10. Die hoch aufragenden Tannen wirken in der zunehmenden Dunkelheit bedrohlich.

Übung 17 **Stellung der Satzglieder**

Bilden Sie möglichst viele Sätze mit Hilfe folgender Satzteile:

1. die Eltern, ihre Tochter, ein Auto, schenken
2. ins Kino, wir, gehen, heute
3. morgen, fahren, mit dem Zug, ich, nach Zürich

Übung 18 **Stellung der Satzglieder**

Suchen Sie für den folgenden Satz passende Adverbialien. Orientieren Sie sich an den Fragen: wann, wo, warum, wie?

1. Susanne hat ihrer Freundin ein Buch geschenkt.
2. Markus spielt Gitarre.
3. Wir haben uns gut unterhalten.

Satzzeichen

Was wird behandelt?

- Satzendzeichen
- Satzinnenzeichen
- Vereinfachte Kommaregeln
- Direkte Rede

Was sind Satzzeichen?

Satzzeichen sind Grenzzeichen. Sie machen die Struktur eines Textes deutlich und heben wichtige Textstellen hervor.

Satzendzeichen

> Satzarten, S. 175

Die Satzendzeichen sind Punkt, Ausrufe- und Fragezeichen. Beim Sprechen erkennt man an der unterschiedlichen Tonhöhe, ob man es mit einer Aussage, einem Befehl oder einer Frage zu tun hat.

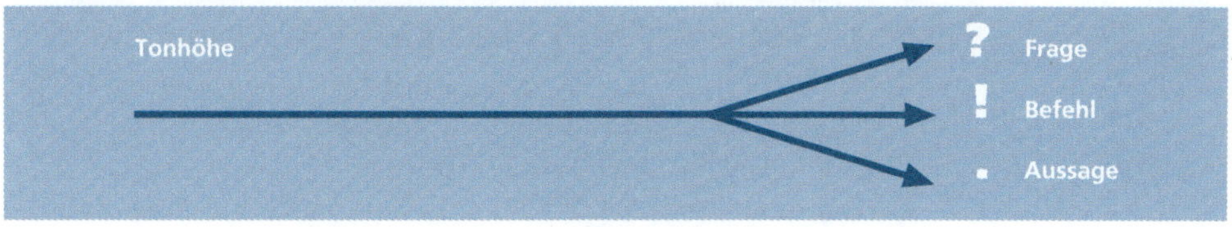

Hinweis Gehen Sie sparsam mit Ausrufezeichen um.

Satzinnenzeichen

Die Satzinnenzeichen sind Komma, Strichpunkt (Semikolon), Doppelpunkt, Bindestrich, Gedankenstrich, Schrägstrich, Klammern, Anführungszeichen und Apostroph.
Er ist, wie ich neulich erfahren habe, ein Gauner.
Er ist ein Gauner; ich habe es neulich erfahren.
Ich habe es neulich erfahren: Er ist ein Gauner.
Er ist – wie ich neulich erfahren habe – ein Gauner.
Er ist (wie ich neulich erfahren habe) ein Gauner.
Ich habe es dir gesagt: «Er ist ein Gauner».
Fritz' Bruder ist ein Gauner.

Besonderes
- Der Strichpunkt wird nur zwischen zwei Hauptsätzen verwendet.
- Nach dem Doppelpunkt schreibt man gross, wenn ein vollständiger Satz folgt (immer gross bei der direkten Rede). Man schreibt klein, wenn eine Aufzählung folgt.
- Der Apostroph wird nur verwendet beim Genitiv von Nomen mit einem Zischlaut (s, x, z) am Ende: Wessen Buch ist das? – Es ist Max', Hans' Buch. Alle andern Anwendungen sind freiwillig oder falsch.

> Silbentrennung, S. 203

Der Trennungsstrich bei der Silbentrennung kann auch als Satzinnenzeichen verstanden werden. Im vorliegenden Buch wird die Silbentrennung im Kapitel Rechtschreibung behandelt.

Vereinfachte Kommaregeln

Die neue Rechtschreibung hat die Satzzeichenregeln vereinfacht, jedoch einzelne neue Ausnahmen geschaffen.

1 **Zwischen zwei vollständigen Hauptsätzen** steht immer ein Satzzeichen (Punkt, Strichpunkt, Komma). Wenn die beiden Hauptsätze durch und/oder verbunden sind, kann das Komma gesetzt oder weggelassen werden. **> Übung 1** S. 194
Die Kinder spielen im Garten. Die Eltern schauen ihnen zu.
Die Kinder spielen im Garten, die Eltern schauen ihnen zu.
Die Kinder spielen im Garten(,) und die Eltern schauen ihnen zu.

2 **Zwischen Haupt- (HS) und Nebensätzen (NS)** und **zwischen verschiedenartigen Nebensätzen** steht immer ein Komma.
> **Übungen 2, 3** S. 194
Die Kinder spielen im Garten (HS), während die Eltern ihnen zuschauen (NS).
Ich hoffe (HS), dass du heute Abend kommst (NS).
Ich denke (HS), er wird uns helfen (NS1), weil wir ihn auch schon unterstützt haben (NS2).

Zwischen zwei gleichartigen Nebensätzen, die mit **und/oder** verbunden sind, steht kein Komma.
Ich hoffe, dass er heute Abend kommt und dass er pünktlich ist.
Sie hat mir am Telefon gesagt, sie werde morgen einen Ausflug machen oder am Strand liegen.

Ist der Satz eingeschoben (häufig bei Relativsätzen), werden immer zwei Kommas gesetzt.
Die Frau (HS, 1. Teil), die eine schwere Tasche trägt (NS), wirkt sehr erschöpft (HS 2. Teil).
Er sah den Wagen (HS1), der falsch geparkt war (NS), und den auf ihn zugehenden Polizisten (HS2).
Dies gilt auch, wenn nach dem eingeschobenen Satz ein und folgt.
Er sagte (HS1), dass er morgen komme (NS), und sie verabschiedete sich (HS2).

Bei Partizipialsätzen kann man auf das Komma verzichten.
Ein Lied singend (,) (Partizipialsatz) ging sie nach Hause (HS).

Man soll es jedoch weiterhin setzen, wenn man damit Missverständnisse vermeiden kann.
Er stand, ein Buch haltend, am Fenster.

Die Regeln für den Infinitivsatz sind so kompliziert, dass es am besten ist, jeweils ein Komma zu setzen, auch um Missverständnisse zu vermeiden.
Sandra erwartete, (HS) ein Geschenk zu bekommen. (Infinitivsatz)
Ich rate dir dazu, (HS) diese Stelle anzunehmen. (Infinitivsatz)
Jemand riet, ihr sofort zu helfen. – Jemand riet ihr, sofort zu helfen. (HS – Infinitivsatz)

3

Zwischen **Aufzählungen** steht jeweils ein Komma (abgesehen vom abschliessenden und/oder). **> Übung 4** S. 194

Im Garten stehen **gelbe, rote** und **lila** Rosen. (Adjektive)
Frisch gewaschene Hemden, ein paar abgetragene Hosen und **eine Menge Socken** **> Übung 5** S. 195
hängen an der Wäscheleine. (Subjekte)
Ich hoffe, dass du kommst, (dass du) pünktlich bist und (dass du) Blumen mitbringst. (Nebensätze)

4

Ausrufe und **Anreden** werden durch Kommas abgetrennt. **> Übung 6** S. 195
He, kannst du nicht aufpassen!
Ich bitte dich, **Susanne**, hilf mir doch mal!
Hilfst du mir, **bitte**!

5

Nachgestellte Angaben werden durch Kommas abgetrennt.
Herr Frisch, **Kellner in der Dorfbar**, kam gestern nach der Arbeit spät nach Hause.
Daran zweifle ich erst seit Kurzem, **und zwar seit gestern**.

Haben Sie alle diese Regeln berücksichtigt und handelt es sich dennoch um einen Zweifelsfall, verzichten Sie auf ein Komma. **Alle Kommaregeln werden in Übung 7–9, S. 195/196 behandelt.**

Direkte Rede

In der direkten Rede steht alles Gesprochene, Gedachte, Zitierte in Anführungszeichen. Daneben kennen wir Trennungszeichen: einleitend den Doppelpunkt, ausleitend das Komma. **> Übungen 10, 11** S. 196

Sie sagte: «Ich habe Erfolg gehabt.» (einleitend)
«Es ist schön in unserem Dorf», bemerkte er. (ausleitend)
«Ich habe Erfolg gehabt», antwortete sie, «weil ich mich angestrengt habe.» (Das Zitat ist noch nicht fertig: Sie schreiben klein weiter.)
«Ich habe Erfolg gehabt», antwortete sie. «Ich habe mich entsprechend angestrengt.» (Es folgt ein neuer Satz: Sie fahren gross fort.)
«Wie geht es dir?», fragte er. (Zusätzlich zum Fragezeichen braucht man als Trennzeichen noch ein Komma.)

Übungen

Übung 1 Setzen Sie die erforderlichen Kommas unter Beachtung von Regel 1.

1. Heute werden oft Raumschiffe ins All geschossen aber der Start klappt nicht immer.
2. Sie traf ihn an der Ecke des Parks denn so hatten sie es abgemacht.
3. Wir kaufen kein neues Auto wir hätten lieber einen Occasionswagen.
4. Sie musste viele Schwierigkeiten überwinden doch sie erreichte ihr Ziel.
5. Städte sind gross Dörfer sind klein.
6. Weder hatte sie von dem Ereignis gewusst noch war sie darauf vorbereitet.

Übung 2 **Einfache Variante**
Setzen Sie die erforderlichen Kommas unter Beachtung von Regel 2.

1. Sie sagte sie hätten selten genug Geld gehabt.
2. Das Buch das ich ausgeliehen habe gefällt mir gut.
3. Während die Mutter in der Stadt einkaufte mähte der Vater den Rasen.
4. Weil der Zug Verspätung hatte traf Peter erst nach dem Läuten im Schulzimmer ein.
5. Es dauerte länger als sie gedacht hatte.
6. Neu war nur dass er genau wusste was er tat.
7. Sie wusste nicht ob sie es schaffen würde aber sie glaubte an ihre Chance.
8. Ein Lied singend geht sie über die Strasse.
9. Es war unnötig ihn damit zu belästigen.
10. Lange genug hoffte er darauf das Geld zu bekommen.
11. Ein Haus zu bauen ist das Glück vieler Paare.
12. Wenn es nicht so anstrengend wäre hätte ich längst mit dem Training begonnen.

Übung 3 **Schwierige Variante**
Setzen Sie die erforderlichen Kommas unter Beachtung von Regel 2.

1. Wir haben das was wir uns so sehnlichst gewünscht haben zu Weihnachten bekommen.
2. Ich hoffe dass du heute Abend kommst und Blumen mitbringst.
3. Als er das Meer sah bemerkte er dass es zur Insel keinen anderen Weg als den über die schmale Landbrücke gab.
4. Wir wollen keine langen Reden halten sondern sofort mit der Arbeit beginnen.
5. Damit wir Erfolg haben braucht es eine gründliche Vorbereitung.
6. Wir vertrauen auf das was er uns versprochen hat.
7. Natürlich schätzte er ihre Hilfe aber es machte ihn doch traurig dass er sie so sehr brauchte.
8. Keiner sagte ein Wort als er um Hilfe suchend durch die Strassen irrte.
9. Wir haben uns verabredet um den heutigen Auftritt vorzubereiten.
10. Glaubte er wirklich dies tun zu können?
11. Sie begann zu rennen weil im selben Augenblick ein Auto um die Ecke fuhr ohne zu bremsen.
12. Er sah den Mann wieder den er gestern bereits vor dem Schaufenster bemerkt hatte.

Übung 4 Setzen Sie die erforderlichen Kommas unter Beachtung von Regel 3.

1. Ein frischer knackiger Apfel ist die ideale Zwischenmahlzeit.
2. Mir war bei diesem wechselhaften Wetter bald heiss bald kalt.
3. Es gab viele Gründe für den Ersatz der alten zerkratzten Uhr.
4. Im Garten sah man Beete voller Basilikum Salbei Rosmarin und Schnittlauch.
5. Als er das Haus den Garten und den Wald besichtigt hatte, war er zufrieden.
6. Nicht nur Peter auch Sabine Marco und Renate fanden die Lösung schnell.

Übung 5 Setzen Sie die erforderlichen Kommas unter Beachtung von Regel 4.

1. Maria hilf mir bitte im Garten!
2. Nicht wahr Herr Mäder wir verstehen uns schon!
3. Ach wie wäre das schön!
4. Nein mein Lieber so geht das nicht!
5. Du könntest dich etwas mehr anstrengen zum Teufel!
6. Au tut das weh!

Übung 6 Setzen Sie die erforderlichen Kommas unter Beachtung von Regel 5.

1. Wir trafen Herrn Walser den Gemeindepräsidenten.
2. Nichts lag auf der Treppe weder Abfall noch Zigarettenstummel.
3. Frau Räber die Nachbarin unserer Grossmutter schenkt uns jeweils frische Äpfel.
4. Mach das bitte und zwar sofort!
5. Am Freitag dem ersten September fängt das Herbstfest an.
6. Als Treffpunkt wählten wir Signau ein Dorf im Emmental.
7. Zuerst befragte der Richter die einzige Zeugin eine vierzigjährige Frau aus Murten.
8. Man hatte den Dieb schnell gefasst und zwar wegen eines am Tatort gefundenen Handschuhs.

Übung 7 Setzen Sie die erforderlichen Kommas unter Beachtung aller Kommaregeln.

Die Katze miaute beleidigt und machte sich aus seinem Griff frei. Sie wusste offensichtlich genau wo das Futter lag. Als sie an einer Tür des Küchenschranks kratzte die schon öfter Gegenstand der Attacke von Krallen gewesen war zog Spring erst mal ein paar Schubladen heraus um einen Dosenöffner zu finden. Er hatte kein Glück. Also machte er den Schrank auf und als die Katze mit den Vorderpfoten auf das erste Regal stieg und nach den Verpackungen schnappte fiel ein halbes Dutzend Sheba-Folienbehälter heraus.

Spring musste noch einiges dazulernen als Katzenhalter. Er riss die Verpackung des erstbesten Alubechers weg und stürzte den Inhalt auf einen Teller dabei immer dem laut miauenden und um seine Füsse schleichenden Tier ausweichend. Ihm war es offensichtlich egal ob das Fleischprodukt mit Rind Huhn Kaninchen oder Lachs angereichert war. Spring hatte den Verdacht dass es unterschiedslos alles in sich hineinstopfen würde.

Als er der Katze beim Fressen zuschaute merkte er dass auch ihn der Hunger plagte. Also begann er wie ein Penner der in eine fremde Wohnung eindringt die Vorratsschränke nach Essbarem zu durchstöbern. Als er den Kühlschrank öffnete wurde ihm bewusst wie kurz die Haltbarkeitsdauer von Lebensmitteln bemessen war. Er zog seine Nase sofort wieder weg. Selbst die Katze schlich sich mit einem beleidigten Ton von ihrem Teller zurück. Spring brauchte eine ganze Stunde bis der Kühlschrank wieder in einem einigermassen benutzbaren Zustand war. Er beschloss ihn über Nacht offen zu lassen und genügend durchzulüften.

Da stand er also in einer fremden Wohnung in der Wohnung einer fremden Frau um genau zu sein und putzte einen Kühlschrank. Das nannten andere Ermittlungsarbeit. Spring trocknete einige Schweissperlen am Geschirrtuch und verwünschte den Augenblick als er sich auf diese Angelegenheit eingelassen hatte.

Paul Lascaux: «Der Lückenbüsser»

Übung 8 **Alle Kommaregeln**

Welche Regeln gelten für die im folgenden Text roten Kommas?

Auch wenn wenig Zeit blieb, musste Bernhard Spring eine kurze Besinnungspause einlegen, einen Augenblick des Nachdenkens. Er fragte sich, ob er mit seinem Angebot an den Journalisten zu weit gegangen war oder ob es ihm tatsächlich helfen könnte, den entscheidenden Schritt zu tun. Er liess sich nach Hause fahren. Darunter verstand er bereits die Wohnung von Ariane. Dort stand sein Fahrrad. Er nahm den schnellsten Weg aus der Stadt hinaus, der ihn, diesmal am andern Schenkel des Schosshaldenfriedhofs, am Schlösschen Wittigkofen und an Gümligen vorbei auf den Dentenberg führte. Dort hielt er an, setzte sich ins Gras, verschnaufte und liess dann seinen Blick in die Ferne schweifen zum Panorama der Berner Alpen, das sich hinter einem milchigen Dunst verschwommen abzeichnete.

Nach einer halben Stunde tauchte Spring wieder auf aus diesem erholsamen und klärenden Abgrund. Er wusste jetzt, dass alles richtig war, was den Prozess beschleunigte, was die Steine ins Rollen brachte. Er stieg wieder aufs Rad und fuhr zurück in die Stadt, diesmal in seine eigene Wohnung, wo er die Kleider wechselte.

Paul Lascaux: «Der Lückenbüsser»

Übung 9

- Nehmen Sie den letzten längeren Text, den Sie selber geschrieben haben, und suchen Sie alle falsch gesetzten und fehlenden Kommas.
- Welche Regeln gelten in diesen Fällen?
- Stellen Sie fest, ob Sie eine bestimmte Regel besonders häufig nicht beachten.

Übung 10 **Direkte Rede**

Unterstreichen Sie (mit Bleistift) in den folgenden Sätzen zuerst alles, was zur direkten Rede gehört. Setzen Sie dann alle erforderlichen Satzzeichen ein.
Schreiben Sie – wenn nötig – einzelne Wörter gross.

1. Sie bemerkte deine Kleidung ist heute besonders schön
2. Er fragte hast du die neue CD schon gehört
3. Wie geht es euch fragten wir als wir sie gestern trafen
4. Ich freue mich sagte ich zu ihm wenn du heute Abend kommst und Blumen mitbringst
5. Schliessen Sie bitte das Fenster rief die Lehrerin
6. Er versicherte mir ich werde bestimmt an unsere Abmachung denken. So etwas vergesse ich nie
7. Fällt es Ihnen leicht diese Aufgaben zu lösen wollte sie wissen
8. Meine Schwester schrieb wir erwarten euch an Weihnachten in unserem Ferienhaus in den Alpen
9. Wäre das schön träumte sie wenn ich morgen in die Ferien fliegen könnte
10. Du bist eine grosse Hilfe lobte er sie ohne dich kämen wir nicht zurecht
11. Wann treffen wir uns fragte sie kannst du mich vorher noch anrufen
12. Alles fällt einem leichter bemerkte mein Freund wenn man früh genug mit der Arbeit beginnt

Übung 11 **Alle Satzzeichen**

Unterstreichen Sie (mit Bleitstift) in den folgenden Sätzen zuerst alles, was zur direkten Rede gehört. Setzen Sie dann alle erforderlichen Satzzeichen ein.

Wahrscheinlich war es das erste Mal dass Giovanni an einem Morgen so viel gesprochen hatte denn er verlangte nun nach einem Kaffee und einer Zigarettenpause. Kaffee wurde bewilligt aber Spring drängte auf eine Fortsetzung des Gesprächs und fragte Habt ihr irgendeinen Hinweis darauf dass KOWL in der Schweiz tätig war

Nein antwortete Petra wie gesagt Adressen wurden nie bekannt gegeben. Aber möglich ist alles. Du weisst ja wir sind weltweit vernetzt! Aber wie hast du denn das gemacht als du die beiden kontaktiert hast?
Ich hab dieses Foto eingescannt er schwenkte es im Raum und bin damit in den Chat aber ich musste als blueflame auftreten und bin deshalb schnell aufgeflogen
Dann wissen sie also jetzt Bescheid seufzte Petra in dem Fall wirds gefährlich für deine Ariane.
Zeig das Bild her murrte Giovanni.
Sie heisst Patty sagte Spring so haben sie mich nämlich gestern begrüsst. Kennt ihr ihren Übernamen?
Ich bin nicht sicher antwortete Giovanni.
Bist du doch frotzelte Petra bei Frauen jedenfalls immer.
Aber Spring fuhr fort Ich werde weiterhin im Internet ein Auge auf die Leute haben und versuchen ihnen eine Falle zu stellen. Ich brauche eure Hilfe. Seid ihr dabei?
Ja sicher antworteten beide gleichzeitig. Petra ergänzte Das Internet ist ein Freiraum der nicht von Scharlatanen missbraucht werden darf!
Ich bitte euch aber nichts auf eigene Faust zu unternehmen. Die Sache ist gefährlich.
Versprochen sagte Giovanni der schliesslich mit einem gewissen Stolz sogar dem Kommissar der Zürcher Kantonspolizei die Hand schüttelte.

Paul Lascaux: «Der Lückenbüsser»

Rechtschreibung

Was wird behandelt?

- Allgemeine Rechtschreibregeln
- Dehnung und Kürzung
- Gross- und Kleinschreibung
- Getrennt- und Zusammenschreibung
- Silbentrennung

Was bringt mir das?

- Ich kann mit Hilfe der Regeln die Schreibweise schwieriger Wörter herausfinden.
- Ich übe das Schreiben schwieriger Wörter.
- Ich lerne die wichtigsten Regeln der Gross- und Kleinschreibung kennen und anwenden.
- Ich lerne die wichtigsten Regeln der Getrennt- und Zusammenschreibung kennen und anwenden.
- Ich kann Wörter richtig trennen.

bestücken – Betrachterin

B
Betr

bes|te

Kleinschreibung:

- das beste [Buch] ihrer Bücher
- dieser Wein ist der beste
- es ist am besten, wenn ...
- sie konnte am besten von allen rechnen
- wir fangen am besten gleich an

Großschreibung der Substantivierung ↑K 72:

- ich halte es für das Beste, wenn ...
- er ist der Beste in der Klasse; sie hat ihr Bestes getan; aus etwas das Beste machen
- wir arbeiten auf das, aufs Beste *od.* beste zusammen; *aber nur* seine Wahl ist auf das, aufs Beste gefallen
- mit ihrer Gesundheit steht es nicht zum Besten (nicht gut)
- etw. zum Besten geben
- jmdn. zum Besten haben, halten
- es ist nur zu deinem Besten
- ich will nicht das erste Beste

be|stü|cken (ausstatten, ausrüsten); **Be|stü|ckung**
be|stuh|len (mit Stühlen ausstatten); **Be|stuh|lung**
be|stür|men; Be|stür|mung
be|stür|zen; be|stür|zend
be|stürzt; bestürzt sein; **Be|stürzt|heit,** die; -; **Be|stür|zung,** die; -
be|stusst (*ugs. für* dumm)
best|vor|be|rei|tet
Best|wert (Optimum); **Best|zeit** *(Sport);* **Best|zu|stand**
Be|such, der; -[e]s, -e; auf, zu Besuch sein
be|su|chen; Be|su|cher
Be|su|cher|fre|quenz
Be|su|che|rin; Be|su|cher|strom; Be|su|cher|zahl; Be|suchs|er|laub|nis
Be|suchs|rit|ze (*scherzh. für* Spalt zwischen zwei Ehebetten)
Be|suchs|tag; Be|suchs|zeit; Be|suchs|zim|mer
be|su|deln; Be|su|de|lung, Be|sud|lung
Be|ta, das; -[s], -s (griech. Buchstabe: Β, β); **Be|ta|blo|cker** (*kurz für* Betarezeptorenblocker)
Be|ta|ca|ro|tin, β-Ca|ro|tin (ein Provitamin); **be|ta|ca|ro|tin|reich, β-Ca|ro|tin-reich**
be|tagt (*geh. für* alt); *vgl.* hochbetagt; **Be|tagt|heit,** die; -
be|ta|keln (*Seemannsspr.* mit Takelwerk versehen; *österr. ugs. für* beschwindeln); **Be|ta|ke|lung,** *seltener* **Be|tak|lung**
Be|ta|ni|en *vgl.* Bethanien
be|tan|ken; ein Fahrzeug betanken; **Be|tan|kung**
Be|ta|re|zep|to|ren|blo|cker, β-Re|zep|to|ren-Blo|cker ['be:ta...] ↑K 26 (Arzneimittel für bestimmte Herzkrankheiten)
be|tas|ten
Be|ta|strah|len, β-Strah|len ['be:ta...] *Plur.* ↑K 29 *(Kernphysik);* **Be|ta|strah|ler** (*Med.* Bestrahlungsgerät); **Be|ta|strah|lung** *(Kernphysik)*
Be|tas|tung
Be|ta|test, der; -s, -s (*EDV* Test der Betaversion eines [Software]produktes); **Be|ta|tes|ter; Be|ta|tes|te|rin**
be|tä|ti|gen; sich betätigen; **Be|tä|ti|gung; Be|tä|ti|gungs|feld**
Be|ta|t|ron, das; -s, *Plur.* ...one *od.* -s (*Kernphysik* Elektronenschleuder)
be|tat|schen (*ugs. für* betasten)
be|täu|ben; Be|täu|bung
Be|täu|bungs|mit|tel; Be|täu|bungs|mit|tel|ge|setz
be|tau|en; betaute Wiesen; **Be|ta|ver|si|on** (*EDV* Vorabversion einer Software)
Be|ta|zer|fall *(Kernphysik)*
Bet|bank; Bet|bru|der
Be|te, Bee|te, die; -, -n (Wurzelgemüse; Futterpflanze); rote *od.* Rote Bete (*od.* Beete) ↑K 89
Be|tei|geu|ze, der; - ‹arab.› (ein Stern)
be|tei|len (*österr. für* beschenken; versorgen)
be|tei|li|gen; sich beteiligen; **Be|tei|lig|te,** der *u.* die; -n, -n
Be|tei|ligt|sein
Be|tei|li|gung; Be|tei|li|gungs|fi|nan|zie|rung; Be|tei|li|gungs|ge|sell|schaft
Be|tel, der; -s ‹Malajalam-port.› (Genussmittel aus der Betelnuss); **Be|tel|kau|er; Be|tel|nuss**
be|ten; Be|ter; Be|te|rin
Be|tes|da *vgl.* Bethesda
be|teu|ern; ich beteuere; **Be|teu|e|rung**
be|tex|ten
Be|tha|ni|en, *ökum.* Be|ta|ni|en (bibl. Ortsn.)
Be|thel (Heil- u. Pflegeanstalt bei Bielefeld)
Be|thes|da, *ökum.* Be|tes|da, der; -[s] (ehem. Teich in Jerusalem)
Beth|le|hem, *ökum.* Bet|le|hem (Stadt in Palästina); **beth|le|he|mi|tisch;** ↑K 89 *u.* 142 : der bethlehemitische Kindermord
Beth|männ|chen ‹nach der Frankfurter Bankiersfamilie Bethmann› (ein Gebäck aus Marzipan und Mandeln)
Be|ti|se, die; -, -n ‹franz.› (*geh. für* Dummheit)
be|ti|teln; Be|ti|te|lung, *seltener* **Be|tit|lung**
Bet|le|hem *vgl.* Bethlehem
be|töl|peln (übertölpeln); ich betölp[e]le; **Be|töl|pe|lung**
Be|ton [...'tõ, *österr.* be'to:n], der; -s, *Plur.* -s, *österr.* -e ‹franz.› (Baustoff aus Zement, Wasser, Sand usw.); **Be|ton|bau** *Plur.* ...bauten; **Be|ton|block** *Plur.* ...blöcke; **Be|ton|burg** (*abwertend für* großer Betonbau)
be|to|nen
Be|to|nie, die; -, -n ‹lat.› (eine Wiesenblume; Heilpflanze)
be|to|nie|ren (*auch übertr. für* festlegen, unveränderlich machen); **Be|to|nie|rung**
Be|ton|kopf (*abwertend für* völlig uneinsichtiger, auf seinen [politischen] Ansichten beharrender Mensch)
Be|ton|misch|ma|schi|ne
be|ton|nen (*Seemannsspr.* ein Fahrwasser durch Seezeichen [Tonnen usw.] bezeichnen)
be|tont; be|ton|ter|ma|ßen; Be|to|nung
be|tö|ren *(geh.);* **be|tö|rend; Be|tö|rer; Be|tö|re|rin; Be|tö|rung**
Bet|pult *(kath. Kirche)*
betr. = betreffend, betreffs
Betr. = Betreff
Be|tracht, der; *nur noch in Fügungen wie* in Betracht kommen, ziehen; außer Betracht bleiben
be|trach|ten; sich betrachten
Be|trach|ter; Be|trach|te|rin

249

Einleitung
Die nachfolgenden Regeln bieten eine gute Hilfe im Umgang mit der Rechtschreibung (Orthografie). Wenn Sie Probleme mit der Schreibweise eines Wortes haben, nehmen Sie den Duden (Band 1) zur Hand. Er ist das verbindliche Nachschlagewerk für alle Fragen rund um die Rechtschreibung in der deutschen Sprache.

Allgemeine Rechtschreiberegeln

> **Übungen 1–7** S. 204–209

Lautprinzip

Schreiben Sie so, wie Sie sprechen. Die Schreibweise vieler Begriffe lässt sich herausfinden, wenn man die Wörter laut ausspricht.

das Ge**tr**änk – der **Dr**ink
der Sti**l** – er ist sti**ll**
sie la**ss**en – sie la**s**en
der Kör**p**er – viele Kör**b**e

Stammprinzip

Schreiben Sie Gleiches möglichst gleich. Suchen Sie ähnliche Begriffe aus derselben Wortfamilie. Wird das Stammwort beispielsweise mit **ck** geschrieben, so schreibt man alle anderen Begriffe aus derselben Familie auch mit **ck**.

bli**ck**en – der Bli**ck**
h**au**sen – das H**äu**schen, das H**au**s
die Nu**mm**er – nu**mm**erieren
fa**h**ren – die Fa**h**rt
En**d**e – en**d**lich

Sie finden die richtige Schreibweise, indem Sie das Wort verändern (Mehrzahlbildung, Infinitivbildung oder Steigerung).

der Win**d** – die Win**d**e (Mehrzahl)
ge**h** – ge**h**en (Infinitivbildung)
lau**t** – lau**t**er oder na**ss** – na**ss**er/nä**ss**er (Steigerung)

Homonymieprinzip

Schreiben Sie Ungleiches ungleich. Manche Begriffe werden gleich ausgesprochen, bedeuten aber nicht dasselbe und werden deshalb auch nicht gleich geschrieben.

das L**ie**d = ein Gesangsstück
die Le**h**re = die Berufsausbildung
das L**i**d = Teil des Auges
die L**ee**re = der leere Raum

Dehnung und Kürzung von Vokalen

> **Übungen 8–10** S. 210–211

Grundsätzlich gibt es vier Arten, wie man einen Vokal (Selbstlaut) dehnen kann, d. h. anzeigen, dass er lang ausgesprochen wird.

Dehnung mit **-h** — Za**h**l, Ke**h**le, fa**h**l, se**h**en
Dehnung mit **-ie** — Sp**ie**l, s**ie**ben, st**ie**ren
Dehnung mit **-ieh** — z**ieh**en, fl**ieh**en
Dehnung mit **Doppelvokal** — S**ee**, M**ee**r, S**aa**l, M**oo**r

Es gibt drei Arten, wie man durch die Schreibweise nach einem Vokal anzeigt, dass er gekürzt, d.h. kurz ausgesprochen wird.

Kürzung mit **Doppelkonsonant**	fa**ll**en, ko**mm**en, la**ss**en, ti**pp**en
Kürzung mit **-ck**	der La**ck**
Kürzung mit **-tz**	die Ta**tz**e

Anmerkung Weitere Hinweise finden Sie bei den einzelnen Übungen.

Gross- oder Kleinschreibung?

> **Übung 11** S. 213

Grundregeln

Am Satzanfang wird grossgeschrieben.	**D**er Musiker legte sein Instrument bereit. **D**ann konzentrierte er sich.
Nach Doppelpunkt schreibt man gross, wenn ein ganzer Satz folgt. Dies gilt auch für die direkte Rede.	Sie sah auf ihre Probe: **D**ie Bewertung überraschte sie nicht.

Die Schreibweise der einzelnen Wortarten

Wie man die einzelnen Wortarten erkennt, können Sie im Kapitel Wortarten (> S. 122) nachlesen.

Nomen werden grossgeschrieben. Zu den Nomen gehören auch Namen wie	Bleistift, Papier, Ferien Laura, Kevin Bern, Madrid, Matterhorn
Verben werden grossgeschrieben, wenn sie **in Verbindung mit einem Artikel** stehen und dadurch zu einem Nomen geworden sind. (Nominalisierung)	**Das R**eiten macht ihr Spass. **Im (in dem) S**ingen ist sie gut. **Das** laute **R**eden machte ihn müde. Vor **dem U**mziehen bitte duschen.
Achtung: Manchmal fehlt der Artikel.	Man hörte lautes **Poltern** und **Kreischen** (= ein lautes **Poltern** und **Kreischen**).
Wenn das **Verb konjugiert** ist oder wenn ein blosser **Infinitiv** (Grundform) steht, wird das Verb kleingeschrieben.	Wir **singen** ein Lied. Die Vorsitzende **redete** fast eine Stunde lang. Sie **geht** gerne **reiten**. Schwarze Kleidung ist im Dunkeln schwer zu **sehen**.
Adjektive werden grossgeschrieben, wenn sie in **Verbindung mit einem Artikel** stehen und dadurch zu einem Nomen geworden sind. (Nominalisierung)	Die **Grossen** passen auf die **Kleinen** auf. Die **Neue** heisst Nicole.
Adjektive werden ebenfalls grossgeschrieben, wenn sie in **Verbindung mit einem Pronomen** stehen und damit ein Nomen geworden sind. (Nominalisierung)	Sie hatte **manch Schönes** erlebt. Das letzte Jahr war **etwas Besonderes** für unsere Schülerinnen.

Wenn das **Adjektiv** sich auf ein Nomen bezieht, wird es kleingeschrieben.	Dein neues Badekleid ist sehr **schön**. Die **allgemeinen** Bestimmungen gelten für alle. Der **kleine** Kerl ist wirklich **süss**. Die **besonderen** Vorkommnisse beunruhigten uns.
Pronomen schreibt man meist klein.	Lange hielt **meine** Freude nicht an. Kann mir **jemand** helfen? Doch **ein bisschen** traurig waren **alle**.
Ausnahmen sind **Anredepronomen** in der Höflichkeitsform.	Könnten **Sie** mir bitte helfen? Ist das **Ihr** Snowboard, Herr Frank?
Daneben finden sich **wenige** grossgeschriebene **Pronomen.** (Nominalisierung)	Das gewisse **Etwas** fehlte ihm. Sie bot ihm das **Du** an.
Partikeln werden normalerweise kleingeschrieben.	Das Wasser wogte **hin** und **her**. Es gibt **noch** einiges zu tun.
Grosschreibung bei **Partikeln** ist selten und wird **durch ein Pronomen angekündigt**. (Nominalisierung)	Das **Hin** und **Her** im Spiel machte die Spannung fast unerträglich. Er bedankte sich im **Voraus** für die angebotene Hilfe.

Sonderfälle der Grossschreibung

Berühmte geschichtliche Personen mit einem Zusatz im Namen	Karl der **K**ühne Alexander der **G**rosse
Geografische Namen	das **K**leine Matterhorn das **S**chwarze Meer
Orts- und Ländernamen, die mittels der Endung **-er** zu einem Adjektiv geworden sind	das **B**erner Münster das **M**ünchner Hofbräuhaus **S**chweizer Käse
Zeitungen	**B**erner Zeitung, **B**erner Oberländer
Organisationen und Amtsstellen sowie Begriffe mit einem Adjektiv im Namen	das **K**antonale Amt für Wohnungsförderung das **R**ote Kreuz, die **D**ritte Welt die **E**idgenössische Nationalbank
Geschichtliche Ereignisse und biologische Begriffe	der **E**rste Weltkrieg der **I**ndische Elefant
Besondere Kalendertage	der **E**rste Mai der **H**eilige Abend
Gaststätten, Firmennamen, Namen von Bands	zum **W**eissen Rössl, zum **G**oldenen Krug, die **B**erner Kantonalbank, die **T**oten Hosen

Sonderfälle der Kleinschreibung

Adjektive mit einem Pronomen, die sich auf ein vorgängig genanntes Nomen beziehen	Die grossen Äpfel wurden eingesammelt, die **kleinen** liess man liegen. (Gemeint sind die kleinen Äpfel.)
Superlative mit **am**	Er rennt am **schnellsten**.
Sprach- und Farbadjektive, wenn sie auf die Frage **wie?** antworten	Sie spricht perfekt **englisch**. Sie haben alles **blau** angemalt.
Einige Adjektive und Pronomen schreibt man klein.	Mir hat **vieles** in diesem Museum nicht gefallen. Die **beiden** dort sind mir sehr sympathisch.

Getrennt- oder Zusammenschreibung?

> **Übungen 12, 13** S. 214–215

Grundsätzlich gilt die Regel, dass man im Zweifelsfalle die Getrenntschreibung der Zusammenschreibung vorzieht. Schlagen Sie Einzelfälle im Duden nach.

Einige ausgewählte Problemfälle

Verbindungen von zwei Verben werden in der Regel getrennt geschrieben.	Hoffentlich wird er die Vase nicht **fallen lassen**. Wir werden **spazieren gehen**.
Verbindungen aus **Nomen und Verb** werden fast immer getrennt geschrieben (nur noch wenige Ausnahmen).	**Angst haben** **Schlittschuh laufen** **Rad fahren**
Alle **Fügungen mit «sein»** schreibt man getrennt.	Sie kann um zehn Uhr **da sein**. Er ist noch **auf gewesen**.
Verbindungen von **Adjektiven und Verben** werden in der Regel getrennt geschrieben (achten Sie darauf, ob man das Adjektiv sinnvoll **steigern** kann).	Er ist mit dem Projekt **gross herausgekommen.** Der Hochstapler ist **tief gefallen**. Aber: Wir wollen alle Wörter, die **grossgeschrieben** werden, auflisten. (Man kann die Wörter ja nicht **grösser schreiben**.) Sie kann aus der Hand **wahrsagen**. (Man kann nicht **wahrer sagen**.)

Einige Adjektive auf -ig, -isch, -lich sowie Partizipien auf -end, -en und -t verbunden mit Verben oder Adjektiven schreibt man immer getrennt.

Der Polizist ist ganz **ruhig geblieben.**
Sein neues Mountainbike war **rötlich orange** gespritzt.
Das Armband ist **verloren gegangen.**
Er hat ein Buch **geschenkt bekommen.**

Die folgenden **Partikeln** schreibt man **in Verbindung mit einem Verb** in der Regel zusammen (immer dann, wenn der erste Teil als frei vorkommendes Wort ungebräuchlich ist).

ab, an, auf, aus, bei, beisammen, da, dabei, dafür, dagegen, daher, dahin, daneben, dar, daran, darein, darum, davon, dawider, dazu, dazwischen, drauf, drauflos, drin, durch, ein, einher, empor, entgegen, entlang, entzwei, fort, gegen, gegenüber, her, herab, heran, herauf, heraus, herbei, herein, hernieder, herüber, herum, herunter, hervor, herzu, hin, hinab, hinan, hinauf, hinaus, hindurch, hinein, hintan, hintenüber, hinterher, hinüber, hinunter, hinweg, hinzu, inne, los, mit, nach, nieder, ran, über, überein, um, umher, umhin, unter, vor, voran, vorauf, voraus, vorbei, vorher, vorüber, vorweg, weg, weiter, wider, wieder, zu, zurecht, zurück, zusammen, zuvor, zuwider, zwischen.

Wir werden wieder **fortgehen.**
Sie wird mit uns **übereinstimmen.**
Die Kinder **widersprachen** nicht.
Sie war die Treppe **hinaufgestiegen.**

Die anderen Fügungen schreibt man in der Regel getrennt.

Sie hatten alles **durcheinander gebracht.**

Fügungen aus Tag und Tageszeiten werden zusammengeschrieben.

Der Kurs findet am **Donnerstagmorgen** statt.
Wir sehen uns am **Freitagabend.**

Silbentrennung

Der Bindestrich wird auch zur Trennung von Wörtern verwendet. **Man trennt nach Sprechsilben.**

Kell-ner, Kel-ler, trag-bar, Fens-ter, Ge-ne-ra-ti-on, letzt-lich, Buch-sta-ben

Ausnahme: Einzelne Buchstaben werden nicht abgetrennt.

Ofen, Abend, Esel

Zusammengesetzte Wörter werden in ihre Teile zerlegt.

Abend-essen, Kleider-schrank, Sams-tag

Vorsilben werden abgetrennt.

be-grüssen, **ver**-sprechen

Die Buchstabengruppe **ck** kommt als Ganzes auf die neue Zeile und wird behandelt wie **ch, sch, sh, ph, rh, th.**

Zu-**ck**er, wa-**sch**en, Sa-**ph**ir.

Schreiben
Lesen und Verstehen
Sprechen
Grammatik
Verzeichnisse

Die **Buchstabenverbindungen** mit **r** und **l** sowie **gn** und **kn** in Fremdwörtern dürfen ebenfalls getrennt werden.	Qua**d-r**at, mö**b-l**iert, Ma**g-n**et
Zusammensetzungen, die nicht mehr als solche erkannt werden, können nach den Regeln für einfache Wörter getrennt werden.	wa-rum, hi-nauf, Chi-rurg, Kor-res-pon-denz
Es gilt der Grundsatz: **Ungeschickte Trennungen sollen vermieden werden.**	Stief-eltern (nicht: Stiefel-tern) Ur-instinkt (nicht: Urin-stinkt) Spar-gelder (nicht: Spargel-der) be-inhalten (nicht: bein-halten)

Übungen

Übung 1 **Allgemeine Rechtschreibregeln**

Setzen Sie die fehlenden Buchstaben ein. Achten Sie auf das Lautprinzip. Schreiben Sie die Begriffe so, wie Sie sie aussprechen.

d oder t

1. Bei diesem Lawinenunglück ist die Jugen___liche dem To___ nur knapp entronnen. Sie hätte sofor___ to___ sein können.
2. Die Sol___aten lei___en im Krieg un___er den fürch___erlichen Strapazen.
3. Der Wir___ war am schlech___en Zustan___ des Res___auran___s nicht schul___los.
4. Der en___standene Scha___en am Gebäu___e war gross.
5. Der Vorra___ an Er___öl nimmt zusehen___s ab.
6. In Sibirien tra___ eine en___setzliche Kälte ein.
7. Eigen___lich wurde noch sel___en ein Star so bejubel___.
8. Ein Poli___iker beeinfluss___ wissen___lich die öffen___liche Meinung.
9. Der Or___ner lag wie immer auf dem Pul___.
10. Lei___er war das Un___ernehmen der Verwan___ten sehr riskan___.

end (hat etwas mit Ende zu tun) oder **ent** (Vorsilbe)

1. En___lich kommt der Brief, auf den sie so lange gewartet hat.
2. Wer hat Amerika en___deckt?
3. Sie waren vom Konzert der «Söhne Mannheims» schwer en___täuscht.

4. Der Kerl ist mir en___wischt.

5. Die En___wicklung im Computerwesen bleibt nicht stehen.

6. Die Diskussion zog sich en___los dahin.

7. Die Prüfung dauerte unen___lich lange.

8. Unsere junge Katze ist leider en___laufen.

seid (eine Form des Verbs «sein») oder **seit** (eine Zeitangabe bzw. Präposition)

1. ________ihr schon wieder zu spät in der Schule angekommen?

2. Das geht nun schon ________ einiger Zeit so.

3. ________ dem Beginn der Lehre ________ ihr aber um einiges selbstständiger geworden.

4. Ist es wahr, dass ihr schon ________ 5 Tagen unterwegs ________?

5. ________die Expedition unterwegs ist, regnet es.

6. Du weisst ________ Langem, dass ihr bei uns immer willkommen ________.

7. ________ seinem Abgang hat man nichts mehr von ihm gehört.

8. ________ wir bei der Planung sind, ________ ihr gegen unsere Vorschläge.

b oder p

1. Wer zu viel Schna___s trinkt, gefährdet seine Gesundheit.

2. ___argeldloses Zahlen ist heute weit verbreitet.

3. Die Tänzerin plum___ste auf die Bretter der ___ühne.

4. ___ollen verursachen im Frühling den lästigen Heuschnu___fen.

5. Sie drückte die Nase an der Fensterscheibe ___latt.

6. Vom Mittag an ging es bei dieser Wanderung nur noch berga___.

7. Der Pfleger ver___and die Wunde des ___atienten.

8. Der ___lan schien für alle aufzugehen.

9. Das ___u___likum im Saal begann zu ___uhen.

10. Das neue ___rodukt der Com___uterfirma scheint ein Hit zu werden.

11. Der ___rofit, den die Firma erwirtschaften wird, dürfte enorm sein.

12. Wenn sie sich o___timal vorbereitet, kann sie die Weltmeisterschaft gewinnen.

Übung 2 **Allgemeine Rechtschreibregeln**
Entscheiden Sie: einfache oder doppelte Konsonanten?

1. Das gro___e Ereigni___ warf seine Scha___en voraus.
2. Viele Vorko___ni___e in den Bergen lie___en sich mit etwas mehr Vorsicht vermeiden.
3. Die Ku___lung am Re___auto kle___te, weil das Materia___ nicht einwandfrei war.
4. Die Ka___ten der Skis waren schlecht geschli___en, doch der Servicemann hatte dies vor dem Sta___t nicht erka___t.
5. Fa___ungslo___ sta___te die Studentin ihr Zeugni___ an. Die Ergebni___e ihrer Ko___egi___en waren nicht viel be___er.
6. Die origine___e Beschreibung des Lagerhauses gefiel der Kla___e gut.
7. Ma___ bringt heute schon Kleinkindern das Schwi___en bei.
8. Der Wagen ra___te über die Sto___markierung hinaus, direkt in den Zaun. Später eri___erte sich die Fahrerin an nichts mehr.
9. Die Jugendlichen erhielten einen hei___en Ti___ für den nächtlichen Ausgang.
10. Nach dem letzten Handel waren sie qui___.

Übung 3 **Allgemeine Rechtschreibregeln**
Entscheiden Sie sich für die richtige Schreibweise.
den (Pronomen) oder **denn** (Konjunktion)/**wen** (Pronomen) oder **wenn** (Konjunktion)

Gestern konnte ich ________ Unterricht in Mathematik nicht besuchen, ________ ich war krank. ________ verpassten Stoff hole ich aber demnächst nach. Ich weiss leider nicht mehr, ________ ich beauftragt habe, mir ________ Ordner mitzubringen. ________ er oder sie nächstens vorbeikommt, kann ich ________ Probenstoff endlich richtig lernen. ________ falls ich bis nächste Woche nicht so weit bin, muss ich ________ Sportkurs, ________ ich beginnen wollte, verschieben, ________ dann hätte ich zu viel auf einmal am Hals. ________ ich nur wüsste, wie ich mich ein bisschen besser organisieren oder ________ ich um Unterstützung anfragen könnte. ________ eigentlich fehlt mir nicht viel, und ich würde ________ Mathematikstoff, ________ ich ja schon einmal durchgenommen habe, problemlos beherrschen. Aber ________ mir in der Schule niemand hilft, kann ich immer noch ________ Nachbarn fragen, ________der ist Physiker von Beruf und versteht sicher etwas von Mathematik. ________ müsste ich auch nicht bezahlen, ________ der schuldet mir noch einen Gefallen. ________ ich sonst noch anfragen könnte, weiss ich beim besten Willen nicht.

das (Pronomen) oder **dass** (Konjunktion)

________ grosse Tankerunglück in der Nordsee, ________ viele Meerestiere ________ Leben kosten wird, ist auf menschliches Versagen zurückzuführen. ________ es immer wieder solche Unglücksfälle gibt, ________ ist angesichts der technischen Entwicklung unserer Zeit erstaunlich. Leider ist es oft so, ________ ________ Geld für ausgebildetes Personal auf den Schiffen fehlt. ________ Personal, ________ eine grosse Verantwortung für ________ Schiff trägt, ist sich dessen oft nicht bewusst. ________ die Reedereien auf diesem Wege viel Geld sparen, ________ ist offensichtlich. ________ Geld, ________ sie einnehmen, sollten sie eigentlich für die Wartung der Schiffe verwenden. Es ist aber so, ________ ________ selten geschieht. Es ist klar, ________ solche Tragödien nicht mehr oft vorkommen dürfen. ________ ________ für die Umwelt auf die Dauer verheerend wäre, streitet wohl niemand ab. ________ sich aber etwas ändern wird, ________ bezweifle ich.

Übung 4 **Allgemeine Rechtschreibregeln**

ck oder **k?** Entscheiden Sie sich für die richtige Schreibweise.
ck steht nach kurzen Vokalen (der Stock, stecken, spucken). Diese Regel gilt nicht für Fremdwörter.
k steht am Wortanfang (der Keller, kehren), nach langen Vokalen (der Haken, spuken), nach Konsonanten (der Falke, merken) und in fast allen **Fremdwörtern** (Plastik, Konflikt, Rekord usw.).

1. Der Weltre____ord im Weitsprung liegt noch immer unter 9 Metern.
2. Die Schülerinnen haben gemer____t, dass die Mathemati____probe ohne Vorbereitung nicht zu bewältigen ist.
3. Viele ____rankheiten versetzen die Menschheit heute in Pani____.
4. An der Fasnacht werden Pla____etten ver____auft.
5. Dre____ig kroch der Mechani____erlehrling unter dem defe____ten Auto hervor.
6. Der A____robat im Zir____us erschra____, als das Gitter des ____äfigs plötzlich umfiel.
7. Der Konfli____t zwischen den beiden Ländern droht zu es____alieren.

8. Das Dre___wasser si___erte durch den Fussboden und verursachte einen e___ligen Gestan___.

9. Man kann die Entscheide des Zeitungsreda___tors nicht immer dis___utieren und sollte etwas weniger darüber me___ern.

10. Im Zusammenhang mit BSE wird wieder häufiger über Rindsha___fleisch geredet.

Übung 5 **Allgemeine Rechtschreibregeln**

tz, **z** oder **zz?** Entscheiden Sie sich für die richtige Schreibweise.
tz steht in der Regel nach kurzen Vokalen (die Spitze, kratzen).
z steht nach einem Konsonanten (der Falz, ranzig) und bei vielen Fremdwörtern (die Strapazen, musizieren).
zz steht bei einigen wenigen Fremdwörtern (die Skizze, skizzieren).

1. Nach seiner Her___operation musste er sich einer är___tlichen Kontrolle unter___iehen.

2. Um den Mün___fälschern auf die Spur zu kommen, machte die Poli___ei eine Ra___ia.

3. Verschmi___t lächelte der Schüler der verdu___ten Lehrerin zu.

4. Aus gewissen Wur___eln kann man schmer___lindernde Mittel gewinnen.

5. Die Ka___e kra___te und verle___te mich leicht.

6. Der Pla___ wurde mit Wasser bespri___t, um die schwi___ende Menge abzukühlen.

7. Bli___lichtgewitter empfing das Model, das sich glän___end darzustellen wusste.

8. In der Pi___eria assen wir ein wür___iges, aber etwas stark gesal___enes italienisches Gericht.

9. Der Nu___en von Gren___kontrollen ist längst nicht mehr unbestritten.

10. Sie se___ten sich in die le___te Reihe.

Übung 6 **Allgemeine Rechtschreibregeln**

v oder f

Da es dazu keine Regel gibt, lernt man die wichtigsten Begriffe mit v am besten auswendig. Achten Sie auch auf Verwandtschaften mit bekannten Wörtern.

1. ___iel ist ___ om einstigen Schloss nicht mehr zu sehen.

2. Mit über ___ierzig Jahren ___iel der Schiedsrichter beim Konditionstest durch.

3. Seine ___ielen ___ersprechungen sind ___öllig über___lüssig.

4. Die ___orderungen der streikenden Bauern ___anden kein Gehör.

5. Unser bra___er Hund ist ein ___iel___rass.

6. Die ___erse ist der hintere Teil des ___usses, ein ___ers ist ein Teil eines Gedichts.

7. Mein ___ordermann im Kino mass an die zwei Meter, so dass ich kaum nach ___orne sah.

8. Der Text des Sekretärs war ___oller ___ehler.

9. Die Be___örderung der Angestellten stand kurz be___or.

10. Die Ner___en der Spieler lagen kurz ___or Schluss der Begegnung blank.

11. Der Wagen war mit 120 Stundenkilometern in die Kur___e gerast.

12. Der Pro___iant der Bergsteigerinnen ging langsam zu Ende.

13. Die ___orhänge der ___illa waren zugezogen.

14. Die Kon___erenz der Regierungsparteien ___indet e___entuell im Bundeshaus statt.

15. ___ereinzelt wurden Buhru___e aus dem Zuschauerraum laut.

16. Pri___ate ___inanciers unterstützen die Hil___e für die Erdbebenopfer akti___.

Übung 7 **Allgemeine Rechtschreibregeln**

Überarbeiten Sie folgenden Text und setzen Sie die fehlenden Buchstaben richtig ein. Nehmen Sie die Regeln zu Hilfe und schauen Sie wenn nötig auch in den Übungen 1-4 wieder nach.

Medizin: Tödliche I___(r/rr)tümer

Wo gearbeitet wird, pa___(s/ss)ieren (F/V)___ehler. Nur: In der Hochrisikobranche Medizin können Fehlleistungen plö___(tz/z)lich lebensbe___(d/t)rohliche Folgen haben.

2000 bis 3000 Menschen jährlich sterben in Schweizer Akutspitälern an den Folgen von medi___(tz/z)inischen Fehlleistungen, schre___(ck/k)te das Bundesamt für So___(tz/z)ialversicherungen (BSV) kür___(tz/z)lich die Ö___(f/ff)entlichkeit auf. Zum (F/V) ___ergleich: Unfä___(ll/l)e auf Schwei___(tz/z)er Strassen kos___(d/t)en (b/p)___ro Jahr kna___(p/pp) 600 Menschen das Leben.

Die BSV-Zahlen seien ma___(s/ss)los übertrieben, kon___(d/t)erte die Är___ (z/tz)teschaft. Die US-Studien, die diesen Berechnungen zugrunde lägen, liessen sich nicht dire___(ck/k)t auf Schweizer Verhältni___(s/ss)e übertragen.

Nicht jeder medizinische I___(r/rr)tum führt zwingen___(d/t) zu einem Schaden. Oft kommen Ärztin und Pa___(d/t)ient mit einem blauen Auge davon. Das kommt öf___(d/t)er vor, als ma___(n/nn) denkt. Lau___(d/t) einer Studie aus dem Jahr 1995 ergibt sich – unter der (F/V) ___ielzahl der täglichen Massnahmen – eine Fehlerquote von 1,7 pro Patient. Fast zwei Fehler täglich – und die Patien___(d/t)en wissen nichts davon. Wie in der (F/V)___liegerei werden auch in der Medizin «Beinahe-Zwischen-fä___(l/ll)e» nicht an die grosse Glo___(ck/k)e gehängt. Doch währen___(d/t) in der Luftfahrt jeder Zwischenfa___(l/ll) exa___(ck/k)t analysiert wird, nimmt man es in der Medizin o___(f/ff)enbar (noch) nicht so genau.

«Was die Patien___(d/t)in nicht weiss, macht niemanden hei___(s/ss)», heisst das Mo___(t/tt)o. Über (B/P)___annen zu sprechen, die nicht gescha___(d/t)et haben, verunsicher___(d/t) die Patienten nur. Der Fall liegt jedoch anders, wenn der Ver___(d/t)acht besteht, da___(s/ss) sich ein medizinischer I___(r/rr)tum negati___(v/f) auf den Heilungs___(v/f)erlauf oder die Gesundhei___(d/t) auswir___(ck/k)en könnte. In dieser Situa___(d/t)ion kommen viele Ärzte in einen Clinch: Ist der Fehler für Aus-senstehende nicht offensich___(d/t)lich, da___(n/nn) ist die (V/F)___ersuchung gross, da___(s/ss) Mi___(s/ss)geschick zu (v/f) ___ertuschen – auch we___(n/nn) der Patient geschädigt wurde.

«Beobachter» 3/2001

Übung 8 **Dehnung**

Setzen Sie – wenn nötig – ein: **h/e/eh/Doppelvokal (aa, ee, oo)**

1. Wer bi___tet wohl an dieser Versteigerung mehr?
2. Wir gi___ngen gestern mit unseren Freundinnen ins Kino.
3. Nach so vi___len Ja___ren hatte meine Grossmutter keine Hoffnung me___r, das M___r noch einmal zu se___en.
4. Ein p___r St___ten in Afrika kennen immer noch keine Demokrati___.
5. Das Nackenh___r des Ti___res sträubte sich angesichts der Gefa___r.
6. Der Verda___cht fi___l auf einen Obdachlo___sen, der in Gewa___rsa___m genommen wurde, obwo___l er wa___rscheinlich unschuldig wa___r.
7. Sie haben Schritte auf der Veranda gehö___rt.
8. Die U___rauffü___rung des Theaterstückes findet wo___l in Bern statt.

9. Der Pri___ster be___tete vor und nach dem Gottesdi___nst.

10. Die Beschwe___rde wurde vom Schulleiter abgewi___sen.

11. Mein Pultnachba___r hat abgeschri___ben. Er hat nä___mlich ein ä___nliches Thema wie ich gewä___lt.

12. Die Einfu___r von Elfenbein in die Schweiz ist verbo___ten.

13. Nachdem der Fussballprofi zurückgetreten wa___r, na___m sein Anse___en in der Bevölkerung rasch ab.

14. Alle Klassensprecherinnen wurden na___mentlich aufgerufen und in den Sa___l gebeten.

15. Die Fussgängerin si___t den Lastwa___gen zu spät und gerä___t beina___e unter die Räder.

16. Ist es wa___r, dass unsere Vorfa___ren Affen wa___ren?

Übung 9 **Dehnung**

Setzen Sie das richtige Wort ein. Achten Sie dabei auf die Aussprache (kurze bzw. lange Vokale).

in (Präposition) oder **ihn** (Pronomen) / **im** (Präposition) oder **ihm** (Pronomen)?

1. ________ diesem Fall muss ich ________ Recht geben.

2. ________ ist es nicht erlaubt, ________ diesem Haus zu wohnen.

3. Ich habe ________ nie zu dieser Party eingeladen. ________ will ich keine Geschenke machen.

4. Ich habe den Kontakt mit ________ wieder aufgenommen. ________ letzten Monat haben wir uns mehrmals gesehen.

5. Sie wohnt immer noch________ Haus der Eltern.

6. ________ meiner Tasche findet ihr ein paar Bonbons.

Übung 10 **Allgemeine Rechtschreibregeln**

Streichen Sie die falsch geschriebenen Wörter in diesem Text. Nehmen Sie – wenn nötig – die Regeln zu Hilfe.

Skifahren im Iran

In der Islamischen **Republik/Republick** im Skigebiet Dizin, nördlich von Teheran, zeigt der Islam ein anderes Gesicht: Wodka an den **Lifftstationen/Liftstationen** und **türckisches/türkisches** Bier zum Après-Ski. Der Tschador* wirkt hier **fel/fehl** am Platz.

Im Nordosten von Teheran erhebt sich der Damavand. Der von ewigem Eis **bedeckte/bedekte** Gipfel des 5671 Meter hohen **Vulkans/Fulkans** leuchtet auch noch durch die über der iranischen Hauptstadt hängende **Smogglocke/Smoglocke**. Über den magischen Berg **erzälen/erzählen** sich die Iraner die **vantastischsten/fantastischsten** Geschichten. An seinen Hängen, heisst es, wüchsen **Pflantzen/Pflanzen**, die Gold hervorbringen.

*Tschador: traditionelles Bekleidungsstück der Frauen im Islam

Wir haben Teheran **bereits/bereids** im Morgengrauen **verlasen/verlassen**. Unser Ziel ist das Wintersportzentrum von Dizin, **das/dass** etwa 65 Kilometer nördlich der Hauptstadt **ligt/liegt**. Am **Fortag/Vortag** hatte es geschneit. Wir müssen **desshalb/deshalb** einen Umweg von 150 Kilometern in Kauf nehmen, um auf vom Schnee **geräumten/geräummten** Strassen das St. Moritz der Islamischen **Republik/Republick** zu erreichen.
«Sport ist eine **Notwendigkeit/Notwentigkeit** für die Ertüchtigung von Körper und **Sele/Seele**», **verkünden/verckünden** einige **Wandtafeln/Wantafeln** und Spruchbänder mit dem Bild des iranischen **Revolutionsführers/Refolutionsführers**. Sie sind der **einzige/eintzige** deutliche Hinweis darauf, **dass/das** man sich auch in Dizin in einem islamischen **Gottesstaat/Gottestat** befindet. **Ansonsten/Ansonnsten** scheinen hier die **Uren/Uhren** anders zu gehen.
Dizin ist eine **weldliche/weltliche** Enklave*, in der die Iraner für einige Stunden oder auch Tage den islamischen **Alltag/Altag** vergessen können und **offenbar/ofenbar** auch dürfen. Wir schliessen uns ihnen an. Es ist inzwischen 10 Uhr morgens, und die **Schlepper/Schleper** der verschiedenen **Skiverleihe/Skiverleie überbieten/überbitten** sich gegenseitig mit Sonderangeboten und anderen **Gefälligkeiten/Gefäligkeiten**. **Dennoch/Denoch** dauert es fast eine Stunde, bis passende **Skischuhe/Skieschuhe** der Grösse 45 gefunden sind. Der Tagesskipass für umgerechnet acht Franken wird gekauft, und das Vergnügen **kann/kan** beginnen.

Geschlechtertrennung
Ungläubig reiben wir uns die Augen: Drei Seilbahnen, drei **Doppelsesselbahnen/Doppelseselbahnen** und vier etwas **altersschwache/alterschwache Schlepplifte/Schleppliefte** sind in Betrieb, um die Skifahrer von 2250 auf 3600 Meter über dem **Meeresspiegel/Meresspiegel** zu bringen. In den **Gondeln/Gonndeln** ist **Geschlechtertrennung/Geschlechtertrenung** zwar noch **vorgeschrieben/vorgeschriben**. Auf den Pisten dürfen Frauen und Männer **inzwischen/innzwischen** gemeinsam **wedeln/weddeln**. Die bis vor drei Jahren gültige **Forschrift/Vorschrift** über **Abfahren/Abfaren** auf **getrennten/getrenten** Pisten konnten die für die Einhaltung islamischer **Sitten/Siten ferantwortlichen/verantwortlichen** Revolutionsgardisten** offenbar nicht mehr **durchsetzen/durchsezen**.
Sie **beschränken/beschräncken** sich auf die **Reparierung/Reparirung** der Pisten und leisten dabei sehr gute Arbeit. Wir bewegen uns **abseits/abseids** der Piste und treffen Simin. Sie trägt eine lustige **Wollmütze/Wollmüze** und einen hüftlangen **knalgrünen/knallgrünen Anorak/Anorack**. In Teheran würde die **23-jährige/23-järige** Iranerin damit sofort verhaftet werden. Doch in Dizin **orientiert/oriendiert** man sich in fast allen Bereichen nach Westen und ist **stolz/stoltz** darauf. Den **Pulverschnee/Pulferschnee** im Elbrus-Gebirge könnte man nur mit dem «Champagner Powder» in den Rocky Mountains vergleichen, **schwärmt/schwährmt** die junge Dame und **verziert/verziehrt anschliessend/anschlissend** den frischen Tiefschneehang mit einer **perfekt/perfeckt gezirckelten/gezirkelten** Spur. 400-Höhenmeter **tiefer/tieffer** treffen wir Simin in der Warteschlange vor dem Schlepplift wieder. Javad, ihr Freund, **holt/hohlt** eine mit **hausgebranntem/hausgebrantem** Wodka gefüllte Wasserflasche aus dem **Rucksack/Ruksack** und reicht diese **demonstrativ/demonstratif** herum.
Den Blick auf den leuchtenden Kegel des Damavands gerichtet, **stimmen/stimen** die jungen Leute ein melancholisches **Lied/Lid** über die **Einzigartigkeit/Einzigardigkeit** der iranischen Berge an. **Dan/dann** geht **wieder/wider** die Flasche mit dem Wodka durch die **fröhlich/frölich** singende Liftschlange. Niemand **stört/stöhrt** sich an der lustigen **Gesellschaft/Gesselschaft**, die sich wenig später in der **Pizzeria/Pizeria** an der Mittelstation der Seilbahn zum Lunch trifft. Auch in der **Blockhütte/Blokhütte herrscht/herscht** eine ausgelassene **Stimmung/Stimung**. An den Wänden hängen bunte Werbetafeln für **Softdrinks/Sofddrinks** sowie ein **Porträt/Porträd** vom **Staatspräsidenten/Staatspräsitenten**, der freundlich, ja fast **zustimmend/zustimend** lächelt.

* Enklave: ein Gebiet, das ausserhalb der eigentlichen Landes- oder Kantonsgrenze liegt
** Revolutionsgardisten: wachen darüber, ob die islamischen Bräuche eingehalten werden

Kopfhörer unter der Mütze

Skifahren gilt im Iran als Sport für reiche Leute; für die meisten ist es ein **unerschwienglicher/unerschwinglicher** Luxus. **Dennoch/denoch** kommen an den Wochenenden Zehntausende nach Dizin, um dort einmal das andere Gesicht der Islamischen **Republik/Republick** zu erleben. Wer nicht Ski oder Schlitten fährt, **picknickt/piknickt** am Rande der Pisten und freut sich über die bunten Gestalten auf den Skihängen. Der Tschador **wirkt/wirckt** hier wie ein Fremdkörper. Die aus den Lautsprechern an der Talstation der Seilbahn **drönende/dröhnende** Koranmusik **überhört/überhöhrt** die Teheraner **Schickeria/Schikeria**: Man trägt **Kopfhörer/Kopfhöhrer** unter der Mütze.

Auf abgelegenen **Pistenabschnitten/Pistenabschniten** haben junge Mädchen ihre Ghettoblaster **aufgedreht/aufgedret** und **geniessen/genissen** bei Technomusik die Sonne am ultramarinblauen Himmel. **Pünktlich/Pünktlich** um 16 Uhr werden die Liftanlagen geschlossen. Da es so schön war, **beschliessen/beschlissen** wir, die Nacht im einzigen Hotel von Dizin zu verbringen, **den/denn** wir wollen am nächsten Morgen nochmals auf die Piste gehen.

«Berner Zeitung», 04.03.2000

Übung 11 **Gross- oder Kleinschreibung?**

Entscheiden Sie sich für die richtige Schreibweise.

1. Aus dem Keller hörte die Mutter plötzlich lautes (P/p)___oltern und (K/k)___reischen.
2. Die übermütigen Jugendlichen (L/l)___ärmten und (S/s)___angen aus voller (K/k)___ehle.
3. Auf seinem Handy las er mehrere SMS. Das (E/e)___rfreulichste war natürlich (D/d)___as seiner Freundin.
4. Die (B/b)___erner Politiker trafen sich in (V/v)___erschiedenen Restaurants der Stadt.
5. Mein fast (N/n)___euer Computer ist schon veraltet. Der (N/n)___euste verfügt bereits wieder über ein (P/p)___aar Gigabites (S/s)___peicher mehr.
6. Im (G/g)___rossen und (G/g)___anzen waren die Lehrlinge mit ihren Abschlussprüfungen zufrieden. Man sah (E/e)___inigen von (I/i)___hnen die Erleichterung gut an.
7. Nach ihrem (U/u)___nfall spürte sie ein (Z/z)___iehen im Oberschenkel. Sie wusste genau, dass sie das Bein nun keiner (B/b)___elastung mehr aussetzen durfte und öfter im (S/s)___itzen arbeiten musste. Lange zu (S/s)___tehen war nun (G/g)___ift für sie.
8. Es gab (G/g)___estern (M/m)___orgen (A/a)___bseits der Piste einen (S/s)___chrecklichen, für zwei (B/b)___eteiligte gar tödlichen Unfall, der durch Verantwortungslosigkeit ausgelöst wurde. Es waren insgesamt ein (D/d)___utzend Personen darin verwickelt.

9. Das Glück wogte im Spiel (H/h)___in und (H/h)___er.
10. Dem Showmaster fehlte das gewisse (E/e) ___twas zum endgültigen (D/d)___urchbruch.
11. Der (I/i)___ndische (O/o)___zean ist berühmt für seine Strände, aber auch (B/b)___erüchtigt wegen der (H/h)___errschenden Piraterie.
12. In der Schule lernen alle (F/f)___ranzösisch, aber (W/w)___eltweit spricht man mehr (Ee)___nglisch und (C/c)___hinesisch.
13. Die Skirennläuferin sah im (N/n)___achhinein ihre Fehler ein. Es gab (V/v)___ieles, was sie (G/g)___eschickter hätte machen können. (A/a)___m (B/b)___esten war sie noch im Startstück gewesen.
14. «Darf ich (I/i)___hnen (I/i)___hren Mantel abnehmen, bitte?»
15. Das (G/g)___rosse (M/m)___oos ist ein (B/b)___ekanntes Naturschutzgebiet.
16. Das (E/e)___idgenössische (Dd)___epartement des (I/i)___nnern ist unter (A/a)___nderem für das Gesundheitswesen zuständig.
17. Der (E/e)___rste August ist (H/h)___eute in allen Kantonen ein arbeitsfreier Tag.
18. Von den Schulreisen der (E/e)___rsten bis (N/n)___eunten Klasse ist mir noch viel (L/l)___ustiges geblieben. Aber auch an einige (D/d)___umme (Z/z)___wischenfälle und manche (Ü/ü)___berraschungen mag ich mich erinnern. Meistens waren es (D/d)___urchorganisierte Reisen und keine Fahrten ins (B/b)___laue.
19. Der Genuss von (A/a)___lkoholischen Getränken bei (J/j)___ugendlichen hat weiter zugenommen.

Übung 12 **Getrennt- oder Zusammenschreibung?**
Streichen Sie die falsche Schreibweise.

1. Der Trainer hat eben **angerufen/an gerufen**. Er wird um zehn Uhr **hiersein/hier sein**.
2. Unsere Nachbarin ist eine **alleinstehende/allein stehende** Frau.
3. Am **Dienstagabend/Dienstag Abend** gehen wir zum Konzert ins Hallenstadion.
4. Es wäre eine Katastrophe, wenn die Ferienfotos **verlorengehen/verloren gehen** würden.
5. Ich habe meine Klassenkameradinnen wirklich **schätzengelernt/schätzen gelernt**.
6. Für die Schülerin war klar, dass sie um Mitternacht **zurückgehen/zurück gehen** musste.
7. Ich möchte beim grossen Festspektakel auch **dabeisein/dabei sein**.

8. Der Teller war beim Aufprall **auseinandergebrochen/auseinander gebrochen**.
9. Nach der Schule werden wir rasch bei euch **vorbeischauen/vorbei schauen**.
10. Ihm ist sein neues Mountain-Bike **abhanden/ab Handen** gekommen.
11. Diese Übung ist mit **computergeschrieben/Computer geschrieben**.
12. Der **Benzin Verbrauch/Benzinverbrauch** hat **vor allem/vorallem** in den Industrieländern zugenommen.
13. Der Angeklagte wurde vom Richter **freigesprochen/frei gesprochen**.
14. Er geht nun häufiger **Radfahren/Rad fahren**. Sein neues Rad ist **gelblichgrün/gelblich grün** gespritzt.
15. Ein neues Hobby von Anita ist das **Radfahren/Rad fahren**.

Übung 13 **Rechtschreibung**

Verbessern Sie in folgendem Text alle 32 Rechtschreibefehler.

Drei junge Bären erschosen

Im Zürcher Wildparck Langenberg sind am Donerstag drei zweijährige Braunbären getödet worden. Die Bärenfamilie war im Verhältniss zum Gehege zu gross geworden. Trotz intensifer Suche sei für die Jungbären in keinem in- oder ausländischen Zoo oder Tierpark ein Plaz gefunden worden, heisst es in einer Pressemiteilung. Die Bärenfamilie umfasst nun noch zwei Weibchen und ein Männchen.

Der Wildpark erwartet Broteste aus der Befölkerung gegen die Masnahme. Er habe Verständniss dafür, den die Bären lösten halt ganz andere Emotionen aus als beispilsweise Hirsche oder Wildschweine, sagte der Wildbiologe Christian Stauffer vom Stadtzürcher Waldamt. «Auch wir haben ein stärkeres emotionales Verhältniss zu diesen Tieren», meinte er.

Trotzdem weiter Nachwuchs

Bisher sei es dem Langenberg noch nie gelungen, Bären in anderen Annlagen zu platzieren. Die Tiere würden nur an Orte abgegeben, wo sie auch ardgerecht gehalten würden, sagte Stauffer. Trotzdem wolle der Wildpark nicht auf Bärennachwuchs verziechten, da eine Tierhaltung ohne natürliche Vortpflanzung nicht tiergerecht sei. Das töten von Tieren, die nicht neu platziert werden könnten, sei «das geringere übel».

Wie in der Wildbahn werden auch in menschlicher Ophut die Jungbären von ihren Müttern im Alter von etwa zwei Jahren verstossen, müssen sich ein neues Revir suchen und sich darin selbst behaubten. In freier Wildbahn sterben viele Jungbären in diesen ersten Monaten ohne den Schuz der Mutter. Auf der begrentzten Fläche eines Geheges könnten sie, wegen Unruhe und Aggresionen, nicht mehr zusammen gehalten werden.

Im Gegensatz zu früher werden die Jungbären laut Communiqué so langewie möglich bei der Mutter gelassen. Das verhindere, das diese jedes Jahr junge zur Welt bringe. Im Wildpark Langenberg werden nur alle drei Jahre Junge Bären geboren. Dies entspreche dem natürlichen Rhythmus unter schwirigen Bedingungen.

Fehleranalyse

Was wird behandelt?

- Rechtschreibung
- Deklination
- Präpositionen
- Verben
- Zeichensetzung
- Bezug
- Satzstellung
- Begriffe
- Schweizerdeutsch
- Stil

Was bringt mir das?

- Ich erkenne meine Fehler und kann sie verbessern.
- Ich erkenne, dass neben der Rechtschreibung auch der sprachliche Ausdruck wichtig ist.
- Ich achte vermehrt auf genaue Formulierungen.
- Ich verstehe, welche sprachlichen Unterschiede zwischen Schweizerdeutsch und Standarddeutsch bestehen.
- Ich achte bewusster auf die sprachliche Gestaltung meiner Texte.

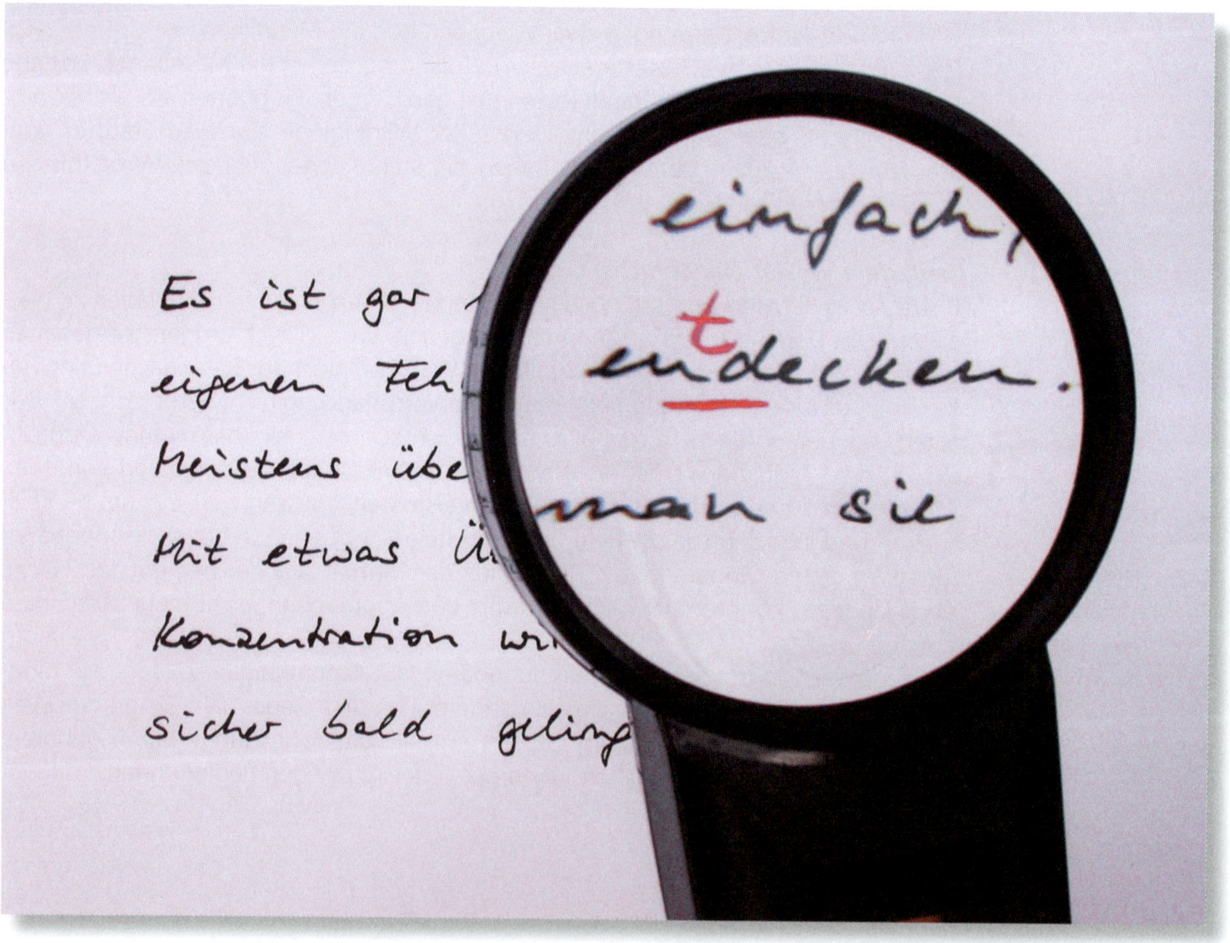

Fehleranalyse

Überprüfen Sie Ihren letzten korrigierten Text und notieren Sie, welche Fehler Sie gemacht haben. Arbeiten Sie anschliessend das Kapitel des Buches durch, das sich mit dem entsprechenden Thema beschäftigt. Im Übrigen beziehen sich die Beispiele häufiger Fehler auf diese Tabelle. Sie können auch mit diesen Beispielen üben.

Rechtschreibung			
Dehnungen			
Konsonantenverdoppelung			
Getrennt- und Zusammenschreibung			
Gross- und Kleinschreibung			
Deklination			
Fälle			
Präpositionen			
Fälle			
falsche Präpositionen			
Verb			
Zeitformen			
Vorzeitigkeit			
Konjunktiv			
Übereinstimmung von Prädikat und Subjekt			
Zeichensetzung			
Kommas			
Bezug			
falsche Bezüge			
Relativsatz			
Satzstellung			
Begriffe			
falsche oder unpassende Begriffe			
Schweizerdeutsch			
schweizerdeutsche Wörter			
grammatische Fehler			
Stil			
Ausdrucksfehler			
Wiederholungen			

Übungen

In den nachfolgenden Sätzen verbergen sich jeweils häufige Fehler. Sie sind geordnet nach den wichtigsten Kategorien.
In einem ersten Durchgang sollen die Fehler erkannt, in einem zweiten nach Möglichkeit korrigiert werden.
Bei guten grammatischen Kenntnissen oder wenn die Kategorie vor Kurzem geübt worden ist, kann man auch versuchen, die richtige Form mit einer Regel zu begründen.

Rechtschreibung

Dehnungen, Konsonantenverdoppelung, Getrennt- und Zusammenschreibung usw.

1. Sofort bemerkte ich das Stirnband, dass er trug.
2. Entlich Pause!
3. An einem Sonntagnachmittag wollten meine Eltern spatzieren gehen.
4. Vorallem möchte ich diesen Beruf erlernen, weil es auch Aufstiegschancen gibt.
5. Mir viel sofort seine Kleidung auf.
6. Ich komme erst heute Abend wieder nach hause.
7. Man kann eigendlich gar nicht wütend auf sie sein.
8. Wir müssen überall Ameisenköter hinstellen.
9. Ich habe das schon oft gespührt.
10. Sie ist ein symphatisches Mädchen.

Gross- und Kleinschreibung

1. Ich steige ein und spüre ein leichtes kribbeln in mir.
2. Sie hat immer gedacht, sie sei die beste, die schönste und die klügste.
3. Mit einem sanften lächeln begrüsste er alle.
4. Er war mein ein und alles.
5. Plötzlich passierte etwas schlimmes.
6. Nach dem tanzen kamen wir ins Gespräch.
7. Nach langem hin und her war der Kauf dieser Schuhe perfekt.
8. Es wird auch sicher keinem langweilig beim anschauen.
9. Ich würde auch gerne Heiraten.
10. Wir brauchen sie höchstens zur überwachung.

Fälle

1. Musik ist ein Begriff, der jeder Mensch anders definiert.
2. Das ist ein kleines Dorf mit nur 500 Einwohner.
3. Dieser Beruf finde ich schön, weil immer etwas läuft.
4. Das ganze Tier stand auf einem rot gefärbtem Brett.
5. Den Menschen, den ich gerne kennen gelernt hätte, ist Elvis Presley.
6. Sie hat den Leuten Schreiben, Lesen und Rechnen gelehrt.
7. Mein allergrösster Traum ist ein guter Beruf zu haben.
8. Ich glaube, dass man nur ein einziger Knopf drücken muss.
9. Dieser Mensch finde ich toll.
10. Ausser Werbeplakate, Fernsehberichte und Veranstaltungen habe ich noch nichts gesehen.

Präpositionen

Fälle, falsche Präpositionen

1. Am letzten Tag fragte ich sie um ihren Namen.
2. Es stiegen zwei Männer aus den Autos, gekleidet mit Anzug und Krawatte.
3. Darum brauche ich unbedingt Ferien, damit ich wieder alles in die Reihe bekomme.
4. Nach einiger Zeit fand er heraus, dass die Zeichen von Ägypten stammten.
5. Wegen diesen Gründen ist dies eine Person, die ich gern kennen lernen würde.

6. In der Bibel steht, Eva sei von einer Rippe Adams geschaffen.
7. Sicherlich war es mir nicht bewusst, welche Konsequenzen das hinter sich zog.
8. Das kann man nicht einfach von einem Tag zum andern vergessen.
9. Doch diese Wahl ist abhängig von vielen Faktoren, z. B. vom Geld, Entfernung zum Arbeitsplatz usw.
10. Ich bin immer noch auf der Suche für eine Lehrstelle.

Verb **Zeitformen, Vorzeitigkeit, Konjunktiv, Übereinstimmung von Prädikat und Subjekt**

1. Ich erzählte ihm jeden Abend, was ich im Kindergarten gemacht habe.
2. Aber auch diese Hilfsmittel bringten nichts.
3. Er fragte mich, ob ich nicht ein bisschen zu weit nach draussen geschwommen wäre.
4. Es schien, als hätte ein rostiger Gitterrost den Reifen aufgeschlitzt.
5. Ich regte mich auf, dass das Velo geklaut wurde.
6. Und genauso schnell, wie sie kam, ging sie wieder.
7. Zuerst glaubten wir, das sei nur der kleine Wirbelsturm, der vom Wetterbericht angekündigt wurde.
8. Die entstandenen Schluchten verbindeten wir mit hölzernen Brücken.
9. Jeden Tag werden in den Zeitungen über die schrecklichsten Dinge berichtet.
10. Hier lag mein T-Shirt und dort mehrere Hemden.

Zeichensetzung **Kommas**

1. Als meine Mutter das Abendessen fertig hatte sagte sie mir ich solle meinen Vater holen gehen.
2. Als sie sicher war dass nichts fehlte, ging sie ins Bett.
3. Später war ich diejenige welche den anderen etwas beweisen wollte.
4. Was sie geantwortet hat weiss ich nicht mehr.
5. Fred Astaire war siebzig als er seinen letzten Film drehte.
6. Ich glaube dass der Mensch ohne Träume nicht leben könnte.
7. Ein Blick auf die, das Licht reflektierende, Uhr und ich weiss, dass ich ruhig noch einmal einschlafen kann.
8. Es gibt noch andere Dinge die wichtig sind z. B. die Familie.
9. Nur manchmal findet ein Sonnenstrahl, durch ein Loch in den Wolken, seinen Weg zur Erde.
10. Meine Freundin hatte mich gebeten, mitzukommen.

Bezug **Falsche Bezüge, Relativsatz, Satzstellung**

1. Deshalb hatten wir nicht mehr so viel Essen im Haus. Zum Glück konnte man sich mit den andern Familien aushelfen.
2. Ich dachte mir, wenn ich nicht will, dass die zweite Ferienwoche auch langweilig wird, muss ich sie anreden.
3. Nachdem er die Situation einigermassen geklärt hat, wird ihm eine Belohnung ausgehändigt und nach Hause entlassen.
4. Weil mit solchen Sachen verdirbt der Mensch sein Leben.
5. Es hiess, wir müssten aussteigen, denn die Bahnschienen seien vom dauernden Regen überschwemmt und sie könnten nicht mehr weiter fahren.
6. Meinem Kollege sein Objekt hat 325 Franken gekostet.
7. Ich suchte sie mit den Augen und sah sie vorbeilaufen.
8. Wir besuchten gemeinsam die Primarschule. Leider gelang es ihr nicht, beim ersten Versuch in die Sekundarschule aufgenommen zu werden.
9 Dort haben wir je nach Jahreszeit die Schafe gestreichelt oder geschlittelt.
10. Er ist sehr verwöhnt von uns geworden.

Begriffe

Falsch verwendete oder unpassende Begriffe

1. Nach dem Abendessen beschloss ich meinen Vater zu beten, mir mehr zu erzählen.
2. Ich nützte das natürlich aus und durchlöcherte ihn mit Blicken.
3. Als ich dann zwei Wochen durchgebissen hatte, war es mir nicht mehr möglich weiterzumachen.
4. Er stand am Anfang seiner Drogen-Szene.
5. … und es hat einen riesen Spass gemacht.
6. An diesem Tag habe ich gelehrt meine Ängste zu überwinden.
7. Das Wort finde ich ziemlich hintergrundmässig.
8. Wir begegneten damals ein paar Seeigeln.
9. Das Zimmer, das uns zugestellt wurde, hatte vier Betten auf engstem Raum.
10. Nachdem verliess ich die Garderobe.

Schweizerdeutsch

Schweizerdeutsche Wörter, grammatische Fehler

1. Also hielt ich mich etwa einen Monat lang still und wartete, was sich so ergeben würde.
2. Vor den Sommerferien überkam ich ein Angebot.
3. Ich hüte ihn viel.
4. Nun kam die Zeit, wo ich das Klavier nicht einmal mehr anschauen konnte.
5. Ich hoffe jedenfalls, dass es bei uns abgeht.
6. Heute Morgen habe ich meine Französischbücher vergessen, weil ich so schlafsturm war.
7. Ich denke, Unbekannte trifft man jeden Tag, der Unterschied ist, auf manche achtet man sich und auf andere nicht.
8. Die Leute vermachten Türen und Fenster mit schweren Stahlplatten.
9. Er wurde so wütend, dass er Manuela eine Wasche gab.
10. Neben uns lebt eine alte Frau, die sehr hässig sein kann.

Stil

Ausdrucksfehler

1. Als ich am Morgen die Haustüre öffnete, betrat ich einen neuen Lebensabschnitt.
2. Es war genau ein paar Tage vor den Herbstferien.
3. Jedes Training und jeder Match sind Gold wert um die eigenen Schwächen zu trainieren.
4. Die Mutter, in einer Schnelle, schliesst die Tür wieder auf.
5. Durch diesen Wohnungszuwachs nehmen die Schüler deutlich zu.
6. Doch es gab bereits schon wieder ein erneutes Hindernis.
7. Doch schon nach sechs Jahren war die Ehe den Bach hinunter gefahren.
8. Bei der Eröffnung dieses Jahres hielt der Bundespräsident eine Rede.
9. Wer möchte wohl nicht einmal im Radio oder im Fernsehen gesendet werden?
10. Die Zukunft unserer Erde hat sicher nicht mehr grosse Hoffnungen.

5 Verzeichnisse

Dieses Kapitel ist zum Nachschlagen konzipiert.

In der **Verbenliste** finden Sie die wichtigsten Verben und die Fälle, mit denen sie verwendet werden.

Grammatische Begriffe: Das Verzeichnis hilft Ihnen weiter, falls Sie nicht mehr wissen, was ein Begriff bedeutet oder wie die Entsprechung eines lateinischen Begriffs auf Deutsch lautet.

Da Sie möglicherweise bestimmte Begriffe aus dem Fremdsprachenunterricht kennen, erscheint es sinnvoll, wichtige **grammatische Begriffe vergleichend** aufzulisten.

Mit dem **Briefschema** erhalten Sie eine Vorlage, an der Sie sich beim Schreiben von Geschäftsbriefen bzw. öffentlichen Briefen orientieren können.

Die **Lernkontrolle** hilft Ihnen, die Übersicht über Ihre Lernfortschritte zu behalten.

Schreiben

Lesen und Verstehen

Sprechen

Grammatik

Verzeichnisse

Verbenliste

In der folgenden Liste finden Sie die Stammformen der wichtigsten unregelmässigen und einiger regelmässiger Verben und die Fälle, mit denen das Verb üblicherweise gebraucht wird bzw. die direkt vom Verb abhängen. Selten verwendete Fälle stehen in Klammern. Weitere Details schlagen Sie bitte im Duden oder in einem anderen Wörterbuch nach.

Infinitiv	Präteritum	Partizip II	Fälle
anfangen	fing an	*hat* angefangen	A
backen	backte	*hat* gebacken	D, A
befehlen	befahl	*hat* befohlen	D, A
beginnen	begann	*hat* begonnen	A
beissen	biss	*hat* gebissen	(D), A
bergen	barg	*hat* geborgen	A
beten	betete	*hat* gebetet	A
betrügen	betrog	*hat* betrogen	A
bewegen	bewog	*hat* bewogen	A
(jemanden zu etwas veranlassen)			
bewegen	bewegte	*hat* bewegt	A
(etwas in eine andere Lage bringen)			
biegen	bog	*hat* gebogen	A
bieten	bot	*hat* geboten	D, A
binden	band	*hat* gebunden	(D), A
bitten	bat	*hat* gebeten	A
blasen	blies	*hat* geblasen	(D), A
bleiben	blieb	*ist* geblieben	N, D
braten	briet	*hat* gebraten	D, A
brechen	brach	*hat* gebrochen	D, A
brennen	brannte	*hat* gebrannt	(A)
bringen	brachte	*hat* gebracht	D, A
denken	dachte	*hat* gedacht	A
drängen	drängte	*hat* gedrängt	A
dringen	drang	*ist* gedrungen	
dünken	dünkte	*hat* gedünkt	A
dürfen	durfte	*hat* gedurft	
empfehlen	empfahl	*hat* empfohlen	D, A
erschrecken	erschrak	*ist* erschrocken	
(in Schrecken geraten)			
erschrecken	erschreckte	*hat* erschreckt	A
(jemand anderen in Schrecken versetzen)			
ertränken	ertränkte	*hat* ertränkt	A
ertrinken	ertrank	*ist* ertrunken	
essen	ass	*hat* gegessen	A
fahren	fuhr	*ist* gefahren	A
fallen	fiel	*ist* gefallen	A
fangen	fing	*hat* gefangen	D, A
finden	fand	*hat* gefunden	A
fliegen	flog	*ist* geflogen	
fliehen	floh	*ist* geflohen	
fliessen	floss	*ist* geflossen	
fressen	frass	*hat* gefressen	D, A
frieren	fror	*hat* gefroren	
gebären	gebar	*hat* geboren	(D), A
geben	gab	*hat* gegeben	D, A
gedeihen	gedieh	*ist* gediehen	
gehen	ging	*ist* gegangen	(D), (A)
gelingen	gelang	*ist* gelungen	D

Infinitiv	**Präteritum**	**Partizip II**	**Fälle**
gelten	galt	*hat* gegolten	D
genesen	genas	*ist* genesen	
geniessen	genoss	*hat* genossen	A
geschehen	geschah	*ist* geschehen	(D)
gewinnen	gewann	*hat* gewonnen	A
giessen	goss	*hat* gegossen	A
gleichen	glich	*hat* geglichen	D
gleiten	glitt	*ist* geglitten	
graben	grub	*hat* gegraben	(D), A
greifen	griff	*hat* gegriffen	(D), A
haben	hatte	*hat* gehabt	A
halten	hielt	*hat* gehalten	(D), A
hängen	hing	*hat* gehangen	(D)
(etwas hängt an der Wand: Ort)			
hängen	hängte	*hat* gehängt	A
(Ich hänge etwas an die Wand: Richtung)			
heben	hob	*hat* gehoben	A
heissen	hiess	*hat* geheissen	A, A, N
helfen	half	*hat* geholfen	D
kennen	kannte	*hat* gekannt	A
klingen	klang	*hat* geklungen	
kneifen	kniff	*hat* gekniffen	A
kommen	kam	*ist* gekommen	
können	konnte	*hat* gekonnt	A
kriechen	kroch	*ist* gekrochen	
laden	lud	*hat* geladen	A
lassen	liess	*hat* gelassen	D, A
laufen	lief	*ist* gelaufen	
leiden	litt	*hat* gelitten	
leihen	lieh	*hat* geliehen	D, A
lesen	las	*hat* gelesen	A
liegen	lag	*hat/ist* gelegen	(D)
lügen	log	*hat* gelogen	
meiden	mied	*hat* gemieden	A
melken	molk	*hat* gemolken	A
	melkte	(*hat* gemelkt)	
messen	mass	*hat* gemessen	A
misslingen	misslang	*ist* misslungen	D
mögen	mochte	*hat* gemocht	A
müssen	musste	*hat* gemusst	A
nehmen	nahm	*hat* genommen	D, A
nennen	nannte	*hat* genannt	A, A
niesen	nieste	*hat* geniest	
pfeifen	pfiff	*hat* gepfiffen	D, A
preisen	pries	*hat* gepriesen	A
raten	riet	*hat* geraten	D
reiben	rieb	*hat* gerieben	A
reissen	riss	*ist* gerissen	(D)
(kaputt gehen)			
reissen	riss	*hat* gerissen	(A)
(eine Bewegung machen)			
reiten	ritt	*ist/hat* geritten	A
rennen	rannte	*ist* gerannt	
riechen	roch	*hat* gerochen	A
ringen	rang	*hat* gerungen	
rinnen	rann	*ist* geronnen	
rufen	rief	*hat* gerufen	A
salzen	salzte	*hat* gesalzen (gesalzt)	A
saufen	soff	*hat* gesoffen	A

Infinitiv	Präteritum	Partizip II	Fälle
saugen	sog (saugte)	*hat* gesogen (*hat* gesaugt)	A
schaffen (etwas gestalten)	schuf	*hat* geschaffen	A
schaffen (etwas erreichen)	schaffte	*hat* geschafft	A
scheiden (eine Ehe auflösen)	schied	*hat* geschieden	A
scheiden (von einem Ort weggehen)	schied	*ist* geschieden	
scheinen	schien	*hat* geschienen	N, (D)
schelten	schalt	*hat* gescholten	A
schieben	schob	*hat* geschoben	(D), A
schiessen	schoss	*hat* geschossen	A
schlafen	schlief	*hat* geschlafen	
schlagen	schlug	*hat* geschlagen	D, A
schleichen	schlich	*ist* geschlichen	
schleifen (irgendwohin ziehen)	schleifte	*hat* geschleift	A
schleifen (eine Klinge schleifen)	schliff	*hat* geschliffen	(D), A
schliessen	schloss	*hat* geschlossen	A
schlingen	schlang	*hat* geschlungen	A
schmeissen	schmiss	*hat* geschmissen	A
schmelzen (die Kerze schmilzt)	schmolz	*ist* geschmolzen	
schmelzen (das Gold schmelzen)	schmolz schmelzte	*hat* geschmolzen *hat* geschmelzt	A
schneiden	schnitt	*hat* geschnitten	A
schreiben	schrieb	*hat* geschrieben	D, A
schreien	schrie	*hat* geschrien	
schreiten	schritt	*ist* geschritten	
schweigen	schwieg	*hat* geschwiegen	
schwellen	schwoll	*ist* geschwollen	(D)
schwimmen	schwamm	*ist* geschwommen	(A)
schwinden	schwand	*ist* geschwunden	
schwingen	schwang	*hat* geschwungen	A
schwören	schwor	*hat* geschworen	D, A
sehen	sah	*hat* gesehen	A
sein	war	*ist* gewesen	N
senden (einen Brief senden)	sandte	*hat* gesandt	D, A
senden (etwas im Radio senden)	sendete	*hat* gesendet	A
sieden	sott siedete	*hat* gesotten *hat* gesiedet	A
singen	sang	*hat* gesungen	D, A
sinken	sank	*ist* gesunken	
sinnen	sann	*hat* gesonnen	
sitzen	sass	*hat/ist* gesessen	D
sollen	sollte	*hat* gesollt	
spalten	spaltete	*hat* gespalten (gespaltet)	A
speisen	speiste	*hat* gespeist	A
spinnen	spann	*hat* gesponnen	A
sprechen	sprach	*hat* gesprochen	A
spriessen	spross	*ist* gesprossen	D
springen	sprang	*ist* gesprungen	
stechen	stach	*hat* gestochen	A
stehen	stand	*hat/ist* gestanden	

Schreiben
Lesen und Verstehen
Sprechen
Grammatik
Verzeichnisse

Infinitiv	Präteritum	Partizip II	Fälle
stehlen	stahl	*hat* gestohlen	D, A
steigen	stieg	*ist* gestiegen	
sterben	starb	*ist* gestorben	
stinken	stank	*hat* gestunken	
stossen	stiess	*ist* gestossen	
(auf ein Problem stossen)			
stossen	stiess	*hat* gestossen	A
(jemanden wegbefördern)			
streichen	strich	*hat* gestrichen	D, A
streiten	stritt	*hat* gestritten	
tragen	trug	*hat* getragen	D, A
treffen	traf	*hat* getroffen	A
treiben	trieb	*ist* getrieben	
(Ein Boot ist an Land getrieben.)			
treiben	trieb	*hat* getrieben	D, A
(jemanden zu etwas treiben)			
treten	trat	*ist* getreten	
(ins Zimmer treten)			
treten	trat	*hat* getreten	A
(jemanden treten)			
trinken	trank	*hat* getrunken	A
trügen	trog	*hat* getrogen	(A)
tun	tat	*hat* getan	A
verderben	verdarb	*ist* verdorben	
(Lebensmittel)			
verderben	verdarb	*hat* verdorben	A
(die Laune verderben)			
verdriessen	verdross	*hat* verdrossen	A
vergessen	vergass	*hat* vergessen	A
verlieren	verlor	*hat* verloren	A
verschwinden	verschwand	*ist* verschwunden	
verzeihen	verzieh	*hat* verziehen	D, A
wachsen	wuchs	*ist* gewachsen	
(grösser werden)			
wachsen	wachste	*hat* gewachst	D, A
(Ski wachsen)			
wägen	wog	*hat* gewogen	A
waschen	wusch	*hat* gewaschen	D, A
weichen	wich	*ist* gewichen	
weisen	wies	*hat* gewiesen	D, A
wenden	wandte	*hat* gewandt	
(sich jemandem zuwenden)			
wenden	wendete	*hat* gewendet	A
(das Auto wenden)			
werben	warb	*hat* geworben	A
werden	wurde	*ist* geworden	N
werfen	warf	*hat* geworfen	A
wiegen	wog	*hat* gewogen	
(ein bestimmtes Gewicht haben)			
wiegen	wiegte	*hat* gewiegt	A
(ein Kind wiegen)			
winden	wand	*hat* gewunden	D, A
wissen	wusste	*hat* gewusst	A
wollen	wollte	*hat* gewollt	A
ziehen	zog	*ist* gezogen	
(umziehen)			
ziehen	zog	*hat* gezogen	D, A
(am Strick ziehen)			
zwingen	zwang	*hat* gezwungen	A

Grammatische Begriffe

abstrakt	ungegenständlich, nur gedacht (z.-B. der Gedanke)
Adjektiv	Eigenschafts-, Artwort. Das Adjektiv beschreibt die Eigenschaft oder das Merkmal einer Sache oder eines Lebewesens: Der schnelle Läufer. Der Läufer ist **schnell**. Der Läufer rennt schnell. Adjektive werden dekliniert. Sie können meistens auch gesteigert werden: **schnell – schneller – am schnellsten.**
Adverb	Umstandswort, antwortet auf die Fragen «wann, wo, wie, warum?»
Adverbiale	Satzglied, das einen Umstand beschreibt und auf die Fragen «wann, wo, wie, warum?» antwortet.
Akkusativ	Wenfall. «**Wen oder was** sehe ich?»
Akkusativobjekt	Satzglied im Wenfall
Aktiv	Verbform (Genus des Verbs) bzw. Tatform. Wir betrachten ein Geschehen vom Subjekt («Verursacher/in») aus: «Er weckt seine Schwester.»
Apposition	Beifügung eines Nomens, z. B. des Vornamens zum Geschlechtsnamen
Artikel	Geschlechtswort. Der Artikel gibt dem Nomen ein grammatisches Geschlecht.
Attribut	Beifügung. Das Attribut beschreibt den Kern eines Satzglieds (meistens eines Nomens) genauer.
beiordnende Konjunktion	Bindewort. Es verbindet zwei gleichwertige Satzglieder oder Teilsätze.
Dativ	Wemfall. «**Wem** gehört die Tasche?»
Dativobjekt	Satzglied im Wemfall
Deklination/deklinieren	Nomen, Adjektiv oder Pronomen verändern, das heisst in einen bestimmten Fall setzen: Nominativ, Genitiv, Dativ, Akkusativ
Demonstrativpronomen	hinweisendes Fürwort: weist auf etwas hin, was (meistens) später im Satz erwähnt wird
Direkte Rede	Etwas wird im Text wörtlich ausgedrückt: Sprechen, Denken, Träumen, Zitieren. Die direkte Rede steht in Anführungszeichen.
Ersatzprobe	Ein Ausdruck wird durch einen andern ersetzt: ein Wort durch ein vergleichbares Wort, ein Satzglied durch ein vergleichbares Satzglied. Die Ersatzprobe hilft beim Bestimmen von Wortarten, Fällen und Satzgliedern.
Fälle	Nominativ, Genitiv, Dativ, Akkusativ
feminin	weiblich
Futur I	Zukunft: «Du wirst bald ankommen.»
Futur II	Vorzukunft. Meistens als Vermutung: «Er wird die Aufgaben nicht gemacht haben.»
Genitiv	Wesfall. «**Wessen** Tasche ist das?»
Genitivobjekt	Satzglied im Wesfall
Genus	das Geschlecht, beim Nomen (maskulin, feminin, neutrum) und beim Verb (Aktiv oder Passiv)
Gleichsetzungsnominativ	Prädikativ. Satzglied, das von einem Nomen beherrscht wird. Nach Vollverben «sein», «werden», «bleiben» usw. Bezieht sich auf das Subjekt des Satzes und steht ebenfalls im Nominativ (Werfall). «Sie wird **Schreinerin**.»
Gleichsetzungsakkusativ	Satzglied. Bezieht sich auf das Akkusativobjekt des Satzes und steht ebenfalls im Akkusativ (Wenfall). «Er nennt ihn **einen Betrüger**.» Der Gleichsetzungsakkusativ wird im passiven Satz zum Gleichsetzungsnominativ: «Er wird **ein Betrüger** genannt.»
Hauptsatz	Satz, der in der Regel allein stehen kann. Meistens steht das konjugierte Verb an zweiter Stelle (als zweites Satzglied).
Hilfsverb	Sie dienen zur Bildung von Verbformen: **sein, haben, werden.**
Homonym	Wort, das mit einem andern gleich lautet, aber eine andere Bedeutung aufweist: der Leiter, die Leiter
Imperfekt	Präteritum. Vergangenheit: «Gestern war ich in Zürich.»
Imperativ	Befehlsform: «Machen Sie bitte das Fenster zu!»
Indefinitpronomen	unbestimmtes Fürwort: bezeichnet eine unbestimmte Menge (nichts, alles) oder eine unbestimmbare Person (jemand, man, beide)

Indikativ	Wirklichkeitsform (die «normale» Verbform in einem Satz)
Indirekte Rede	Jemand erzählt etwas, das er von einer anderen Person gehört hat.
Infinitiv	Grundform des Verbs
Infinitivsatz	Nebensatz mit einem erweiterten Infinitiv + zu
Interjektion	Ausrufewort
Interrogativpronomen	fragendes Fürwort: fragt nach Sachen oder Lebewesen («wer?, wessen?, wem?, wen?, was?, was für ein?, welcher?»)
intransitiv	Verb, das keinen Akkusativ bei sich haben kann
Kasus	der Fall, bei Nomen, Adjektiv und Pronomen
Kommunikation	Verständigung
Komparativ	Vergleichsform des Adjektivs: **grösser**
Konjugation/konjugieren	Ein Verb in Person und Zeit verändern.
Konjunktion	Bindewort
Konjunktionalsatz	Nebensatz, der mit einem Bindewort beginnt
Konjunktiv	Möglichkeitsform
Konjunktiv I	Wir benutzen den Konjunktiv I hauptsächlich in der indirekten Rede.
Konjunktiv II	Wir benutzen den Konjunktiv II hauptsächlich bei Wünschen, Gedanken, Vorstellungen, Bedingungen.
konkret	gegenständlich, greifbar (z. B.: der Tisch)
Konsonant	Mitlaut
maskulin	männlich
Modalverb	Die Modalverben beschreiben einen Umstand (Erlaubnis, Befehl, Wunsch usw.). Sie stehen mit dem Infinitiv eines andern Verbs zusammen.
Modus	Aussageweise des Verbs: Indikativ, Konjunktiv, Imperativ
Nachsilbe	an die Stammsilbe/den Wortstamm angehängte Silbe: **-er** (Bäcker), **-in** (Lehrerin), **-en** (singen)
Nebensatz	Satz, der nicht allein stehen könnte. Meistens steht das konjugierte Verb an letzter Stelle.
neutrum	sächlich
Nomen	Namenwort, Substantiv
Nominalisierung	Verwandlung z.B. eines Verbes oder Adjektivs zu einem Nomen, durch Davorsetzen eines Pronomens, z.B. das Reiten, das Gute
Nominativ	Werfall. «**Wer oder was** steht hier?»
Numerus	die Zahl: Einzahl (Singular) oder Mehrzahl (Plural), beim Nomen, Adjektiv und Pronomen
Partikeln	Restgruppe. Dazu gehören die unveränderlichen Wortarten: Präposition, Konjunktion, Adverb, Interjektion.
Passiv	Verbform (Genus des Verbs) bzw. Leideform. Wir betrachten ein Geschehen vom Objekt («Opfer») aus: «Sie wurde am 12. Dezember geboren.»
Partizip I	Verbform (Mittelwort der Gegenwart): **kommend**
Partizip II	Verbform (Mittelwort der Vergangenheit): **gekommen**
Partizipialsatz	Nebensatz, der ein erweitertes Partizip enthält
Perfekt	Vorgegenwart: «Er ist erst gestern in die Ferien gefahren.»
Personalpronomen	persönliches Fürwort: bezeichnet eine bestimmte Person (ich, du, er, sie, es, wir, ihr, sie), ersetzt meistens ein Nomen
Plural	Mehrzahl
Plusquamperfekt	Vorvergangenheit: «Er war zu schnell gefahren.»
Positiv	Grundform des Adjektivs: **gross**
Possessivpronomen	besitzanzeigendes Fürwort: bezeichnet einen Besitzer oder eine Beziehung
Prädikat	Satzglied: die verbalen Teile des Satzes
Präposition	Vorwort, Verhältniswort
Präpositionalgefüge	Satzglied, das mit einer Präposition beginnt (in diesem Buch unterteilt in Präpositionalobjekt und Adverbiale)
Präpositionalobjekt	Satzglied, das mit einer Präposition beginnt und bei dem eine Fallfrage gestellt werden kann («mit wem?», «für wen?»)
Präsens	Gegenwart: «Sie schläft.»
Präteritum	Imperfekt. Vergangenheit: «Gestern war ich in Zürich.»
Pronomen	Fürwort (Oberbegriff)
Reflexivpronomen	rückbezügliches Fürwort: bezieht sich auf das Subjekt des Satzes zurück

Relativpronomen	bezügliches Fürwort: steht meist nach einem Komma und bezieht sich auf etwas, was im Satz schon vorgekommen ist
Relativsatz	Nebensatz, der mit einem Relativpronomen beginnt
Satz	selbstständige sprachliche Einheit in einem Text
Satzgefüge	zusammengesetzter Satz, besteht aus mindestens einem Haupt- und einem Nebensatz
Satzglied	Teil eines Satzes, der sich innerhalb des Satzganzen verschieben lässt
Satzklammer	Das Verb bildet in zusammengesetzten Zeiten, im Passiv oder mit Modalverben im Hauptsatz eine Satzklammer, das heisst der konjugierte Teil steht an zweiter Stelle, der nicht konjugierte am Schluss: «Er **ist** zu schnell **gefahren**.»
Satzverbindung	zusammengesetzter Satz, besteht aus mindestens zwei Hauptsätzen
Satzzeichen	Punkt, Komma, Frage-, Ausrufezeichen usw. gliedern den Satz.
Silbe	Wortteil. Silben können voneinander abgetrennt werden: ein-ge-schla-fen. Jede Silbe enthält einen Vokal, Umlaut oder Zwielaut.
Singular	Einzahl
Stammsilbe	auch Wortstamm: sinntragende Silbe eines Wortes ohne Vorsilbe, Nachsilbe oder Endung: **-weg-** (be-**weg**-en)
Stammformen	die drei Verbformen, aus denen (teilweise mit den Hilfsverben) alle andern Verbformen zusammengesetzt werden: **Infinitiv – Präteritum – Partizip-II**
Subjekt	Satzglied im Nominativ
Substantiv	Nomen, Namenwort
Superlativ	Steigerungsform des Adjektivs: am **grössten**
Synonym	sinnverwandtes Wort, z. B. Frühjahr, Lenz, Frühling
Tempus	die Zeit, beim Verb
transitiv	Verb, das einen Akkusativ bei sich haben kann
Trennregeln	erklären die Regeln, nach denen Teile eines Wortes (Silben) voneinander getrennt werden können
Umlaut	ä, ö, ü
unterordnende Konjunktion	Bindewort. Es verbindet einen Nebensatz mit einem Hauptsatz.
Verb	Zeitwort, Tätigkeitswort. Es kann konjugiert werden.
Verschiebeprobe	Verschieben von Satzgliedern, um zu sehen, was alles zusammengehört.
Vokal	Selbstlaut
Vorsilbe	der Stammsilbe/dem Wortstamm vorangestellte Silbe, meist ohne eigene Bedeutung: **be-** (begreifen), **ge-** (gefallen), **ver-** (verbrauchen)
zusammengezogener Satz	Bestimmte Satzteile sind bei zusammengezogenen Sätzen gleich: «Sie weint und lacht gleichzeitig.»
Zwielaut	ai, au, äu, ei, eu

Grammatische Begriffe vergleichend

Deutsch (lateinische Grammatik)	**Deutsch** (deutscher Begriff)	**Englisch**	**Französisch**
Wortarten			
Nomen (Substantiv)	Namenwort, Hauptwort	noun	le nom
Nominativ	Werfall	nominative case	(nominatif)
Genitiv	Wesfall	genitive case	(génitif)
Dativ	Wemfall	dative case	(datif)
Akkusativ	Wenfall	accusative case	(accusatif)
bestimmter Artikel	bestimmter Begleiter	definite article	l'article défini
unbestimmter Artikel	unbestimmter Begleiter	indefinite article	l'article indéfini
Adjektiv	Eigenschaftswort	adjective	l'adjectif qualificatif
Pronomen	Fürwort	pronoun	le pronom
Personalpronomen	persönliches Fürwort	personal pronoun	le pronom personnel
Possessivpronomen	besitzanzeigendes Fürwort	possessive pronoun	l'adjectif/le pronom possessif
Reflexivpronomen	rückbezügliches Fürwort	reflexive pronoun	le pronom réfléchi
Demonstrativpronomen	hinweisendes Fürwort	demonstrative pronoun	l'adjectif/le pronom démonstratif
Relativpronomen	bezügliches Fürwort	relative pronoun	le pronom relatif
Interrogativpronomen	fragendes Fürwort	interrogative pronoun	l'adjectif/le pronom interrogatif
Indefinitpronomen	unbestimmtes Fürwort	–	l'adjectif/le pronom indéfini
Verb	Tätigkeitswort	verb	le verbe
Präposition	Vorwort	preposition	la préposition
Konjunktion	Bindewort	conjunction	la conjonction
Adverb	Umstandswort	adverb	l'adverbe
Zeiten			
Präsens	Gegenwart	present tense	le présent
Perfekt	Vorgegenwart	present perfect	le passé composé/ le passé simple
Präteritum (Imperfekt)	Vergangenheit	past tense	l'imparfait
Plusquamperfekt	Vorvergangenheit	past perfect	le plus-que-parfait
Futur I	Zukunft	future	le futur simple
Futur II	Vorzukunft	future perfect	le futur antérieur
Satzglieder			
Prädikat	Satzaussage	predicate, verb link	le verbe
Subjekt	Satzgegenstand	subject	le sujet
Objekt	Satzergänzung	object	l'objet
Genitivobjekt	Satzergänzung im Wesfall	genitive object	–
Dativobjekt	Satzergänzung im Wemfall	indirect object	le complément d'objet indirect
Akkusativobjekt	Satzergänzung im Wenfall	direct object	le complément d'objet direct
Präpositionalobjekt	Satzergänzung mit Vorwort	–	le complément prépositionnel
Adverbiale	Umstandsbestimmung	adverbial	le complément circonstantiel
Attribut	Beifügung	attributive	le complément déterminatif
Apposition	Beifügung im gleichen Fall	apposition	l'apposition
Satzzeichen			
	Komma	comma	la virgule
	Punkt	full stop	le point
	Fragezeichen	question mark	le point d'interrogation
	Ausrufezeichen	exclamation mark	le point d'exclamation
	Bindestrich	hyphen	le trait d'union
	Anführungszeichen	quotation marks	le guillemet

Briefschema 1

Absender

Ort, Datum

Beförderungsvermerk

Empfänger

Titel / Betreff

Anrede

Text

Grussformel

Unterschrift

Beilagen

Briefschema 2

Absender

Ort, Datum

Beförderungsvermerk

Empfänger

Titel / Betreff

Anrede

Text

Grussformel

Unterschrift

Beilagen

Lernkontrolle

- Schreiben
  - Textsorten
    - Aufsatz oder Textsorte?
    - Begriffserklärung (Definition)
    - Zusammenfassung
    - Inhaltsangabe
    - Beschreibung
      - Bildbeschreibung
      - Ortsbeschreibung
      - Wegbeschreibung
      - Gegenstandsbeschreibung
      - Personenbeschreibung
      - Charakterisierung
    - Bericht
      - Ereignis-/Zeitungsbericht
      - Reportage
      - Protokoll
      - Rapport
      - Tagebuch
    - Brief
    - Interview
    - Stellungnahme / Kommentar
    - Erörterung
    - Erzählung
    - Schilderung
    - Abschlussaufgabe
  - Bewerbung
    - Hinweise für eine gelungene Bewerbung
  - Schreibwerkstatt
    - Schreibwerkstatt 1: Beobachten und Formulieren
    - Schreibwerkstatt 2: Schreiben einer Geschichte
  - Wortschatz
    - Wortfamilien
    - Wortfelder, Synonyme
    - Antonyme
    - Fremdwörter
  - Stilistik
    - Die richtige Sprachebene
    - Leicht verwechselbare Wörter und Begriffe
    - Genauigkeit im Ausdruck
- Lesen und Verstehen
  - Informationsbeschaffung
  - 5-Schritt-Lesetechnik
  - Textinterpretation
  - Literarische Gattungen und Textsorten
    - Gattung Epik
    - Gattung Lyrik
    - Gattung Dramatik
  - Sprachgeschichte / Literaturgeschichte
    - Zeittafel
- Sprechen
  - Kommunikation
    - Kommunikationskanäle
    - Probleme bei der Kommunikation
    - Das 4-Ohren-Modell
    - Körpersprache (nonverbale Kommunikation)
    - Unterschiede beim kommunikativen Verhalten
    - Gesprächsregeln
  - Schweizerdeutsch
    - Verschiedene Dialekte
    - Unterschiede zwischen Schweizerdeutsch und Standardsprache

- Grammatik (Sprachbetrachtung)
  - Wortarten
    - Das Verb
      - Stammformen
      - Konjugation
      - Vollverben, Hilfsverben und Modalverben
      - Zeiten
      - Indikativ, Konjunktiv, Imperativ
      - Aktiv und Passiv
      - Zusammenhang von Verb und Fall
      - Verbtabelle
    - Das Nomen
      - Geschlecht und Zahl
      - Pluralbildung
      - Deklination
    - Das Adjektiv
      - Deklination
      - Vergleichsformen
      - Adjektivbildung
    - Das Pronomen
      - Deklination
      - Pronomenarten
      - Relativpronomen/Relativsätze
      - Besonderheiten
    - Die Partikeln
      - Die Konjunktion
      - Die Präposition
      - Das Adverb
      - Die Interjektion
    - Frageweg Wortarten
  - Satzbau
    - Satzarten
      - Die verschiedenen Satzarten
    - Satzlehre-
      - Hauptsatz und Nebensatz
      - Verknüpfung von Sätzen
    - Satzglieder
      - Verschiebeprobe
      - Prädikat, Subjekt, Objekt
      - Attribut und Apposition
      - Satzgliedertabelle
      - Stellung der Satzglieder
    - Satzzeichen
      - Satzendzeichen
      - Satzinnenzeichen
      - Vereinfachte Kommaregeln
      - Direkte Rede
  - Rechtschreibung
    - Allgemeine Rechtschreiberegeln
    - Dehnung und Kürzung von Vokalen
    - Gross- oder Kleinschreibung
    - Getrennt- oder Zusammenschreibung
    - Silbentrennung
  - Fehleranalyse
- Verzeichnisse
  - Verbenliste
  - Grammatische Begriffe
  - Grammatische Begriffe vergleichend
  - Briefschema
  - Lernkontrolle

Textnachweis

S. 11 Fredi Büchel: «Lerne zu lernen» aus: Zeitschrift des Kaufmännischen Verbandes «Der junge Kaufmann», 1984
S. 13 «Umgang mit Druck» aus: www.go4life.ch mensch kommunikation internet, S. 64
S. 14 Rückseitentext des Buches von Mark Salzmann: «Das lachende Sutra», Knaur TB, München 1992
S. 18 Gustave Flaubert: «Lehrjahre des Herzens», Winkler Verlag, München 1957
S. 18 Alexander Heimann: «Wolfszeit», Cosmos Verlag, Muri 1993
S. 20 Erich Tenger: «Wandern nach Flugbildern», 1988
S. 23 Amtlicher Steckbrief aus dem Jahr 1784
S. 23 Gustave Flaubert: «Lehrjahre des Herzens», Winkler Verlag, München 1957
S. 24 Christopher Isherwood: «Leb wohl, Berlin», Berlin 1998
S. 25 Miguel Delibes: «Der Verrückte», © Verlag Klaus Wagenbach, Berlin 1999
S. 28 Mattias Senn (Hrsg.): «Die Wickiana», Raggi Verlag Küsnacht-Zürich, 1975
S. 29 Egon Erwin Kisch: «Der rasende Reporter»
S. 29 Ryszard Kapuscinski: «Die Vorsitzenden», aus: «Der Fussballkrieg», Eichbaum Verlag, Frankfurt/Main 1990
S. 29 «Der Spiegel», 16/2001
S. 30 Ryszard Kapuscinski: «Hotel Metropol», aus: «Der Fussballkrieg», Eichbaum Verlag, Frankfurt/Main 1990
S. 36 Tagebuchauszug von Samuel Pepys zwischen 1660 und 1669, Reclam 1980
S. 40 Mit freundlicher Genehmigung von Roger Graf, Homepage: www.rogergraf.ch
S. 45 Boleslaw Prus: «Der Nichtsnutz und die Mädchen», Reclam 1960
S. 47 George Orwell: «1984», Diana Verlag Zürich/Ullstein Verlag, München 1950, S. 6
S. 49 Aldo Palazzeschi: «Freudenschrei und Regenschirm», © Verlag Klaus Wagenbach, Berlin 1998
S. 49 Stefan von Bergen: «Berner Zeitung», 17.02.2001
S. 50 ap, 31. Januar 2001
S. 50 Christof Franzen: «Magnitogorsk», aus: «Tages-Anzeiger», 17.02.2001
S. 60 Carmen Iarrera: «Eine sture römische Köchin», aus: «Mord zwischen Messer und Gabel»
S. 60 Uta-Maria Heim: «Die Zecke»
S. 60 -ky (BRD)/Mohr (DDR): «Schau nicht hin, schau nicht her»
S. 60 Karr&Wehner: «Bullenwinter»
S. 60 Barbara Krohn: «Der Tote unter der Piazza»
S. 60 Alfred Komarek: «Polt muss weinen»
S. 60 Friedrich Glauser: «Der Chinese»
S. 60 Paul Lascaux: «Das Langnauer Totenmahl», aus: «Totentanz»
S. 60 Kinky Friedman: «Der Leibkoch von Al Capone»
S. 60 Tony Hillerman: «Wer die Vergangenheit stiehlt»
S. 66 «Tages-Anzeiger», 20.09.2000
S. 70 «Berner Zeitung», 21.04.2001
S. 86 Taxifahren in New York: «Geo» Nr. 4/1986
S. 87 Text überarbeitet von Hartmut Simon
S. 91 Rainer Brambach: «Besuch bei Franz», aus: «Heiterkeit im Garten», © Diogenes Verlag AG Zürich 1989
S. 93 Elke Heidenreich, «Der kleine Bund», 26.05.2001
S. 99 Merseburger Zauberspruch (8. Jahrhundert, aufgeschrieben im 10. Jahrhundert), Deutsche Dichtung des Mittelalters, Band 1, Fischer Taschenbuch, Frankfurt am Main 1987
S. 99 Weingartner Reisesegen (12. Jahrhundert), ebd.
S. 100 Unbekannte Dichterin (12. Jahrhundert), ebd.
S. 100 Philipp Begardi, Index Sanitatis (1539)
S. 100 Mattias Senn (Hrsg.): «Die Wickiana», Küsnacht-Verlag Zürich, 1975
S. 101 Aus bernischen Mandaten von 1628, Quelle unbekannt
S. 101 Lehrzeugnis eines Apothekergehilfen, Bibliotheca Augustana, Fachhochschule Augsburg
S. 102 Johann Wolfgang von Goethe: Brief an Herzog Carl August (1776), Quelle unbekannt
S. 102 J. Staubs Eidgenössischer Briefsteller, Bern 1873 (5. Auflage)
S. 102 Alois Josef Ruckert: Briefsteller für Volks- und Fortbildungsschulen, Wilhelm Keller, Würzburg 1875
S. 116 ohne Autorenangabe, «Orte» 80, Freiburg/Fribourg, Zelg/Wolfhalden 1992
S. 116 Trudi Maurer-Arn: «Der wyss Jaguar», E Bärndütsch-Krimi, Münsingen 1987

S. 116 Stiller Has: «Wilde Has», auf CD «Moudi», Sound Service 300396-2, 1996

S. 117 Ernst Burren: «schtoh oder hocke», aus: «derfür und derwider» Gesammelte Gedichte, © Zytglogge Verlag Bern 1991

S. 117 Alfred Tobler: Quelle unbekannt

S. 117 Öskel Nääf: aus: Hedwig und Liny Griesser: «Zäller Dorfgschichte», Zell 1986

S. 123 Paul Ott: «Die Erfindung der Minute» und «Der Erzähler»

S. 147 «Der Bund», 12.03.2001

S. 148 «Berner Zeitung», 17.08.2000

S. 152 «Der Bund», 02.03.2001

S. 152 Text adaptiert aus einem Ferienprospekt

S. 159 «Berner Zeitung», 17.02.2001

S. 160 «Neue Zürcher Zeitung» über den Roman «Die Stadt der Blinden» von José Saramago

S. 160 Wolfgang Gabel: «Fix und fertig»

S. 169 Jeremias Gotthelf: «Wie Uli der Knecht glücklich wird», Eugen Rentsch Verlag, Erlenbach/Zürich/ Stuttgart 1962

S. 180 Paul Lascaux: «Der Lückenbüsser», Verlag der Criminale, München 2000

S. 187 Text mit einigen Änderungen nach: Ruedi Spöndlin, «Tages-Anzeiger», 14.02.2001

S. 195 Paul Lascaux: «Der Lückenbüsser», Verlag der Criminale, München 2000

S. 196 ebd.

S. 196 ebd.

S. 209 «Beobachter», 3/01

S. 211 «Berner Zeitung», 04.03.2000

Bildnachweis

S. 16 Pierre Auguste Renoir: «Auf der Terrasse», Edition Kunstkreis im Ex Libris Verlag, Zürich 1987

S. 17 Foto: Paul Ott

S. 17 Flammarion, «Der Mensch durchbricht die Himmelssphären», 1888

S. 21 Fotos: Daniel Haudenschild

S. 22 Foto: Daniel Haudenschild

S. 24 Christoph Adolph Overbeck: Bildnis der Schwester Charlotte Overbeck (1806), aus: Deutsche Romantik Handzeichnungen, Manfred Pawlak Verlagsgesellschaft mbH, Herrsching

S. 30 Quelle unbekannt

S. 41 Mit freundlicher Genehmigung von Roger Graf, Foto: Hans Gut

S. 46 Foto: Eva Woodtli Wiggenhauser

S. 52 Stellenanzeige in einer Berner Tageszeitung

S. 56 Schülerin: Isabel Vilar

S. 57 Programm der «Mordstage» (1. Kongress der Schweizer Krimi-Autorinnen und -Autoren)

S. 63 Emil Hürzeler, aus: «Züritipp»

S. 72 Uderzo: «Obelix Hinkelstein GmbH und Co KG», S. 19, Dargaud S.A. Editeur Paris, 1976

S. 89 Karikatur: Hans Traxler

S. 97 P. Ochsenbein, A. Schwarz: «Schatzkammer deutscher Sprachdenkmäler», Kolorierter Holzschnitt aus einem Augsburger Kalender von 1488, Verlag am Klosterhof, St. Gallen 1987

S. 100 S. 28: Mattias Senn (Hrsg.): «Die Wickiana», Raggi Verlag Zürich, 1975

S. 106 Garfield, CTM München (genaue Quelle lag bei Drucklegung nicht vor)

S. 109 Fotos: Daniel Haudenschild

S. 110 Fotos: Daniel Haudenschild

S. 113 Fotos: Daniel Haudenschild

S. 115 Mit freundlicher Genehmigung des Künstlers, Foto: Hans Stalder, Bern

S. 139 «Die Schlümpfe», Album Nr. 4, S. 15, Kauka Verlag

S. 198 Duden Band 1: «Die deutsche Rechtschreibung», S. 248, Bibliographisches Institut F. A. Brockhaus AG, Mannheim 2006

Paul Ott, Hartmut Simon,
Daniel Haudenschild
Deutsch: Schreiben – Lesen und Verstehen – Sprechen – Grammatik
Handbuch für Lehrpersonen

Internet: Zusatzmaterialien und Folienvorlagen sowie interaktive Grammatikübungen mit sofortiger Online-Korrektur
www.hep-verlag.ch

Das Handbuch «Deutsch: Schreiben – Lesen und Verstehen – Sprechen – Grammatik» unterstützt die Lehrerinnen und Lehrer beim Überprüfen der Unterrichtsziele und bei Lernzielkontrollen.

- Lösungen zu Wortschatz, Stilistik, 5-Schritt-Lesetechnik, Kommunikation, Rechtschreibung, Fehleranalyse
- Lernzielkontrollen zu 5-Schritt-Lesetechnik, Kommunikation und Rechtschreibung
- Lösungen Grammatik: zu allen Wortarten, zu Satzlehre, Satzgliedern und Satzzeichen
- Lernzielkontrollen Grammatik: zu allen Wortarten, zu Satzgliedern und Satzzeichen (meist als Grund- und Aufbaustufe)

Bei den Lernzielkontrollen gibt es bis zu drei Alternativen pro Thema, damit mehrere Gruppen im Klassenzimmer gleichzeitig oder zeitlich versetzt arbeiten können. Angegeben sind ebenfalls die pro Übung zu verteilenden Punkte.
So wird das Erreichen der Unterrichtsziele individuell oder im Klassenverband auf angepasstem Niveau überprüft, wobei die Gewichtung und Wertung einzelner Elemente freigestellt ist.

Als Dienstleistung für die Lehrerinnen und Lehrer werden laufend zusätzliche (einfachere oder schwierigere) Übungen zur Grammatik sowie Zusatz- und Beispieltexte zu den anderen Kapiteln im Internet veröffentlicht.

der bildungsverlag
www.hep-verlag.ch

Alex Bieli, Ruedi Fricker, Katrin Lyrén

Deutsch Kompaktwissen
Band 1
Wort- und Satzlehre, Rechtschreibung und Zeichensetzung, Grammatik

In diesem Lehr- und Lernmittel werden die wichtigsten Themen der formalen Sprachbereiche behandelt: Laut- und Wortlehre, Rechtschreibung, Zeichensetzung und Grammatik. Dabei haben die Autorin und die Autoren, die alle jahrelange Unterrichtserfahrung haben, besonders auf eine einfache, übersichtliche und klare Darstellung Wert gelegt. So ist den über 50 Teilbereichen je eine Doppelseite gewidmet. Das Buch eignet sich zur Vertiefung von bereits Gelerntem und als Lehrmittel im Klassenunterricht. Zusammen mit dem Lösungsheft kann es auch all jenen empfohlen werden, die ihre Deutschkenntnisse im Selbststudium auffrischen, festigen und vertiefen wollen.

Alex Bieli, Ruedi Fricker, Katrin Lyrén

Deutsch Kompaktwissen
Band 1
Wort- und Satzlehre, Rechtschreibung und Zeichensetzung, Grammatik

Handbuch für Lehrpersonen

Ursula Rohn Adamo,
Christine Zumstein Regolo

Leben in der Schweiz
Deutsch-Lernbuch für die Basisstufe

«Leben in der Schweiz» richtet sich an Deutsch Lernende, welche erste elementare Kenntnisse erwerben wollen. In der Einführung werden einfache Redemittel erarbeitet, welche für eine erste Kontaktaufnahme mit Deutsch Sprechenden notwendig sind. Alltagsbezogener Wortschatz, Basisstrukturen, Alltagsinformationen werden anschaulich und einfach vermittelt und regen zu selbstständigem Lernen an. Der Wortschatz wird mit reichhaltigem Bildmaterial eingeführt, so dass auf Übersetzungen in die Muttersprache verzichtet werden kann.

der bildungsverlag
www.hep-verlag.ch

Hugo Caviola

In Bildern sprechen
Wie Methapern unser Denken leiten

Dieses neuartige Lehrmittel verfährt fächerübergreifend, indem es Sprachreflexion auf Wissensgebiete ausdehnt, die gewöhnlich ohne sprachkritische Betrachtung bleiben, so etwa die Sprache der Biologie oder der Wirtschaft. Es erweitert den Sprachunterricht interdisziplinär, ohne zwingend auf Teamteaching angewiesen zu sein. Der bewusste Umgang mit Metaphern schärft die Wahrnehmung von Analogien zwischen inhaltlich getrennten Bereichen. Er leitet Lernende somit zum «vernetzten Denken» an, wie es die gymnasialen Bildungs- und Lehrpläne heute fordern.

Heinz Hafner, Philippe Horak, Ursula Kuster, Luzian Spescha

Französisch Repetitorium Grammatik

Diese Publikation eignet sich sowohl als Lehrmittel als auch zur Vorbereitung von Mittelschulabschlüssen. Die einzelnen Kapitel des Repetitoriums gliedern sich in die Bereiche theoretische Einführung, verschiedene Übungssätze und -texte, leichte Übersetzungsübungen, Fragen zur Theorie und Lernspiele. Im Zentrum stehen diejenigen Bereiche, die erfahrungsgemäss am meisten Mühe bereiten. Die Übungen können zudem selbstständig mit der CD-ROM am Computer gelöst werden.
Die Lern- und Übungsinhalte sind weitgehend auf das europäische Sprachenportfolio abgestimmt.

Heinz Hafner, Philippe Horak, Ursula Kuster, Luzian Spescha

Französisch Repetitorium Grammatik

Handbuch für Lehrpersonen

der bildungsverlag
www.hep-verlag.ch

Ursula Rohn Adamo,
Christine Zumstein Regolo

Arbeiten in der Schweiz
Deutsch-Lernbuch für die Basisstufe

Vermittelt wird ein Basiswortschatz zur allgemeinen Verständigung auf dem Arbeitsmarkt. Ausserdem wird auf grammatische Grundstrukturen, nützliche Redemittel sowie Basisinformationen zur Arbeitswelt in der Schweiz eingegangen. Erwachsenengerechtes Bildmaterial ermöglicht die Kommunikation in der Zielsprache. Kleine, überschaubare Lernschritte ermöglichen auch lernungewohnten Personen den Zugang zum systematischen Spracherwerb und vermitteln wichtige Informationen für eine zielgerichtete Stellensuche in der Schweiz.

Christine Zumstein Regolo

Übungsbuch
Leben in der Schweiz/Arbeiten in der Schweiz

Das «Übungsbuch Leben in der Schweiz/Arbeiten in der Schweiz» ergänzt die beiden Lernbücher mit vielfältigem Übungsmaterial. Wortschatz, Strukturen und der schriftliche Ausdruck werden geübt und gefestigt. In den Kapiteln «Verben», «Nomen», «Präpositionen» und «Satzbau» werden die häufigsten Problembereiche der Deutsch Lernenden nochmals aufgenommen, und durch gezielte Übungen können richtige Formen automatisiert werden.

Martin R. Dean

Zwischen Fichtenbaum und Palme
Kommentierte Textsammlungen für den interkulturellen Deutschunterricht

Canettis «Reisetagebuch» führt hinaus in fremde Welten, Kafkas «Die Verwandlung» zeigt das Fremdmachen des Vertrauten zu Hause. Nicht nur Schüler und Schülerinnen mit ausländischem Hintergrund, sondern auch Einheimische haben ihre Erfahrung mit dem Fremdsein gemacht. Fremdheit aber ist keine naturgegebene Tatsache. In dem Masse, wie sie «hergestellt» und gefördert wird, kann sie durch Texte, die die Begegnung mit dem Fremden darstellen, auch abgebaut werden. Denn das Wissen, was das Fremde ausmacht, verhilft dazu, das Eigene besser zu verstehen. Dazu liefert das Lehrmittel die Unterrichtsmodule.